Lust auf Gemüse

Arthur Potts Dawson

mit Fotografien von
Liz & Max Haarala Hamilton

Gemüse

Für Rose Gray und Sue Miles – ich weiß, dass Ihr den Himmel köstlicher macht.

London, New York, Melbourne, München und Delhi

Programmleitung Stephanie Jackson
Redaktion Jo Wilson
Art Director Jonathan Christie
Design Untitled
Fotos Liz & Max Haarala Hamilton
Foodstyling Arthur Potts Dawson
Herstellung Katherine Hockley

Für die deutsche Ausgabe:
Programmleitung Monika Schlitzer
Projektbetreuung Sarah Fischer
Herstellungsleitung Dorothee Whittaker
Herstellungskoordination Madlen Richter
Herstellung Christine Rühmer

Bibliografische Information der Deutschen Bibliothek
Die Deutsche Bibliothek verzeichnet diese Publikation in der Deutschen Nationalbibliografie; detaillierte bibliografische Daten sind im Internet über http://dnb.ddb.de abrufbar.

Titel der englischen Originalausgabe:
Eat Your Veg

© Octopus Publishing Group Ltd 2012
Text © by Arthur Potts Dawson
Photographs © Liz & Max Haarala Hamilton 2012
The author has asserted his moral rights

Der Originaltitel erschien 2012 in Großbritannien bei Mitchell Beazley, ein Imprint der Octopus Publishing Group Limited, London

© der deutschsprachigen Ausgabe by Dorling Kindersley Verlag GmbH, München, 2014
Ein Unternehmen der Penguin Random House Group
Alle deutschsprachigen Rechte vorbehalten

Übersetzung Regine Brams
Lektorat Sigrun Borstelmann

ISBN 978-3-8310-2576-3

Printed and bound in China

Besuchen Sie uns im Internet
www.dorlingkindersley.de

Anmerkungen: Einige Rezepte sehen Nüsse oder Nussderivate vor. Wer an einer Nussallergie leidet, muss diese Gerichte meiden. Für diverse Gerichte werden rohe oder nur kurz gegarte Eier verwendet. Empfindlichen Personen wie Schwangeren, Stillenden, Kranken, Alten, Säuglingen und Kleinkindern wird vom Verzehr von rohen oder kurz gegarten Eiern abgeraten. Werden als Maßeinheiten Teelöffel (TL) oder Esslöffel (EL) angegeben, beziehen sich diese Mengen auf gestrichene Löffel. Die verwendeten Eier sind mittelgroße (M) Freilandeier. Kräuter sind, falls nicht anders angegeben, frisch.

Inhalt

6 Einleitung
8 Was ist wann am besten?
9 Der »Lust auf Gemüse«-Vorrat

10 Wurzeln & Knollen
34 Grundtechnik: Püree
66 Grundtechnik: Röstgemüse

84 Zwiebelgemüse, Stiele & Stangen
100 Büfett: Mittelmeerküche
124 Büfett: Klassiker

138 Blätter & Blüten
160 Grundtechnik: Gratin
180 Grundtechnik: Essiggemüse

194 Fruchtgemüse & Pilze
208 Grundtechnik: Tomatensauce
230 Büfett: Tex-Mex-Grill

254 Linsen, Bohnen & Schoten
266 Büfett: Curry

296 Grundrezepte
299 Register
304 Über den Autor/ Danksagung

Einleitung

Je bunter das Essen, desto besser fühlt man sich

Dass wir mehr Gemüse und dafür weniger Fleisch essen sollten, wissen wir. Doch dieses Buch ist keine Abhandlung darüber, warum es einen Unterschied macht, frische, biologische Lebensmittel zu essen – wobei es tatsächlich ein riesiger Unterschied ist! Ich werde Ihnen nicht vorschreiben, wie Sie einzukaufen haben (regional, saisonal, auf dem Wochenmarkt). Ich fordere Sie auch nicht auf, Kräuter und Gemüse selbst anzubauen (los, probieren Sie's!). *Lust auf Gemüse* ist einfach eine Sammlung meiner Lieblingsrezepte und soll Sie dazu inspirieren, mehr Gemüse zu essen. Es ist ein gutes, traditionelles Kochbuch, das so gestaltet ist, dass Sie aus jeder Saison das Beste herausholen können. Mehr als 250 Rezepte, sortiert nach Gemüsearten, laden Sie ein. Man braucht das Buch nur aufzuschlagen und die herrlichen Farben zu sehen – schon wird klar, dass diesen Schönheiten die Hauptrolle auf unserem Teller gebührt.

Für die meisten von uns ist Gemüse nur Beilage: Denken Sie doch nur einmal an den Sonntagsbraten. Sie entscheiden sich für Huhn oder Rind. Aber was ist mit Röstkartoffeln und Knoblauch? Möhren, Pastinaken, Pilzen, Tomaten, Zwiebeln, Rote Bete, Spargel, Zucchini – das sind die stillen Helden des Küchenalltags. Jeder von uns braucht ein wenig Hilfe, wenn er seine Art zu kochen verändern will. Dieses Buch zeigt, wie man all dem köstlichen Gemüse eine Hauptrolle gibt. Es geht hier nicht darum, Vegetarier zu werden, und dies ist auch kein vegetarisches Kochbuch – es soll aber das Gemüse auf dem Teller in den Mittelpunkt rücken. Ich stelle Ihnen zig Möglichkeiten vor, Gerichte zuzubereiten, die großartig schmecken und als Beilage nur etwas Fisch oder Fleisch brauchen – wenn überhaupt.

Nach 25 Jahren als Profikoch weiß ich, dass saisonales Gemüse besser schmeckt, weniger kostet, und je bunter das Essen, desto besser fühlt man sich. Fangen Sie also damit an, suchen Sie Ihren Gemüse-Star aus und gehen zum entsprechenden Kapitel. Dort finden Sie eine Menge Rezepte, alle mit Liebe erarbeitet, getestet und für gut befunden. Zusätzlich gibt es vier Vorschläge für großartige Festessen. Sie beweisen, dass sich fantastische Büfetts gestalten lassen, bei denen Gemüse die Hauptrolle spielt. In den Grundkursen erfahren Sie, worauf es bei Kartoffelpüree, Ofengemüse, Gratins, Essiggemüse und Tomatensauce ankommt. Und ganz hinten im Buch gibt es noch einige nützliche Grundrezepte.

Mit all diesen Rezepten werden Sie in jeder Saison superleckere Mahlzeiten kochen und kinderleicht die Techniken auf andere Gemüsesorten anwenden, sich selbst Beilagen ausdenken und ein ganz persönliches Festessen gestalten. Ich hoffe, dieses Buch hilft Ihnen auch, schonender mit der Umwelt umzugehen. Mehr Gemüse essen, Produkte der Saison verwenden, frisch und regional einkaufen, Gemüse und Kräuter selbst anbauen – all das trägt zu Ihrer Gesundheit und zu der unserer Heimat bei.

Was ist wann am besten?

Das tägliche Angebot im Supermarkt ist so groß, dass man leicht den Überblick darüber verliert, welches Gemüse wann Saison hat. Hier erfahren Sie, was zu welcher Zeit am besten schmeckt. In Klammern genannt sind Gemüsesorten, die als Lagerware erhältlich sind.

Frühling
Avocados, Blattsalate, Blumenkohl, Brennnesseln, Brunnenkresse, Champignons, Frühlingszwiebeln, (Kartoffeln), Knollensellerie, Lauch, (Möhren), Morcheln, Okra, Pastinaken, Queller, Sauerampfer, Schalotten, Spargel, Spinat, Steckrüben, (Weißkohl), Yamswurzel, (Zwiebeln)

Sommer
Artischocken, Auberginen, Blattsalate, Blumenkohl, Borlotti-Bohnen, Brokkoli, Champignons, Chilischoten, Dicke Bohnen, Erbsen, Fenchel, Frühkartoffeln, Frühlingszwiebeln, grüne Bohnen, Gurken, Knoblauch, Mais, Mangold, Möhren, Okra, Paprikaschoten, Queller, Radieschen, Rote Bete, Rübchen, Rucola, Spinat, Staudensellerie, Süßkartoffeln, Tomaten, Weißkohl, Zucchini, Zuckerschoten, Zwiebeln

Herbst
Artischocken, Auberginen, Avocados, Blattsalate, Blumenkohl, Borlotti-Bohnen, Brokkoli, Brunnenkresse, Champignons, Chicorée, Fenchel, Frühkartoffeln, Frühlingszwiebeln, grüne Bohnen, Grünkohl, Gurken, (Knoblauch), Knollensellerie, Kürbis, Lauch, Mais, Mangold, Möhren, Okra, Paprikaschoten, Pastinaken, Queller, Radieschen, Rosenkohl, Rote Bete, Rucola, Schalotten, Schwarzwurzeln, (Spinat), Staudensellerie, Steckrüben, Süßkartoffeln, Tomaten, Topinambur, Weißkohl, Yamswurzel, Zucchini, Zwiebeln

Winter
Avocados, Chicorée, Grünkohl, (Kartoffeln), Knollensellerie, Kürbis, Lauch, (Möhren), Okra, Pastinaken, Queller, Radicchio, Rosenkohl, (Rote Bete), Schalotten, Schwarzwurzeln, (Spinat), Steckrüben, Topinambur, (Weißkohl), Yamswurzel, (Zwiebeln)

Der »Lust auf Gemüse«-Vorrat

Wenn Sie ein paar Grundzutaten im Haus haben, können Sie jederzeit köstliche Gemüsegerichte kreieren. Hier einige Sachen, die ich gern im Kühlschrank, im Tiefkühlfach und im Vorratsschrank habe.

Kräuter Basilikum, Dill, Estragon, Indisches Lorbeerblatt, Kerbel, Koriandergrün, Lorbeer, Majoran, Minze, Oregano, Petersilie (glatt und kraus), Rosmarin, Salbei, Schnittlauch, Thymian, Zitronenthymian

Gewürze Chiliflocken, chinesisches Fünf-Gewürze-Pulver, Currypulver, Fenchelsamen, Fleur de Sel, Garam Masala, Ingwer, Koriander (gemahlen), Kreuzkümmel (ganz und gemahlen), Kümmelsamen, Kurkuma, Muskatnuss (ganz), Paprikapulver (edelsüß und geräuchert), Pfefferkörner (schwarz und weiß), Pimentbeeren, Safran, grobes Salz, Selleriesalz, Senfsamen (gelb), Sternanis, Wacholderbeeren, Zimt (Stangen und gemahlen)

Getrocknetes Aprikosen, Cranberrys, Rosinen, getrocknete Tomaten, Bohnenkerne, Kichererbsen, rote Linsen, Puy-Linsen, getrocknete Pilze (Shiitake, Steinpilze)

Essige & Öle Weißweinessig, Kräuteressig, Apfelessig, Balsamico-Essig, einfaches Olivenöl, hochwertiges Olivenöl, Sesamöl, Sonnenblumenöl

Nüsse & Samen Cashewkerne, Erdnusskerne, Kürbiskerne, Mandelkerne, Pinienkerne, Sesamsamen, Sonnenblumenkerne, Walnusskerne

Nudeln & Getreide Couscous, Lasagneblätter, Penne, Polenta, Quinoa, Reis (Arborio-, Basmati- und Langkornreis), Spaghetti, Thai-Reisnudeln

Würzzutaten Chilisauce, flüssiger Honig, Kapern, Kokosmilch, Mirin (Reiswein), Misopaste, Oliven, Senf, Sojasauce, Tahin, Tamarindenpaste, Thai-Fischsauce, Tomatenmark, Wasabipaste, Weißwein, Worcestersauce

Milchprodukte Butter (leicht gesalzen), Käse (Blauschimmelkäse, Cheddar, Grana Padano oder milder Cheddar, Gruyère, Halloumi, Mozzarella, Pecorino, Parmesan, Ricotta, Ziegenkäse), Crème double, Crème fraîche, Eier, Joghurt, saure Sahne

Tiefkühlfach Brühen, selbst gemachte Semmelbrösel, Teige (Filoteig, Blätterteig)

Rote Bete
Möhre
Pastinake
Kartoffel
Süßkartoffel
Jamswurzel
Radieschen
Steckrübe
Knollensellerie
Rübchen
Schwarzwurzel

Wurzeln & Knollen

Jeder, dem ich diese samtige Suppe vorsetze, ist von ihrer Farbe begeistert. Doch sie sieht nicht nur blendend aus – auch ihr Geschmack ist betörend.

Rote-Bete-Suppe mit Kreuzkümmel & Koriander

2 kg Rote Bete
1 große rote Zwiebel
2–3 Stangen Staudensellerie
3 Knoblauchzehen
100 ml Olivenöl
1 TL Kreuzkümmelsamen
1 TL Chiliflocken
50 ml Rotweinessig
350 ml Wodka
2 l Gemüsebrühe (s. S. 297)
350 g Crème fraîche, mehr zum Garnieren
2 EL gehacktes Koriandergrün
Rote-Bete-Blättchen zum Garnieren
Salz und Pfeffer aus der Mühle

Für 4–6 Personen | Vegetarisch

1   Von den Rote-Bete-Knollen Blätter und Wurzeln abschneiden. Die Knollen schälen und in 4–5 cm große Würfel schneiden (die Suppe wird cremiger, wenn die Stücke nicht zu klein sind). Die Zwiebel schälen und mit dem Sellerie in ähnlich große Stücke schneiden. Den Knoblauch schälen und fein hacken.

2   Das Öl in einem großen Topf bei mittlerer Hitze heiß werden lassen. Rote-Bete-Knollen, Zwiebel, Sellerie und Knoblauch darin unter gelegentlichem Rühren 10 Minuten dünsten. Kreuzkümmel, Chiliflocken, Salz und Pfeffer hinzufügen und alles weitere 10 Minuten garen, bis das Gemüse weich wird und am Topfboden ansetzt.

3   Essig und Wodka hinzufügen und den Bratsatz durch Rühren vom Topfboden lösen. Die Flüssigkeit verdampfen lassen und dann erst die Brühe angießen. Aufkochen und offen mindestens 1 Stunde köcheln lassen, bis die Rote-Bete-Stücke weich sind.

4   Crème fraîche und Koriander dazugeben. Das Ganze portionsweise im Mixer glatt pürieren. Die Suppe heiß oder kalt servieren. Die Portionen vor dem Servieren jeweils mit einem Klecks Crème fraîche und einem Rote-Bete-Blättchen garnieren.

Rote Bete passt gut zu Brunnenkresse oder Meerrettich, doch die Kombination von allen dreien hebt diesen Salat auf eine neue Stufe. Mir gefallen die frische Schärfe des Meerrettichs und das pfeffrige Aroma der Kresse zur Süße der Knolle.

Rote-Bete-Salat mit Brunnenkresse & Meerrettich

1 kg Rote Bete
Olivenöl zum Beträufeln
2 Bund Brunnenkresse
100 g frische Meerrettichwurzel
Salz und Pfeffer aus der Mühle

Für das Dressing
100 g flüssiger Honig
2 EL Rotweinessig
50 g Dijonsenf
125 ml Olivenöl
Salz und Pfeffer aus der Mühle

Für 4–6 Personen | Vegetarisch

1 Den Backofen auf 180 °C (Ober-/Unterhitze) bzw. 160 °C (Umluft) vorheizen. Die Rote Bete nicht zu kurz von Blättern und Wurzeln befreien. Auf ein Backblech legen, mit Olivenöl beträufeln, salzen und pfeffern. Im heißen Ofen je nach Größe etwa 1½ Stunden rösten, bis man sie problemlos mit einem Messer durchstechen kann, sie aber noch etwas fest sind. Abkühlen lassen, bis man sie anfassen kann.

2 Für das Dressing sämtliche Zutaten in ein sauberes Glas mit Schraubdeckel geben. Das Glas verschließen und kräftig schütteln.

3 Die gerösteten Rote-Bete-Knollen schälen, in 2 cm dicke Scheiben schneiden und auf Tellern anrichten. Die Brunnenkresse verlesen, in kleine Stängel zerteilen und darüberstreuen. Den Meerrettich schälen und über die Portionen reiben. Mit Salz und Pfeffer abschmecken. Zum Schluss mit einem Löffel das Dressing auf dem Salat verteilen.

Beurre blanc und Räucheraal sind eine klassische Kombination. Rote Bete lässt diese noch erstrahlen und verleiht ihr neuen Glanz. Für mich ist das Ganze ein neuer Klassiker.

Warme Rote Bete mit Räucheraal & Beurre rouge

1 kg Rote Bete
Salz
600 g Räucheraalfilet
1 Handvoll Selleriegrün

Für die Beurre rouge
4 kleine Schalotten
1 Rote Bete
Salz
1 TL schwarze Pfefferkörner
100 ml Rotweinessig
200 ml Rotwein
50 g Sahne
250 g eiskalte Butter in kleinen Würfeln

Für 4–6 Personen

1 Die Rote-Bete-Knollen nicht zu kurz von Blättern und Wurzeln befreien, in einen großen Topf geben und mit kaltem Wasser bedecken. Das Wasser großzügig salzen und aufkochen lassen. Das Gemüse darin zugedeckt je nach Größe etwa 1 Stunde garen, bis es sich mühelos mit einem Messer durchstechen lässt, das Fruchtfleisch aber noch fest ist. Für die Aalfilets den Backofen auf 190 °C (Ober-/Unterhitze) bzw. 170 °C (Umluft) vorheizen.

2 Inzwischen für die Beurre rouge die Schalotten schälen und in dünne Scheiben schneiden. Die Rote Bete schälen und in 3 cm große Würfel schneiden. Zusammen mit Schalotten, Salz, Pfefferkörnern, Essig und Wein in einen kleinen Topf mit schwerem Boden geben. Aufkochen, dann bei schwacher Hitze 20 Minuten köcheln lassen, bis die Flüssigkeit auf etwa 2 EL eingekocht ist und eine honigartige Konsistenz hat. Zum Kochen bringen und die Sahne unterrühren.

3 Die Butterwürfel bei schwacher Hitze einzeln mit einem Schneebesen unterrühren, dabei den nächsten Würfel erst hinzufügen, wenn sich der vorherige in der Sauce aufgelöst hat. Sobald die Sauce cremig wird, kann die Butter etwas zügiger eingearbeitet werden. Weiterrühren, bis die Sauce glatt ist. Durch ein Sieb in einen sauberen Topf streichen und warm halten, aber nicht mehr kochen lassen.

4 Die gegarten Rote-Bete-Knollen abgießen und abkühlen lassen, bis man sie anfassen kann. Die Aalfilets auf ein mit Backpapier ausgelegtes Backblech legen und im heißen Ofen 5 Minuten erwärmen.

5 Die warmen Rote-Bete-Knollen schälen und in etwa 6 x 2,5 cm große Stücke schneiden. Die Aalfilets häuten, die Häute entsorgen und die Filets vierteln. Das Selleriegrün auf Portionstellern ausbreiten, darauf erst die Rote-Bete-Stücke, dann den Aal anrichten und das Ganze mit der Beurre rouge beträufeln.

Dieser Supersalat steckt voller Vitamine und Mineralstoffe und ist toll für ein Picknick oder ein sommerliches Essen im Freien. Fleisch als Beilage ist nicht nötig: Dieser Salat liefert alles, was Sie brauchen. Ein Gericht, das nicht nur schön aussieht, sondern auch noch gut schmeckt.

Rote-Bete-Salat mit Kürbis- & Sonnenblumenkernen

600 g Rote Bete
600 g Möhren
300 g Fenchel
Saft von 1 großen Zitrone
3 EL Kürbiskerne
2 EL Sonnenblumenkerne
2 TL Sesamsamen
100 g Rucola
200 ml Olivenöl
100 ml Balsamico-Essig
Salz und Pfeffer aus der Mühle

Für 4–6 Personen | Vegetarisch

1 Rote-Bete-Knollen und Möhren schälen. Vom Fenchel den oberen Teil und die harten äußeren Schichten abschneiden. Alle Gemüse in eine große Schüssel raspeln. Zitronensaft, Salz und Pfeffer hinzufügen und mit einem Metalllöffel unterheben (dabei färben sich zwar alle Zutaten purpurrot, doch Möhren und Fenchel behalten ihren Biss und man kann sie trotzdem noch gut herausschmecken.)

2 Eine Pfanne bei mittlerer bis starker Hitze heiß werden lassen. Kerne und Samen darin ohne Fett rösten, die Pfanne dabei schwenken. Sobald sie gebräunt sind, auf einen Teller geben. Die Hälfte der Kerne-Samen-Mischung in einer Schüssel mit Rucola und Olivenöl mischen, alles zum geraspelten Gemüse geben.

3 Den Salat auf Tellern anrichten. Die Portionen mit den restlichen gerösteten Kernen und Samen bestreuen und mit dem Balsamico-Essig beträufeln.

Tante Lilly in Norwegen kochte mir dieses feine Gericht, als ich in Oslo war. Falls Sie keine Bismarckheringe bekommen, können Sie sie durch geräucherte Makrele ersetzen. Ich habe für dieses Gericht Gelbe Bete genommen, doch auch mit Roter Bete – sie wird genauso gegart wie die Gelbe – sieht der Salat großartig aus. Falls Sie Rote Bete verwenden, sollten Sie diese allerdings nicht zu früh unter den Salat mischen, damit sie ihn nicht zu stark verfärbt.

Skandinavischer Bete-Salat mit saurem Hering & Kartoffeln

12 Bismarckheringsfilets
500 g festkochende Kartoffeln
1 großer Kochapfel (z. B. Boskop)
500 g gegarte Gelbe Bete
4 Freilandeier
1 Zwiebel
Chiliflocken zum Garnieren

Für das Dressing
2 EL Kräuteressig
3 EL körniger Senf
3 EL Zucker
3 TL gehackter Dill, Dillspitzen zum Garnieren
500 g Crème double oder Sahne
Salz und Pfeffer aus der Mühle

Für 4–6 Personen

1 Die Heringsfilets längs halbieren. Die Kartoffeln gar kochen und pellen. Den Apfel vom Kerngehäuse befreien. Anschließend Kartoffeln, Apfel und die gegarten, abgezogenen Gelbe-Bete-Knollen in 3 cm große Würfel schneiden. In eine große Schüssel geben und gründlich mischen.

2 In einem Topf Wasser aufkochen. Die Eier vorsichtig hineinlegen und 8 Minuten garen. Den Topf vom Herd nehmen und in die Spüle stellen. Langsam kaltes Wasser in den Topf laufen lassen, bis der Topf abkühlt. Die Eier herausnehmen, pellen und vierteln.

3 Für das Dressing den Essig in einer kleinen Schüssel mit Senf, Zucker, gehacktem Dill, Salz und Pfeffer mit einem Schneebesen verrühren. In einer weiteren Schüssel die Sahne halbsteif schlagen. Die Essigmischung dazugießen und mit dem Schneebesen unterschlagen.

4 Die Salatmischung auf Portionsteller verteilen und mit dem Dressing beträufeln. Die Zwiebel schälen und in sehr feine Ringe schneiden. Mit den Heringsfilets und den Eiervierteln auf den Salat geben. Zum Schluss den Salat mit Chiliflocken und Dillspitzen garnieren.

Wärmend, würzig, scharf und frisch – diese Suppe rüttelt Ihre Geschmacksknospen wach. Wenn Sie mögen, können Sie mehr Chili verwenden, dann schmeckt sie erst recht fantastisch.

Möhren-Ingwer-Suppe

1 große Zwiebel
1 Staudensellerieherz
75 ml Olivenöl
2 kg Möhren
25 g frischer Ingwer
3 Knoblauchzehen
1 TL Chiliflocken
100 g Langkornreis
200 ml halbtrockener Weißwein
2 l Gemüsebrühe (s. S. 297)
200 ml Milch
1 TL frisch geriebene Muskatnuss
Saft von 1 Zitrone
Salz und Pfeffer aus der Mühle

Zum Anrichten
Crème fraîche
Koriandergrün

Für 4–6 Personen | Vegetarisch

1 Die Zwiebel schälen und mit dem Sellerie in 2 cm große Würfel schneiden. Das Öl in einem großen Topf bei mittlerer Hitze heiß werden lassen. Zwiebel und Sellerie darin unter gelegentlichem Rühren 5 Minuten anschwitzen. Möhren und Ingwer schälen und in 1 cm große Würfel schneiden, den Knoblauch schälen. Alles in den Topf geben und mit Salz, Pfeffer und Chiliflocken würzen. Den Reis hinzufügen und 5 Minuten mitgaren, dabei häufig umrühren.

2 Den Wein in den Topf gießen und unterrühren, dabei den Bratsatz vom Topfboden losschaben. Die Flüssigkeit verdampfen lassen, dann die Brühe angießen. Alles aufkochen und bei schwacher Hitze etwa 20 Minuten offen köcheln lassen, bis die Reiskörner weich sind.

3 Milch und Muskatnuss hinzufügen. Die Suppe bis knapp unter den Siedepunkt erhitzen und vom Herd nehmen. Kurz abkühlen lassen, dann portionsweise im Mixer glatt pürieren. Zurück in den Topf geben und den Zitronensaft unterrühren. Die Suppe abschmecken und langsam heiß werden, aber nicht mehr kochen lassen. Auf Schalen oder tiefe Teller verteilen, je 1 EL Crème fraîche mittig daraufsetzen und mit Korianderblättern garnieren.

Gerichte wie dieses koche ich zu Hause ständig. Irgendwie passen Butter und Sojasauce toll zusammen. Wenn man die Möhrchen nur schrubbt, statt sie zu schälen, bleiben ihr volles Aroma und die wertvollen Inhaltsstoffe erhalten.

Babymöhren mit Butter & Sojasauce

2 Bund Babymöhren
200 g Butter
2 EL Olivenöl
50 ml helle Sojasauce
Schnittlauchröllchen zum Garnieren
Salz und Pfeffer aus der Mühle

Für 4 Personen | Vegetarisch

1 Die Möhren nur schrubben, nicht schälen. In einen Topf geben, mit kaltem Wasser bedecken und wenig Salz hinzufügen. Aufkochen und bei schwacher Hitze 5–8 Minuten köcheln lassen, bis sie gar, aber noch bissfest sind.

2 Die Möhren in ein großes Sieb gießen, abtropfen lassen und wieder in den Topf geben. Butter, Olivenöl, Sojasauce, Salz und Pfeffer dazugeben und die Möhren darin schwenken. In eine Schüssel füllen, mit dem Schnittlauch bestreuen und sofort servieren.

Topinambur mit Butter & Sojasauce

Bereiten Sie auch einmal Topinambur auf diese Weise zu. Dafür 500 g Topinambur schälen und wie beschrieben garen und zubereiten. Die Sojasauce verleiht dem hellen Fruchtfleisch eine appetitliche Farbe.

In den traditionellen französischen Küchen, in denen ich gearbeitet habe, importierte man für dieses Gericht extra Mineralwasser aus Vichy. Die Mineralstoffe darin sorgen für eine geschmackliche Tiefe, die ich bis heute nicht nachvollziehen kann. Sie können auch anderes Mineralwasser verwenden – aber selbst wenn Sie gar keines nehmen, schmecken die Möhren köstlich.

Möhren à la Vichy

8 große Möhren
2,5 l Mineralwasser mit Kohlensäure aus Vichy
150 g Butter
glatte Petersilie zum Garnieren
Salz und Pfeffer aus der Mühle

Für 4 Personen | Vegetarisch

1 Die Möhren nur schrubben, nicht schälen, in 2 cm dicke Scheiben schneiden und diese in einen Topf mit schwerem Boden geben.

2 Die Möhrenscheiben knapp mit dem Mineralwasser bedecken. Butter, Salz und Pfeffer hinzufügen. Die Möhren bei mittlerer bis starker Hitze offen 20 Minuten garen, dabei einmal umrühren. Bis zum Ende der Garzeit verdampft das Wasser, und nur eine buttrige Sauce bleibt zurück. Das Gemüse in eine Schüssel füllen, mit der Petersilie garnieren und servieren.

Dieses Gericht betört durch seine sinnliche Tiefe. Der Meerrettich verliert seine Schärfe und wird mit dem pastinakenähnlichen Aroma, das er entwickelt, zu einem der köstlichsten Wurzelgemüse, die ich kenne.

Möhren-Meerrettich-Eintopf mit Ochsenschwanz & Rotwein

2 kg Ochsenschwanz in großen Stücken
2 EL Mehl
100 ml Olivenöl
8 große Möhren
1 große frische Meerrettichwurzel
6 dicke Scheiben durchwachsener Speck
1 große Zwiebel
6 Knoblauchzehen
50 g Butter
750 ml guter Rotwein
3 große Tomaten
2 EL Tomatenmark
1 l Gemüsebrühe (s. S. 297)
500 ml Hühnerbrühe (s. S. 296)
1 Kräutersträußchen (Thymian, Rosmarin, Petersilie und Lorbeerblätter)
Salz und Pfeffer aus der Mühle

Für 4–6 Personen

1 Vom Ochsenschwanz alles sichtbare Fett abschneiden. Die Ochsenschwanzstücke mit Küchenpapier trocken tupfen. Das Mehl mit Salz und Pfeffer würzen. Die Fleischstücke darin wenden.

2 Das Olivenöl in einem Schmortopf mit fest schließendem Deckel bei mittlerer bis starker Hitze heiß werden lassen. Die Ochsenschwanzstücke darin in zwei Portionen jeweils etwa 10 Minuten rundherum kräftig anbraten.

3 Inzwischen Möhren und Meerrettich schälen und in 4 cm dicke Stücke, den Speck in 2 cm große Würfel schneiden. Die Zwiebel schälen und ebenfalls 2 cm groß würfeln. Den Knoblauch schälen. Die Ochsenschwanzstücke in ein großes Sieb geben und die Flüssigkeit aus dem Topf gießen.

4 Die Butter in den Topf geben und rühren, bis sich der Bratsatz vom Boden gelöst hat. Möhren, Meerrettich, Speck, Zwiebel und Knoblauch in die geschmolzene Butter geben und bei mittlerer Hitze unter gelegentlichem Rühren 5 Minuten braten.

5 Den Ochsenschwanz wieder in den Topf geben. Den Wein angießen und 20 Minuten kochen lassen, dabei ab und zu umrühren. Die Tomaten in Stücke schneiden. Mit dem Tomatenmark und den beiden Brühen hinzufügen und alles großzügig mit Salz und Pfeffer würzen. Das Kräutersträußchen zugeben und den Topf mit einem Bogen Backpapier bedecken. Den Deckel auflegen und das Gericht unter gelegentlichem Rühren bei schwacher Hitze 3 Stunden köcheln lassen, bis die Flüssigkeit eingekocht ist. Vor dem Servieren testen: Das Fleisch sollte vom Knochen fallen.

Möhren, Dicke Bohnen & Erbsen »in umido«

600 g Möhren
600 g junge Erbsen in den Schoten
600 g junge Dicke Bohnen in den Schoten
1 Bund Frühlingszwiebeln
3 Stangen Staudensellerie
150 ml Olivenöl
2 Knoblauchzehen
150 ml halbtrockener Weißwein
500 ml Gemüsebrühe (s. S. 297)
Salz und Pfeffer aus der Mühle

Für 4–6 Personen | Vegetarisch

»In umido« heißt so viel wie »in feuchter Umgebung«. Der Trick, um diese Umgebung zu schaffen, ist ein hoher Topf, also ein Schmortopf. So bleibt der Wasserdampf im Topf eingeschlossen. Bei dieser Art des Garens vereinen sich die Aromen ganz wunderbar.

1 Die Möhren schrubben und in ungleichmäßige, etwa murmelgroße Stücke schneiden. In einen Topf geben, großzügig mit kaltem Wasser bedecken und etwas Salz hinzufügen. Aufkochen und bei schwacher Hitze 12 Minuten köcheln lassen.

2 Inzwischen die Erbsen und die Dicken Bohnen enthülsen. Frühlingszwiebeln und Sellerie in etwa erbsengroße Stücke schneiden. Das Öl in einem Schmortopf bei mittlerer bis starker Hitze heiß werden lassen. Frühlingszwiebeln und Sellerie darin unter häufigem Rühren in 5 Minuten goldbraun braten. Den Knoblauch schälen, fein würfeln, zur Zwiebelmischung geben und 2 Minuten anschwitzen. Erbsen und Dicke Bohnen hinzufügen und 2 Minuten mitgaren, dabei häufig umrühren. Den Wein angießen und in etwa 6 Minuten verdampfen lassen, dann die Brühe dazugießen und aufkochen.

3 Die Möhren abgießen und in den Schmortopf geben. Das Gemüse garen, bis die Brühe bis auf einen kleinen Rest verdampft ist, dann kräftig mit Salz und Pfeffer abschmecken und warm servieren.

Wachsbohnen »in umido« mit Tomaten & Basilikum

700 g Wachsbohnen oder grüne Bohnen
75 ml Olivenöl, mehr zum Beträufeln
2 Knoblauchzehen
1 TL fein gehacktes Basilikum
400 g große Tomaten
Salz und Pfeffer aus der Mühle

Für 4–6 Personen | Vegetarisch

1 In einem Topf gesalzenes Wasser zum Kochen bringen. Die Bohnen hineingeben und 4 Minuten kochen, dann abgießen und beiseitestellen.

2 Das Öl in einer Pfanne mit hohem Rand bei mittlerer Hitze heiß werden lassen. Den Knoblauch schälen, in dünne Scheiben schneiden und im Öl unter gelegentlichem Rühren in 5 Minuten etwas Farbe annehmen lassen. Das Basilikum hinzufügen und unter Rühren 2 Minuten mitdünsten. Die Tomaten in 1 cm große Stücke schneiden, mit Salz und Pfeffer in die Pfanne geben und 20 Minuten garen, dabei ab und zu umrühren. Die vorgegarten Bohnen untermischen und alles weitere 15 Minuten dünsten.

3 Das Gemüse mit etwas Olivenöl beträufeln und abschmecken. Noch heiß oder lauwarm servieren.

Dieses Gericht muss mindestens 1 Stunde durchziehen. Raspeln Sie die Möhren möglichst grob, damit sie knackig bleiben.

Möhrensalat mit Rosinen, Pistazien & Minze

1,2 kg Möhren
300 g Rosinen
3 EL gehackte Minze
100 ml Mirin (Reiswein)
50 ml helle Sojasauce
Pfeffer aus der Mühle
150 g ungesalzene Pistazien, geschält

Für 4–6 Personen | Vegetarisch

1 Die Möhren schälen oder schrubben und in eine Schüssel raspeln. Rosinen, Minze, Mirin, Sojasauce und Pfeffer hinzufügen. Alles gut mischen, dann die Schüssel mit Frischhaltefolie bedecken und 1 Stunde bei Raumtemperatur beiseitestellen, damit sich die Aromen entfalten können.

2 Inzwischen eine Pfanne bei mittlerer bis starker Hitze heiß werden lassen. Die Pistazienkerne hineingeben und einige Minuten rösten, dabei die Pfanne häufig schwenken. Vorsicht: Die Kerne können schnell verbrennen. Die Pfanne vom Herd nehmen und die Pistazien abkühlen lassen.

3 Die gerösteten Pistazienkerne unter den vorbereiteten Salat mischen und den Salat servieren.

Streichen Sie diese Suppe durch ein feinmaschiges Sieb. So bekommen Sie die cremigste Suppe diesseits der Milchstraße.

Pastinaken-Zitronen-Suppe

2 kg Pastinaken
1 große Zwiebel
1 Staudenselleherz
3 Knoblauchzehen
150 g Butter
Saft und abgeriebene Schale von 2 unbehandelten Zitronen, mehr Zitronensaft zum Abschmecken
250 ml halbtrockener Weißwein
2 l Gemüsebrühe (s. S. 297)
250 ml Milch
geschälte Zitronenscheiben zum Garnieren
Salz und Pfeffer aus der Mühle

Für 4–6 Personen | Vegetarisch

1 Die Pastinaken und die Zwiebel schälen und mit dem Sellerie in 2 cm große Stücke schneiden. Den Knoblauch schälen und grob hacken.

2 Die Butter in einem Topf mit schwerem Boden zerlassen. Das Gemüse mit dem Knoblauch sowie etwas Salz und Pfeffer hineingeben und bei mittlerer Hitze unter gelegentlichem Rühren 15 Minuten garen. Zitronensaft und -schale sowie den Wein hinzufügen. Die Flüssigkeit verdampfen lassen, dann erst die Brühe angießen. Aufkochen und bei schwacher Hitze 20 Minuten köcheln lassen, bis die Pastinaken weich sind.

3 Die Milch hinzufügen und alles bis knapp unter den Siedepunkt erhitzen, dann vom Herd nehmen. Die Suppe einige Minuten abkühlen lassen, anschließend portionsweise im Mixer glatt pürieren und in den Topf zurückgeben (man kann sie auch stückig lassen, der Geschmack ist so oder so unglaublich).

4 Die Suppe abschmecken und nach Belieben noch etwas Zitronensaft unterrühren. Nochmals erhitzen, aber nicht mehr kochen lassen. Zum Servieren warm in Schalen oder tiefe Teller füllen und jeweils mittig 1 geschälte Zitronenscheibe hineingeben.

Diesen Salat habe ich kreiert, weil sowohl Pastinaken als auch Shiitakepilze cremig im Abgang sind.

Pastinaken-Shiitake-Salat

1 kg Pastinaken
Salz
600 g Shiitakepilze
300 g Pfifferlinge
2 Schalotten
100 ml Mirin (Reiswein)
75 ml Reisessig
75 ml Sesamöl
50 g braune Misopaste
50 ml helle Sojasauce
4 EL gehackter Kerbel

Für 4–6 Personen | Vegetarisch

1 Die Pastinaken schälen und schräg in Drittel schneiden. In einen Topf geben, großzügig mit kaltem Wasser bedecken und 1 Prise Salz hinzufügen. Aufkochen und 15 Minuten kräftig köcheln lassen, bis sie weich sind, aber nicht zerfallen. In ein großes Sieb geben, abtropfen lassen, in eine große Schüssel füllen und beiseitestellen.

2 Die Shiitakepilze von Stielen und harten Teilen befreien. Die Pfifferlinge vorsichtig sauber bürsten und mit den Shiitakepilzen zu den Pastinaken geben.

3 Die Schalotten schälen und fein würfeln. Mirin, Essig, Öl, Misopaste, Schalottenwürfel und Sojasauce in einer kleinen Schüssel mischen. Das Dressing unter den Salat heben. Den Salat zum Servieren auf Portionsteller verteilen und mit dem gehackten Kerbel bestreuen.

Pastinaken mit Honig und Senf sind ein Klassiker. Hier gefällt mir, dass die Zutaten ein dunkles Goldbraun annehmen, ja, an den Rändern sogar fast verbrennen. Ein Gericht von klebrig-süßer Anmut.

Pastinaken mit Honig & Senf

1,5 kg Pastinaken
200 ml flüssiger Honig
3 EL körniger Senf
3 EL Thymianblättchen
150 ml Olivenöl
abgeriebene Schale von 2 unbehandelten Orangen
Salz und Pfeffer aus der Mühle

Für 4–6 Personen | Vegetarisch

1 Den Backofen auf 180 °C (Ober-/Unterhitze) bzw. 160 °C (Umluft) vorheizen. Die Pastinaken schälen und längs in Sechstel schneiden. In einen Topf geben, großzügig mit kaltem Wasser bedecken und 1 Prise Salz hinzufügen. Aufkochen, dann in einem großen Sieb abtropfen lassen und anschließend in eine große Schüssel füllen.

2 Die restlichen Zutaten verrühren und unter die Pastinaken mischen, solange diese noch heiß und cremig sind. Alles mit Salz und Pfeffer würzen, gründlich vermengen und auf einem Backblech verteilen. Im heißen Ofen 10 Minuten rösten, bis Kanten und Spitzen der Pastinaken goldbraun sind.

Honig-Senf-Möhren

Wenn Sie Lust auf Abwechslung haben, dann können Sie die Pastinaken durch Möhren ersetzen. 1,5 kg Möhren, wie oben beschrieben, vorbereiten. Pikant wird das Ganze, wenn Sie vor dem Rösten noch 4 TL süße Chilisauce untermischen.

Auf der ganzen Welt gibt es wohl keine Suppe, die derart einfach zu machen ist. Sie können so ziemlich jeden Pilz dafür verwenden – weiße oder braune Champignons, Portobellos –, ich persönlich mag hier jedoch am liebsten frische Morcheln.

Kartoffel-Morchel-Suppe

1 Knoblauchzehe
2 kg mehligkochende Kartoffeln
Blätter von 2 Zweigen Thymian
500 g Morcheln
200 g Sahne
200 g Crème double
hochwertiges Olivenöl zum Beträufeln
Salz und Pfeffer aus der Mühle

Für 4–6 Personen | Vegetarisch

1 Den Knoblauch schälen. Die Kartoffeln schälen, halbieren und mit Knoblauch, Thymian und 1 Prise Salz in einen großen Topf geben. Großzügig mit kaltem Wasser bedecken, aufkochen und abschäumen, dann bei schwacher Hitze etwa 35 Minuten köcheln lassen, bis man die Kartoffeln mit einem Messer mühelos durchstechen kann, sie aber noch etwas fest sind.

2 Inzwischen die Pilze mit einer kleinen Bürste gründlich säubern, dann mit einem Messer grob zerkleinern. Die gegarten Kartoffeln in ein Sieb abgießen, den Knoblauch entfernen und die Kartoffeln wieder in den Topf geben. Die Pilze hinzugeben und die Mischung zerstampfen, bis alles gut vermischt ist. Sahne und Crème double hinzufügen und das Ganze kräftig mit einem Schneebesen verrühren. Je kräftiger gerührt wird, desto glatter wird die Suppe (wer mag, kann sie auch leicht stückig lassen). Die Suppe mit Salz und Pfeffer abschmecken.

3 Die Suppe in Schüsseln oder tiefe Teller verteilen, mit dem Olivenöl beträufeln und sofort servieren. Vorsicht: Da es sich im Grunde um flüssiges Kartoffelpüree handelt, bleibt die Suppe lange sehr heiß.

Grundtechnik: Püree

Kartoffelpüree begleitet mich schon mein ganzes Leben lang. Vom klumpigen, kalten in der Grundschule über lockeres und buttriges bei meiner Großmutter bis zu glattem, seidigem in Top-Restaurants. Ja, es stimmt, ich liebe Kartoffelpüree. Darüber hinaus ist es ein allgemein beliebtes Gericht, das jeder im Repertoire haben sollte. Beginnen Sie mit diesem Rezept, und sobald Sie es beherrschen, probieren Sie die Rezepte auf S. 37 aus. Diese Püreevariante passt mit dezenter Knoblauchnote und kräftiger Rosmarinwürze hervorragend zu Lammbraten. Doch manchmal isst man es am besten pur.

Mein liebstes Kartoffelpüree

2 kg mehligkochende Kartoffeln
3 Knoblauchzehen
300 ml Milch
200 g Butter
1 kleines Bund Rosmarin
frisch geriebene Muskatnuss
Meersalz und Pfeffer aus der Mühle

Für 4–6 Personen | Vegetarisch

1   Die Kartoffeln schälen, abspülen und in etwa 6–7 cm große Stücke schneiden – zu kleine Stücke saugen zu viel Wasser auf, zu große sind außen gar, während sie innen noch hart sind. Den Knoblauch schälen.

2   Die Kartoffeln in einen großen Topf geben, großzügig mit kaltem Wasser bedecken und 2 gute Prisen Salz sowie den Knoblauch hinzufügen. Aufkochen und abschäumen, dann bei schwacher Hitze 30–35 Minuten köcheln lassen, bis man die Kartoffeln mit einem Messer mühelos durchstechen kann, sie aber noch etwas fest sind. Die Kartoffeln in ein großes Sieb abgießen, abtropfen und ausdampfen lassen – je trockener sie sind, desto luftiger wird das Püree. Die Knoblauchzehen beiseitelegen.

3   Milch und Butter mit dem Rosmarin und den Knoblauchzehen in den leeren Topf geben. Bei schwacher Hitze heiß werden lassen, bis die Butter geschmolzen ist. Die Rosmarinzweige entfernen. Die Milchmischung vom Herd nehmen, mit etwas Salz und Pfeffer würzen und etwas Muskatnuss dazureiben.

4   Die Kartoffeln durch die Kartoffelpresse oder das Passiergerät auf die Milchmischung drücken. Sie können auch im Ganzen hinzugegeben und dann mit einem Kartoffelstampfer zerdrückt werden – so bleiben sie etwas stückiger, was manchen lieber ist. Das Püree mit Salz abschmecken.

Grundrezept Püree

2 kg mehligkochende Kartoffeln
300 ml Milch
200 g Butter
frisch geriebene Muskatnuss
Salz und Pfeffer aus der Mühle

Für 4–6 Personen | Vegetarisch

1 Wenn Sie Püree am liebsten pur mögen, gehen Sie vor, wie auf S. 34 beschrieben, lassen aber Knoblauch und Rosmarin weg.

Kartoffel-Sellerie-Püree

1,5 kg mehligkochende Kartoffeln
500 g Knollensellerie
3 Knoblauchzehen
300 ml Milch
200 g Butter
1 Zweig Rosmarin
frisch geriebene Muskatnuss
Selleriesalz

Für 4–6 Personen | Vegetarisch

1 Vorgehen, wie auf S. 34 beschrieben, dabei den Sellerie vorbereiten, garen und verarbeiten wie die Kartoffeln.

2 Zum Abschmecken am Ende Selleriesalz statt Meersalz verwenden.

Safran-Schalotten-Püree

2 kg mehligkochende Kartoffeln
3 Knoblauchzehen, geschält
2 längliche Schalotten
300 ml Milch
200 g Butter
1 kleines Bund Rosmarin
2 Prisen Safranfäden
frisch geriebene Muskatnuss
Salz und Pfeffer aus der Mühle

Für 4–6 Personen | Vegetarisch

1 Vorgehen, wie in den Schritten 1 und 2 auf S. 34 beschrieben. Die Schalotten schälen und fein würfeln. Beim Erhitzen der Milch mit Butter, Rosmarin und Knoblauch die Schalotten und den Safran hinzufügen. Safran verleiht der Milch beim Erwärmen einen großartigen Geschmack und bereichert so das Gericht mit Aroma und goldgelber Farbe. Weiter verfahren, wie in den Schritten 3 und 4 beschrieben. Das Püree passt zu Jakobsmuscheln, Garnelen und Schellfisch.

Püree mit Kerbel, Dill & Petersilie

2 kg mehligkochende Kartoffeln
3 Knoblauchzehen
300 ml Milch
200 g Butter
1 Zweig Rosmarin
frisch geriebene Muskatnuss
6 EL fein gehackter Kerbel
6 EL fein gehackte Petersilie
6 EL fein gehackte Dillspitzen
Salz und Pfeffer aus der Mühle

Für 4–6 Personen | Vegetarisch

1 Wie auf S. 34 beschrieben vorgehen und in letzter Minute die fein gehackten Kräuter unter das Püree rühren.

Buttriges Steckrübenpüree

1 kg Steckrüben
175 g kalte Butter in Stückchen
Salz und Pfeffer aus der Mühle

Für 4–6 Personen | Vegetarisch

1 Die Steckrüben schälen und in 6–7 cm große Stücke schneiden. In einen Topf geben, großzügig mit Wasser bedecken und 2 gute Prisen Salz hinzufügen. Aufkochen, dann bei schwacher Hitze 35–40 Minuten köcheln lassen, bis die Stücke weich sind, aber nicht zerfallen.

2 In ein großes Sieb geben, abtropfen und ausdampfen lassen. Die Stücke mit einem Kartoffelstampfer zerdrücken, dabei nach und nach die Butter untermischen. Das Püree kräftig mit Salz und Pfeffer abschmecken. Es passt ausgezeichnet zu Lammbraten.

Kartoffelpüree & Rüben

Für das Kartoffelpüree
750 g mehligkochende Kartoffeln
125 ml Milch
150 g Butter
frisch geriebene Muskatnuss
Salz und Pfeffer aus der Mühle

Für die Rüben
750 g weiße Rüben oder Steckrüben
150 g Butter
25 g frische Ingwerwurzel, fein gehackt
Salz und Pfeffer aus der Mühle

Für 4–6 Personen | Vegetarisch

1 Für das Püree verfahren, wie auf S. 34 beschrieben.

2 Inzwischen für die Rüben die Rüben schälen und in 3 cm große Würfel schneiden. Diese in einen Topf geben, großzügig mit Wasser bedecken und etwas Salz hinzufügen. Aufkochen und bei schwacher Hitze 35–40 Minuten köcheln lassen, bis die Stücke weich sind, aber nicht zerfallen. Die Stücke in einem großen Sieb abtropfen lassen, dann zurück in den Topf geben. Bei mittlerer Hitze etwa 5 Minuten ausdampfen lassen, damit sie ganz trocken werden. Butter, Ingwer und reichlich schwarzen Pfeffer hinzufügen und alles gut mischen.

3 Kartoffelpüree und Rüben nebeneinander auf Portionstellern anrichten und servieren.

Manchmal gebe ich zur Abwechslung Süßkartoffeln an die Galettes, aber Sie können auch Möhren oder Pastinaken verwenden – oder warum nicht sogar einen ganzen Haufen bunt gemischtes Gemüse? Die Zubereitung bleibt die gleiche. Die Galettes sollten außen knusprig und innen saftig sein und durch und durch herrlich nach Salbei schmecken.

Kartoffel-Galettes mit Salbei

12 Salbeiblätter
6 große mehligkochende Kartoffeln
150 ml Olivenöl
150 g Butter
Salz und Pfeffer aus der Mühle

Für 8 Personen | Vegetarisch

1 Die Salbeiblätter fein hacken. Die Kartoffeln schälen und etwa die Hälfte zügig raspeln, damit die Kartoffelraspel nicht braun werden (man sollte sie nicht abspülen oder in Wasser legen, da dabei die Stärke abgewaschen wird, die zum Binden der Galettes erforderlich ist).

2 Die Hälfte des Öls in eine Pfanne geben und bei mittlerer Hitze sehr heiß werden lassen. Sobald etwa die Hälfte der Kartoffeln geraspelt ist – oder so viel, dass sie den Boden der Pfanne bedecken –, die Raspel mit der Hälfte des Salbeis mischen und in die Pfanne geben. Die Raspel mit einem Kartoffelstampfer (er hat eine große Fläche, mit der sich gut ein glatter, flacher Pfannkuchen formen lässt) auf den Pfannenboden drücken.

3 Wenn die Galette fest zu werden beginnt, die Hälfte der Butter in sehr kleinen Stückchen am Rand in die Pfanne geben und unter die Galette laufen lassen; das verleiht den Kartoffeln ein wunderbar nussiges Aroma. Die Galette 8–10 Minuten backen, bis sie unten goldbraun ist, dann auf ein Holzbrett gleiten lassen, die Pfanne darüberstülpen und das Ganze mitsamt dem Brett umdrehen, sodass die Galette mit der gebackenen Seite nach oben in der Pfanne liegt. Die Galette 8–10 Minuten weiterbacken, bis sie unten goldbraun und knusprig ist. Mit Salz und Pfeffer würzen.

4 Die Galette aus der Pfanne nehmen und warm halten, während die restlichen Kartoffeln geraspelt und gebacken werden. Die Galettes in Achtel schneiden und heiß servieren.

Ich habe ein paar Jahre in Spanien gelebt. Dort bietet jede Bar eine eigene Version dieses klassischen Gerichts an. Wetten, dass Sie es nicht lassen können, die ausgelösten Olivensteine abzuknabbern?

Russischer Salat

800 g sehr kleine festkochende Kartoffeln
400 g junge Möhren
400 g grüne Bohnen
200 g TK-Erbsen
200 g grüne Oliven mit Stein
2 geräucherte Hähnchenbrustfilets
100 g in Essig eingelegte Kapern, abgetropft und ausgedrückt
3 EL selbst gemachte Mayonnaise (s. S. 297)
8 Freilandeier
große Außenblätter von 4 Romanasalatherzen
Kerbel, Dillspitzen oder Petersilienblätter zum Garnieren
Salz und Pfeffer aus der Mühle

Für 4–6 Personen

1 Die Kartoffeln und die Möhren schrubben. Die Kartoffeln in gesalzenem Wasser garen. Bohnen und Möhren in 2 cm lange Stücke schneiden und bissfest kochen. Die Erbsen ebenfalls gar kochen und kalt abschrecken. Das Gemüse abkühlen lassen.

2 Das Fruchtfleisch der Oliven in jeweils drei Stücken vom Stein schneiden. Die Hähnchenbrustfilets häuten und in 3 cm große Würfel schneiden. Das Gemüse mit Oliven, Kapern und Hähnchenfleisch in eine große Schüssel geben. Mayonnaise, Salz und Pfeffer hinzufügen und alles gründlich mischen.

3 Die Eier hart kochen und pellen. Den Rand einer großen Servierplatte mit den Salatblättern belegen. Die Eier darauf anrichten. Die Gemüse-Hähnchenfleisch-Mischung mit einem Löffel in die Mitte der Platte geben und mit Kerbel, Dill oder Petersilie garnieren.

Das Grundrezept für die Tortilla kann beliebig abgewandelt werden, je nachdem, welche Zutaten zur Hand sind. Falls Pimientos de Padrón nicht erhältlich sind, können Sie gewöhnliche grüne Paprikaschoten verwenden und eine zerkrümelte getrocknete Chilischote unter die Zwiebelmischung rühren.

Tortilla mit Pimientos de Padrón

2 große festkochende Kartoffeln
100 ml Olivenöl
500 g grüne Pimientos de Padrón (Bratpaprika), von Stielen befreit
1 große Zwiebel
1 Knoblauchzehe
1 TL Paprikapulver
8 große Freilandeier
Salz und Pfeffer aus der Mühle

Für 4–6 Personen | Vegetarisch

1 Die Kartoffeln schälen und in 3 cm große Würfel schneiden. In einem Topf großzügig mit kaltem Wasser bedecken und etwas Salz hinzufügen. Langsam aufkochen und bei schwacher Hitze 16–18 Minuten bissfest garen. Die Kartoffelwürfel in ein Sieb abgießen und gut abtropfen lassen. Inzwischen etwas Öl in einer großen Pfanne erhitzen. Die Pimientos darin 3 Minuten braten, herausnehmen und beiseitestellen.

2 Die Zwiebel schälen und in 2 cm große Würfel schneiden. Den Knoblauch schälen und fein hacken. Das restliche Öl in einer großen ofenfesten Pfanne bei schwacher Hitze heiß werden lassen und die Zwiebelwürfel darin anschwitzen. Den Knoblauch hinzufügen und 3 Minuten mit anschwitzen. Paprikapulver und Kartoffeln dazugeben. Bei mittlerer bis starker Hitze die Pfanne vorsichtig schwenken und die Mischung umrühren. Die Eier in eine Schüssel aufschlagen und verquirlen. Mit Salz und Pfeffer würzen und in die Pfanne gießen. Bei mittlerer Hitze etwas stocken lassen, dann die Tortilla mit einem Pfannenwender vom Pfannenrand lösen. Inzwischen den Backofengrill vorheizen.

3 Wenn die Tortilla nach etwa 4 Minuten fast durchgegart ist, die Pfanne unter den Ofengrill schieben und bei geöffneter Ofentür etwa 6 Minuten grillen, bis die Tortilla goldbraun und fest ist. Dann die Pfanne kräftig rütteln, damit sich die Tortilla löst. Zum Stürzen ein Holzbrett auf die Pfanne legen und beides gleichzeitig wenden. Die Tortilla mit den Pimientos und einem Glas eiskaltem spanischem Bier servieren.

Rucola-Erbsen-Tortilla

500 g Frühkartoffeln
1 große Zwiebel
1 Knoblauchzehe
75 ml Olivenöl
1 TL Chiliflocken
500 g frische Erbsen, enthülst
2 Bund Rucola
8 große Freilandeier
Salz und Pfeffer aus der Mühle

Für 4–6 Personen | Vegetarisch

1 Die Kartoffeln schrubben und vierteln. In einem Topf großzügig mit kaltem Wasser bedecken und etwas Salz hinzufügen. Langsam aufkochen und bei schwacher Hitze 16–18 Minuten bissfest garen. Die Kartoffelwürfel in ein Sieb abgießen und gut abtropfen lassen.

2 Die Zwiebel schälen und in 2 cm große Würfel schneiden, den Knoblauch schälen und andrücken. Das Öl in einer großen ofenfesten Pfanne bei schwacher Hitze heiß werden lassen und die Zwiebelwürfel darin anschwitzen. Den Knoblauch hinzufügen und 3 Minuten mit anschwitzen. Chiliflocken und Kartoffeln dazugeben. Die Pfanne schwenken und die Mischung verrühren. Erbsen und Rucola hinzufügen und sorgfältig untermischen. Mit den Eiern verfahren wie im vorherigen Rezept beschrieben und wie in Schritt 3 weiterverfahren.

Diese knusprigen, mit Schnittlauch abgerundeten Garnelen sind toll für eine Party. Die Kartoffelmäntel müssen sehr dünn sein, damit sie rasch durchgebacken sind, bevor die Garnelen übergart werden.

Garnelen im Kartoffelmantel

2 große festkochende Kartoffeln
20 g Speisestärke
4 EL feine Schittlauchröllchen
24 große rohe Garnelen, geschält, mit Schwanzfächern
50 ml Olivenöl
1 Zitrone
Salz und Pfeffer aus der Mühle

Für 4–6 Personen

1 Von den Kartoffeln die Rundungen so abschneiden, dass zwei je etwa 8 cm breite Würfel entstehen. Mit einem scharfen Messer die Würfel quer in dünne Streifen schneiden – jede Kartoffel sollte 12 Streifen ergeben. Die Streifen in kaltes Wasser legen.

2 Die Kartoffelstreifen abgießen und trocken tupfen. Acht kleine Holzspieße in kaltem Wasser einweichen. Die Speisestärke mit 3 EL kaltem Wasser zu einer Paste verrühren. Die Kartoffelstreifen jeweils auf einer Seite damit bepinseln. Die Schnittlauchröllchen auf einer Platte ausbreiten und mit Salz und Pfeffer würzen. Die Garnelen im Schnittlauch wenden, dann jeweils in einen Kartoffelstreifen wickeln. Sie sollen ganz davon umhüllt sein. Die Spieße aus dem Wasser nehmen und je drei Garnelen daraufstecken.

3 Das Öl in einer Pfanne bei mittlerer Hitze heiß werden lassen. Die Spieße hineinlegen und die Garnelen jeweils 5–7 Minuten braten, bis die Kartoffelmäntel goldbraun sind. Dabei häufig wenden, damit sie gleichmäßig Farbe annehmen.

4 Die Spieße mit »Zitronenbäckchen« servieren. Diese haben keine Kerne, sind leicht auszudrücken und man kann den Rest der Zitrone anderweitig verwenden. Dafür mit einem scharfen Messer 6 Rundungen von der Zitrone abschneiden, jede mit etwas Fruchtfleisch daran (so, wie zuvor die Kartoffeln in Form gebracht wurden). Auch scharfe Mayonnaise (s. S. 297) passt gut zu den Spießen.

Dieses klassische confitartige Gericht verlangt nach reichlich Butter. Die Kartoffeln nehmen Milch und Safran auf, und es entsteht ein unglaublicher, voller Geschmack – sahnig, karamellig und sehr, sehr dekadent. Ich finde, diese Kartoffeln sollten Sie an jedem Wochenende zubereiten.

Schmelzkartoffeln mit Safran

200 g kalte Butter
1 kg Frühkartoffeln
Milch zum Bedecken der Kartoffeln
4 Lorbeerblätter
1 Prise Safranfäden
Salz und Pfeffer aus der Mühle

Für 4–6 Personen | Vegetarisch

1 Die Butter in gleichmäßige Scheiben schneiden und einen Topf mit schwerem Boden damit auslegen. Die Kartoffeln schälen, gründlich abspülen und trocken tupfen, auf der Butter verteilen und mit der Milch bedecken. Die Lorbeerblätter hinzufügen, alles mit den Safranfäden bestreuen und mit Salz und Pfeffer würzen. Ein rund zugeschnittenes Stück Backpapier als Deckel darauflegen und die Kartoffeln bei mittlerer Hitze 10 Minuten garen. Das Papier entfernen und das Ganze weitergaren, bis die Milch verdampft ist. Zurück bleibt eine Schicht Butter, die den Kartoffeln Farbe verleiht.

2 Den Herd abschalten. Die Kartoffeln 5 Minuten abkühlen lassen, dann wenden und bei mittlerer Hitze weitere 5 Minuten garen, bis auch die andere Seite gebräunt ist. Den Herd erneut ausschalten, 2 Minuten warten, dann die Kartoffeln aus dem Topf heben und heiß servieren.

Dieses Gericht ist äußerst frisch und wohlschmeckend. Alle Aromen werden durch die Hitze der Ofenkartoffel verstärkt. Die Crème fraîche rinnt auf die Teller, und sie mit der lockeren Kartoffel aufzutunken, verschafft einem ein ganz besonderes Geschmackserlebnis.

Ofenkartoffeln mit Tomaten, Basilikum & Crème fraîche

12 kleine mehligkochende Kartoffeln
800 g große reife Ochsenherztomaten oder eine andere süßliche Sorte
4 EL gehacktes Basilikum, einige Basilikumblätter zum Garnieren
200 ml Olivenöl
500 g Crème fraîche
Salz und Pfeffer aus der Mühle

Für 6 Personen | Vegetarisch

1 Den Backofen auf 180 °C (Ober-/Unterhitze) bzw. 160 °C (Umluft) vorheizen. Die Kartoffeln schrubben, in eine ofenfeste Form legen und 50–60 Minuten backen, bis sie weich sind.

2 Inzwischen die Tomaten klein schneiden und die Stücke auf einer großen Servierplatte verteilen. Mit der Hälfte des Basilikums bestreuen, salzen, pfeffern und mit dem Öl beträufeln. Bei Raumtemperatur durchziehen lassen, bis die Kartoffeln fertig gegart sind.

3 Die Kartoffeln längs aufschneiden und auf Tellern anrichten. Zuerst in jede Kartoffel 1 EL Crème fraîche geben, dann die Tomaten gleichmäßig auf die Kartoffeln verteilen. Die restliche Crème fraîche glatt rühren und das Gericht damit beträufeln. Zum Schluss mit den restlichen Basilikumblättern bestreuen.

Das Rezept für diese klassische Vinaigrette bekam ich, als ich 16 war. Man nehme drei Teile Olivenöl, zwei Teile Essig und einen Teil Senf und serviere einen damit angemachten Salat in der Sonne, möglichst an der Côte d'Azur, während das Mittelmeer funkelt und die Jacht in der Ferne vor Anker liegt, die auf Sie und die Reise nach Monte Carlo wartet …

Nizza-Salat mit Frühkartoffeln

600 g Frühkartoffeln
300 g grüne Bohnen
3 Freilandeier
100 g in Salz eingelegte Sardellenfilets
300 g reife Tomaten
1 rote Paprikaschote
2 Schalotten
200 g hochwertiger Thunfisch (aus der Dose), abgetropft und zerpflückt
200 g Niçoise- oder Taggiasca-Oliven
300 ml Haus-Dressing (s. S. 297)

Für 4–6 Personen

1 Die Frühkartoffeln schrubben und im Ganzen garen. Nach dem Abkühlen in Stücke schneiden. Die Bohnen kochen, bis sie noch bissfest sind, ebenfalls abkühlen lassen. Die Eier hart kochen, in kaltem Wasser abschrecken, pellen und halbieren. Die Sardellenfilets 30 Minuten wässern und abtropfen lassen. Die Tomaten klein schneiden, die Paprikaschote putzen und in 4 cm große Stücke zerteilen. Die Schalotten schälen und in dünne Ringe schneiden.

2 Alle Zutaten in eine Schüssel geben und vorsichtig mischen, bis das Dressing gleichmäßig verteilt ist. Alternativ den Salat auf Portionstellern anrichten. Dafür zuerst die Kartoffeln, dann nacheinander Tomaten, Bohnen, Eier, Paprika, Schalotten, Thunfisch, Sardellen und Oliven daraufgeben. Den Salat mit dem Dressing beträufeln und servieren.

Streut man Chilis und Kapern auf die noch warmen Kartoffeln, entwickeln sich die Aromen besonders gut. Dieser großartige Salat beweist, dass einfache, gute Zutaten keinen zusätzlichen Aufwand brauchen.

Teuflisch gute Kartoffeln mit frischen Chilis & Kapern

1 kg festkochende Kartoffeln, geschrubbt
Salz
3 EL fein gehackte frische rote Chilischoten
150 ml Olivenöl
150 g in Salz eingelegte Kapern
100 g glatte Petersilie, gehackt
grobes Meersalz zum Bestreuen

Für 4–6 Personen | Vegetarisch

1 Die Kartoffeln im Ganzen in einen großen Topf geben, mindestens 6 cm hoch mit Wasser bedecken und 1 Prise Salz hinzufügen. Aufkochen und bei schwacher Hitze 25–30 Minuten köcheln lassen.

2 Inzwischen die gehackten Chilis unter das Olivenöl rühren. Die Kapern 10 Minuten wässern, abgießen und ausdrücken.

3 Zur Garprobe ein Messer in eine Kartoffel stechen und diese vorsichtig gegen die Topfwand schlagen. Gleitet die Schneide leicht durch die Kartoffel, ist die Knolle gar. Bleibt sie stecken, die Garzeit etwas verlängern. Die fertig gegarten Kartoffeln abgießen und zum Abkühlen auf einen Teller geben. Noch warm pellen – die Schale sollte sich problemlos abziehen lassen. Die Kartoffeln mit den Händen auseinanderbrechen, auf einer Servierplatte anrichten und mit Kapern und Petersilie bestreuen. Zum Schluss Chilis und Olivenöl darauf verteilen. Den Salat mit grobem Meersalz bestreuen.

Gnocchi mit Basilikumpesto

2 kg mehligkochende Kartoffeln
5 Freilandeier
3 EL Olivenöl
200 g Pastamehl (Type 00), mehr zum Bestäuben
1 Rezept Basilikumpesto (s. S. 297)
Salz und Pfeffer aus der Mühle

Für 4–6 Personen | Vegetarisch

Sobald Sie die Zubereitung von Gnocchi mit Pesto beherrschen, sollten Sie andere Saucen ausprobieren. Brennnesseln haben einen ganz besonderen Geschmack, sehr zurückhaltend, aber frisch. Sollten Sie keine bekommen, können Sie Spinat verwenden, müssen dann aber auf die ätherischen Öle verzichten. Ziehen Sie zum Pflücken der Nesseln robuste Gummihandschuhe an.

1 Die geschälten Kartoffeln im Ganzen in einen großen Topf geben. Großzügig mit kaltem Wasser bedecken und etwas Salz hinzufügen. Aufkochen, dann bei schwacher Hitze 35 Minuten köcheln lassen, bis sie sich leicht mit einem Messer durchstechen lassen, aber noch etwas fest sind. In ein großes Sieb gießen und ausdampfen lassen.

2 Die Kartoffeln durch die Kartoffelpresse oder das Passiergerät auf ein großes Holzbrett drücken. Solange sie noch warm sind, eine Mulde in die Mitte drücken und die Eier hineinschlagen. Olivenöl, Salz und Pfeffer hinzufügen. Das Mehl vom Rand darüberstäuben und die Mischung langsam mit den Händen zusammenziehen – sollen Gnocchi zart werden, muss man vorsichtig vorgehen. Sobald ein formbarer Teig entstanden ist, diesen noch ein paarmal durchkneten.

3 Ein Viertel des Teigs zu einer etwa 2 cm dicken Rolle formen und davon 1,5 cm lange Stücke abschneiden. Jedes Stück mit dem Daumen gegen die Zinken einer Gabel drücken. So entstehen kleine Vertiefungen, an denen die Sauce haftet. Die fertig geformten Gnocchi auf ein mit Mehl bestäubtes Tablett legen. Mit dem restlichen Teig ebenso verfahren. Die Gnocchi mit einem sauberen Geschirrtuch bedecken.

4 In einem großen Topf Wasser aufkochen und kräftig salzen. Die Gnocchi portionsweise hineingleiten lassen – sie sinken für kurze Zeit auf den Boden des Topfes. Sobald sie nach etwa 2 Minuten an die Wasseroberfläche steigen, sind sie gar. Dann mit einem Schaumlöffel herausheben und in eine große Schüssel geben. Die Hälfte des Pestos über die Gnocchi löffeln, das restliche Pesto separat dazu reichen.

Gnocchi mit Brennnesseln

1 Rezept Gnocchi (siehe oben)
500 g junge Brennnesselblätter
150 g Butter, zerlassen
150 g geriebener Parmesan
Salz und Pfeffer aus der Mühle

Für 4–6 Personen | Vegetarisch

1 Die Gnocchi herstellen, wie oben beschrieben. Während sie garen, die Brennnesselblätter für 2 Minuten in kochendes gesalzenes Wasser geben. In ein großes Sieb gießen, gut abtropfen lassen und das restliche Wasser mit einem Kartoffelstampfer herausdrücken. Die Nesseln in eine große Schüssel geben, in der sich bereits die zerlassene Butter befindet. Den Parmesan sowie Salz und Pfeffer hinzufügen und untermischen. Die abgetropften Gnocchi mit der Nesselsauce übergießen und sofort servieren.

Salate wie dieser sind wunderbar – leicht zu machen, erfrischend und gesund. Kleine Besonderheiten wie japanischer Essig und frische Minze sorgen für ein ungewöhnliches Aroma. Ich verwende gern eine gute Salatkartoffel wie »Spunta«, die ausreichend festkochend ist, sich aber dennoch perfekt in Stücke zerdrücken lässt. Die Gurke muss sehr frisch sein. Die Schale nicht entfernen: Sie steckt voller Vitamine.

Kartoffel-Gurken-Salat

1 kg festkochende Kartoffeln
1 Salatgurke
4 EL japanischer Essig
4 EL gutes Olivenöl
Blätter von 2 Stängeln Minze, gehackt
4 EL Sonnenblumenkerne, leicht geröstet
Salz und Pfeffer aus der Mühle

Für 4–6 Personen | Vegetarisch

1 Die Kartoffeln schrubben, in einen großen Topf geben, mindestens 6 cm hoch mit kaltem Wasser bedecken und etwas Salz hinzufügen. Aufkochen und bei schwacher Hitze 25–30 Minuten köcheln lassen.

2 Inzwischen die Gurke von den Enden befreien und längs halbieren, die Kerne mit einem Teelöffel herausschaben. Das Fruchtfleisch in 5 cm große Stücke schneiden, in eine Schüssel geben, mit der Hälfte von Essig und Öl beträufeln, salzen und pfeffern. Alles mit den Händen gut mischen und die Hälfte der Minze dazugeben.

3 Zur Garprobe ein Messer in eine Kartoffel stechen und diese vorsichtig gegen die Topfwand schlagen. Gleitet die Schneide leicht durch die Kartoffel, ist die Knolle gar. Bleibt sie stecken, die Garzeit etwas verlängern. Die Schalen abziehen – sie sollten sich leicht lösen lassen. Die Kartoffeln mit der Hand in eine Servierschüssel bröckeln und die Gurke untermischen. Den Salat mit dem restlichen Essig und Öl beträufeln, mit der übrigen Minze bestreuen und mit Salz und Pfeffer abschmecken. Die Sonnenblumenkernen darüber verteilen und servieren.

Dieser Salat ist ein Fest der Farben: Süßkartoffeln, kombiniert mit Orangen, dazu Petersilie und, für mehr Tiefe, Pfeffer. Noch ein Salat, der sich gut für ein Picknick eignet.

Süßkartoffelsalat mit Quinoa, Orange & Petersilie

1 kg Süßkartoffeln
Olivenöl zum Beträufeln
500 g Quinoa
3 Orangen
250 g glatte Petersilie
250 ml Olivenöl
Salz und Pfeffer aus der Mühle

Für 4–6 Personen | Vegetarisch

1 Den Backofen auf 180 °C (Ober-/Unterhitze) bzw. 160 °C (Umluft) vorheizen. Die Süßkartoffeln schälen und in 2 cm große Würfel schneiden. Die Würfel auf einem Backblech verteilen, mit etwas Olivenöl beträufeln und mit Salz und Pfeffer würzen. Etwa 30 Minuten rösten, bis sie weich sind.

2 Während die Süßkartoffeln im Ofen sind, die Quinoa abspülen, in einen Topf geben und etwa 3 cm hoch mit kaltem Wasser bedecken. Aufkochen und bei schwacher Hitze 16 Minuten quellen lassen, den Deckel dabei einen Spalt offen lassen. Den Herd abschalten und die Quinoa abkühlen lassen. Inzwischen die Orangen mit einem Messer so schälen, dass auch die weiße Haut entfernt wird. Die Fruchtfilets über einer Schüssel aus den Trennwänden schneiden, den Saft dabei auffangen und die Orangenstücke in den Saft geben.

3 Die gegarten Süßkartoffeln auf dem Blech abkühlen lassen, dann zu den Orangen in die Schüssel geben. Die Petersilie hacken. Die abgekühlte Quinoa und die Petersilie hinzufügen, das Öl darüberträufeln und alles kurz mischen. Den Salat auf Schalen oder tiefe Teller verteilen und servieren.

Dieses Gericht habe ich aus einer Laune heraus entwickelt, aber es schmeckt wirklich gut. Kreativ, spaßig und lecker – genauso mag ich mein Essen. Sie können diese Pfannkuchen mit fast allem füllen. Probieren Sie doch einmal Halloumi und Tomaten, die Sellerieremoulade auf S. 76 oder meine Pfifferlinge in Öl auf S. 252.

Süßkartoffelpfannkuchen mit Chili & Limette

100 g Mehl
3 Eigelb von Freilandeiern
85 ml Olivenöl
300 ml Milch
50 g Butter

Für die Füllung
1 Knoblauchzehe
1 kg Süßkartoffeln
1 Zimtstange
1 TL Kreuzkümmelsamen
1 TL Chiliflocken
Saft von 3 Limetten
2 EL gehackte Minze
50 g Cheddar, gerieben
Kerbelzweige zum Garnieren
saure Sahne zum Servieren
Salz und Pfeffer aus der Mühle

Für 4–6 Personen | Vegetarisch

1 Für die Pfannkuchen das Mehl in eine Rührschüssel geben und eine Mulde in die Mitte drücken. Eigelbe und 1 EL Olivenöl hineingeben und mit einem Schneebesen verquirlen, dabei nach und nach das Mehl unterrühren, bis eine dicke, glatte Paste entstanden ist. Nacheinander je ein Drittel der Milch unterschlagen. Der Teig sollte die Konsistenz von flüssiger Sahne haben.

2 Eine große Pfanne erhitzen und die Butter darin zerlassen, dann in eine kleine Schüssel geben. Kurz bevor der Butterrest in der Pfanne zu rauchen beginnt, so viel Teig hineingeben, dass der Pfannenboden bedeckt ist. Sobald sich auf der Oberfläche Blasen zeigen, den Pfannkuchen mit einem Pfannenwender umdrehen und die andere Seite braun backen. Den Pfannkuchen auf eine kühle, saubere, trockene Fläche gleiten lassen (so kühlt er rasch ab und »schwitzt« dabei nicht). Mit dem restlichen Teig ebenso verfahren und die Pfannkuchen auf einem Teller beiseitestellen.

3 Den Knoblauch schälen und hacken. Die Süßkartoffeln schälen, in 2 cm große Würfel schneiden und in einem Topf großzügig mit kaltem Wasser bedecken. Knoblauch, Zimt und etwas Salz hinzufügen. Aufkochen und bei schwacher Hitze etwa 14 Minuten köcheln lassen, bis die Süßkartoffeln weich sind. Eine Pfanne bei mittlerer bis starker Hitze heiß werden lassen. Den Kreuzkümmel darin unter ständigem Schwenken leicht anrösten, dann mit dem Chili in einem Mörser zerstoßen.

4 Den Backofen auf 180 °C (Ober-/Unterhitze) bzw. 160 °C (Umluft) vorheizen. Die Süßkartoffeln abtropfen lassen, den Zimt entfernen. Die Süßkartoffeln in eine Schüssel geben, Gewürzmischung, Limettensaft, Minze und das restliche Öl hinzufügen, vorsichtig mischen, salzen und pfeffern. Etwas Füllung als Streifen auf 1 Pfannkuchen geben, den Pfannkuchen aufrollen und auf ein Backblech legen. Mit den restlichen Pfannkuchen ebenso verfahren, dann mit Käse bestreuen und im heißen Ofen 6 Minuten erhitzen. Mit dem Kerbel garnieren und mit der sauren Sahne servieren.

Die Fischsauce bringt in dieser Suppe die Aromen richtig zur Geltung. Solche Suppen esse ich nach dem Training – gesund, klar im Geschmack und herzhaft.

Süßkartoffelsuppe mit Reisnudeln, Sesamöl & Tofu

600 g getrocknete Thai-Reisnudeln
500 ml Hühnerbrühe (s. S. 296)
500 ml Gemüsebrühe (s. S. 297)
200 g Süßkartoffeln, geschält und bissfest gegart
200 g fester Tofu
1 TL Thai-Fischsauce
Pfeffer aus der Mühle
3 Frühlingszwiebeln
3 EL Sesamöl

Für 6 Personen

1 Die Reisnudeln nach Packungsangabe kochen bzw. einweichen, bis sie weich, aber nicht zu weich sind. Abgießen und beiseitestellen.

2 Die Brühen in einen Topf geben und aufkochen. Süßkartoffeln und Tofu in 3 cm große Würfel schneiden. Die Würfel in die Suppe geben und 1–2 Minuten ziehen lassen. Die Fischsauce und etwas frisch gemahlenen Pfeffer hinzufügen. Den Herd abschalten.

3 Die Frühlingszwiebeln in dünne Ringe schneiden. Die Reisnudeln auf Suppenschalen verteilen. Suppe, Sesamöl und Frühlingszwiebeln dazugeben und sofort servieren.

Fritti misti ist in Teig ausgebackenes Gemüse – Sie können jedes Gemüse verwenden, das Ihnen schmeckt. Bei den Vorschlägen in der Zutatenliste handelt es sich um meine Lieblingssorten, aber ausgebackene Champignons oder Kürbisstücke mag ich auch. Frittieren Sie zunächst nur kleine Portionen, dann bekommen Sie ein Gefühl für das Öl und dafür, wie es abkühlt, wenn das Gemüse hineingegeben wird.

Fritti misti

Saft von 1 Zitrone
6 große Schwarzwurzeln
6 männliche und weibliche Zucchiniblüten
2 Süßkartoffeln
4 Stangen Staudensellerie
200 g Mehl
2 TL Salz
1 EL grob gemahlener schwarzer Pfeffer
12 Salbeiblätter
3 l Sonnenblumenöl zum Frittieren
1 Rezept Tempurateig (s. S. 297)
grobes Meersalz
»Zitronenbäckchen« zum Servieren (s. S. 44, Schritt 4)

Für 4–6 Personen | Vegetarisch

1 Den Zitronensaft in eine Schüssel mit Wasser geben. Die Schwarzwurzeln schälen und in das Zitronenwasser legen. Die Zucchiniblüten außen mit einem Pinsel säubern, öffnen – dafür mit einem Finger hineinfahren und die Blütenblätter nach außen drücken – und die Staubgefäße entfernen. Die Süßkartoffeln schälen und quer in 1 cm dicke Scheiben schneiden. Den Staudensellerie putzen.

2 Das Mehl mit dem Salz und dem Pfeffer mischen. Einige Schwarzwurzeln aus dem Wasser nehmen, in mundgerechte Stücke schneiden und diese in einem großen Sieb trocken schütteln. Die Stücke in einen Gefrierbeutel geben und 3 EL gewürztes Mehl hinzufügen. Die Beutelöffnung zuhalten und den Beutel kräftig schütteln, bis die Stücke gleichmäßig vom Mehl umhüllt sind (dann haftet der Teig besser an ihnen). Die Stücke in ein Sieb geben und das überschüssige Mehl abschütteln. Mit dem restlichen Gemüse (Schwarzwurzeln, Süßkartoffeln, Staudensellerie), den Salbeiblättern und den Zucchiniblüten ebenso verfahren.

3 Das Sonnenblumenöl in einem hohen Topf mit schwerem Boden auf 180 °C erhitzen – wirft man einen Brotwürfel hinein, bräunt er in 30 Sekunden. Sobald das Öl heiß genug ist, die bemehlten Zutaten in den Teig tauchen, überschüssigen Teig abtropfen lassen. Portionsweise in das heiße Öl geben und jeweils in etwa 3 Minuten goldgelb frittieren. Mit einem Schaumlöffel herausheben und auf Küchenpapier abtropfen lassen. Warm halten, während die restlichen Zutaten frittiert werden. Die Fritti misti mit dem groben Meersalz bestreuen und mit den »Zitronenbäckchen« servieren.

Ich weiß: Außerhalb der USA klingt diese Kombination ziemlich verrückt, aber ehrlich – sie schmeckt. Das ist meine Version einer klassischen Beilage, die es an Thanksgiving mit anderen Köstlichkeiten zu gebratenem Truthahn gibt. Und ja, Ahornsirup und Rosmarin passen wirklich gut zusammen.

Geröstete Süßkartoffeln mit Marshmallows & Ahornsirup

2 kg Süßkartoffeln
1 Handvoll Rosmarinzweige
100 ml Olivenöl
Salz
500 g Marshmallows
250 ml Ahornsirup

Für 4–6 Personen | Vegetarisch

1 Den Backofen auf 180 °C (Ober-/Unterhitze) bzw. 160 °C (Umluft) vorheizen und ein tiefes Backblech mit Backpapier auslegen. Die Süßkartoffeln schälen, in 5–7 cm große Stücke schneiden, mit dem Rosmarin auf dem Backblech verteilen, mit dem Olivenöl beträufeln und mit etwas Salz bestreuen. Im heißen Ofen 25 Minuten rösten.

2 Das Blech aus dem Ofen nehmen und die Süßkartoffeln mit den Marshmallows bestreuen. Das Ganze mit dem Ahornsirup beträufeln und weitere 10 Minuten backen. Warm servieren.

Über die Märkte im Osten Londons zu bummeln, ist für mich ein großes Vergnügen. Man findet dort eine unglaubliche Vielfalt an Zutaten aus der ganzen Welt. Fufu ist in Westafrika ein Allerweltsgericht wie Kartoffelbrei bei uns, und das Kochbananen-Ragout passt perfekt dazu. Sie könnten den Fufu noch mit Süßkartoffeln und sogar mit etwas frischem Ingwer anreichern.

Buttrigers Jams-Fufu mit Kochbananen-Ragout

2 kg Jamswurzeln
200 g Butter, mehr zum Servieren
300 ml Milch
frisch geriebene Muskatnuss
Salz und Pfeffer aus der Mühle

Für das Kochbananen-Ragout
1 Zwiebel
2 frische rote Chilischoten
500 ml Kokosmilch
50 ml Limettensaft
2 EL Weißweinessig
4 Kochbananen
3 EL Olivenöl
1 Bund Koriandergrün, fein gehackt
6 cm frische Ingwerwurzel, fein gehackt
Salz und Pfeffer aus der Mühle

Für 4–6 Personen | Vegetarisch

1 Die Jamswurzeln schälen und in 6–7 cm große Stücke schneiden. In einen großen Topf geben, mit reichlich Wasser bedecken und 2 gute Prisen Salz hinzufügen. Aufkochen und bei schwacher Hitze 35–40 Minuten köcheln lassen, dabei ab und zu abschäumen. Die Stücke sind gar, wenn man sie leicht mit einem Messer durchstechen kann, sie aber trotzdem noch etwas fest sind.

2 Inzwischen für das Kochbananen-Ragout die Zwiebel schälen und würfeln, die Chilischoten in feine Ringe schneiden. Beides mit 125 ml Kokosmilch, Limettensaft und Essig in einen Topf geben. Salzen und pfeffern, dann zum Köcheln bringen. Das Ganze bei mittlerer Hitze 15 Minuten leicht kochen lassen, bis die Zwiebelwürfel weich sind.

3 Die Kochbananen schälen und in 5–6 cm große Stücke schneiden. Das Olivenöl in einer großen Pfanne bei mittlerer bis starker Hitze heiß werden lassen. Die Bananenstücke darin portionsweise jeweils pro Seite etwa 5 Minuten braten, bis sie goldbraun sind. Die gebratenen Stücke in den Topf mit der Kokosmilchmischung geben. Koriandergrün und Ingwer mit der restlichen Kokosmilch hinzufügen und alles bei mittlerer Hitze 5–7 Minuten köcheln lassen. Abschmecken.

4 Inzwischen die Jamsstücke in ein großes Sieb gießen, abtropfen und ausdampfen lassen. Die Butter mit der Milch in den Topf geben und bei schwacher Hitze zerlassen. Vom Herd nehmen, mit etwas Salz und Pfeffer würzen und ein wenig Muskatnuss darüberreiben.

5 Die Jamsstücke durch die Kartoffelpresse oder das Passiergerät in die Milch drücken und unterrühren. Die Jamsstücke können auch direkt in die Milch gegeben und mit einem Kartoffelstampfer zerdrückt werden. Das Püree abschmecken und ein Stückchen Butter daraufgeben. Heiß mit dem Kochbananen-Ragout servieren.

Grundtechnik: Röstgemüse

Die Rezepte, die ich hier vorstelle, zeigen, wie unterschiedlich die Ergebnisse sein können, die man durch Rösten erzielt. Ich röste Gemüse immer im ziemlich heißen Backofen. Das sorgt für intensive Aromen, weil die der Hitze ausgesetzten Ränder karamellisieren und knusprig werden, was den Geschmack des ganzen Gerichts beeinflusst. Die Ofenhitze nutze ich gern, um mehrere Sachen gleichzeitig zu garen. Probieren Sie also einmal ein paar Rezepte auf einmal aus.

Geröstete Möhren mit Kümmel & Chilisahne

3 Bund Möhren (wenn möglich, verschiedenfarbige)
2 Knoblauchzehen
2 TL Kümmelsamen
2 TL Chiliflocken
85 ml Olivenöl
150 g Crème fraîche
Salz und Pfeffer aus der Mühle

Für 4–6 Personen | Vegetarisch

1 Den Backofen auf 180 °C (Ober-/Unterhitze) bzw. 160 °C (Umluft) vorheizen und ein tiefes Backblech mit Backpapier auslegen. Die Möhren schälen oder schrubben. Größere Exemplare in Stücke schneiden, kleinere ganz lassen. Alle in eine große Schüssel geben. Den Knoblauch schälen und fein hacken. Knoblauch, Kümmel, die Hälfte der Chiliflocken und 75 ml Olivenöl zu den Möhren geben und alles gut mischen.

2 Die Möhrenmischung auf dem vorbereiteten Backblech verteilen und etwa 30 Minuten rösten, bis sie weich sind und goldbraun werden.

3 Inzwischen die restlichen Chiliflocken im Mörser zerstoßen, dann mit etwas Salz und Pfeffer sowie dem restlichen Olivenöl unter die Crème fraîche rühren.

4 Die fertig gegarten Möhren aus dem Ofen nehmen und auf einer Servierplatte anrichten. Die Chilisahne mit einem Löffel über die Möhren geben – durch die Hitze zerläuft sie. Es entsteht eine cremige Schicht auf den Möhren und eine schmackhafte Sauce zum Auftunken.

Gemischtes Ofengemüse

1 helle Aubergine
1 rote Zwiebel, ungeschält
1 Fenchelknolle
3 Topinamburen
1 kleiner Knollensellerie
Blätter von 4 Oreganozweigen
1 frische rote Chilischote
1 Knoblauchzehe, geschält und gehackt
75 ml hochwertiges Olivenöl
4 EL Sesamsamen, leicht geröstet
Balsamico-Essig zum Servieren
Salz und Pfeffer aus der Mühle

Für 4–6 Personen | Vegetarisch

1   Den Backofen auf 180 °C (Ober-/Unterhitze) bzw. 160 °C (Umluft) vorheizen, ein tiefes Backblech mit Backpapier auslegen. Die Aubergine in etwa 5–7 cm große Stücke schneiden. Die Zwiebel in 8, den Fenchel in 6 Spalten schneiden. Den Topinambur schrubben und längs halbieren. Den Sellerie schrubben, dabei möglichst viel Schale belassen, in 2–3 cm große Stücke schneiden. Das Gemüse in eine Schüssel geben. Oregano, Chili, Knoblauch, Olivenöl sowie Salz und Pfeffer hinzufügen und mischen.

2   Wie auf S. 66 in Schritt 2 beschrieben rösten, allerdings 45 Minuten lang. Das Gemüse aus dem Ofen nehmen und mit dem Sesam bestreuen, dann nach Belieben auf einer großen Servierplatte anrichten oder das Blech auf den Tisch stellen und das Gemüse direkt daraus servieren. Dazu Balsamico-Essig zum Beträufeln reichen.

Gerösteter Topinambur mit Sonnenblumenkernen

700 g Topinambur
100 g Sonnenblumenkerne
2 Knoblauchzehen, geschält und fein gehackt
1 TL Selleriesalz
1 TL Chiliflocken
75 ml Olivenöl
abgeriebene Schale und Saft von 1 unbehandelten Zitrone

Für 4–6 Personen | Vegetarisch

1   Den Backofen auf 180 °C (Ober-/Unterhitze) bzw. 160 °C (Umluft) vorheizen und ein tiefes Backblech mit Backpapier auslegen. Die Topinamburen schrubben (die Schale entwickelt beim Rösten ein schönes Aroma) und längs halbieren, dann in einer großen Schüssel mit Sonnenblumenkernen, Knoblauch, Selleriesalz, Chiliflocken, Olivenöl und Zitronenschale mischen.

2   Vorgehen, wie auf S. 66 in Schritt 2 beschrieben. Der Topinambur hat dann noch etwas Biss, soll er weicher werden, kann man ihn etwas länger rösten. Doch Vorsicht: Die Sonnenblumenkerne könnten verbrennen. Das Gemüse aus dem Ofen nehmen, mit dem Zitronensaft beträufeln und servieren. Reste eignen sich gut für Salate.

Geröstete Pastinaken & Rübchen mit Schweinekoteletts

600 g kleine Pastinaken
600 g kleine weiße Rüben
6 Knoblauchzehen, geschält
2 TL Fenchelsamen
100 ml Olivenöl
6 Schweinekoteletts (je etwa 175–200 g)
50 g Butter
3 EL Apfelkonfitüre (s. S. 298)
Salz und Pfeffer aus der Mühle

Für 6 Personen

1   Den Backofen auf 180 °C (Ober-/Unterhitze) bzw. 160 °C (Umluft) vorheizen und ein tiefes Backblech mit Backpapier auslegen. Pastinaken und Rüben schrubben und in eine große Schüssel geben. Die Knoblauchzehen, die Hälfte der Fenchelsamen, das Olivenöl sowie Salz und Pfeffer hinzufügen.

2   Vorgehen, wie auf S. 66 in Schritt 2 beschrieben, und das Gemüse 25 Minuten rösten. Inzwischen die Koteletts in eine kalte Pfanne legen und dann bei starker Hitze etwas Fett austreten lassen, bevor das Fleisch Farbe annimmt. Die Koteletts auf jeder Seite etwa 8 Minuten braten, bis sie durchgegart sind. Vor dem Wenden die Butter in die Pfanne geben. Die restlichen Fenchelsamen mit 1 TL Salz im Mörser zerdrücken und die Koteletts mit der Mischung bestreuen. Das Fleisch mit dem Wurzelgemüse und einem Klecks selbst gemachter Apfelkonfitüre servieren.

Gerösteter Sellerie mit Selleriesalz & knusprigem Speck

750 g Knollensellerie
2 EL gehackte glatte Petersilie
2 EL körniger Senf
1 Knoblauchzehe, geschält und gehackt
1 TL Selleriesalz
Pfeffer aus der Mühle
12 Scheiben durchwachsener Speck

Für 4–6 Personen

1   Den Backofen auf 180 °C (Ober-/Unterhitze) bzw. 160 °C (Umluft) vorheizen und ein tiefes Backblech mit Backpapier auslegen. Den Sellerie schrubben (nicht schälen), vierteln, die Viertel in unterschiedlich geformte, etwa 3–4 cm große Stücke schneiden. Die Stücke mit Petersilie, Senf und Knoblauch in eine Schüssel geben. Alles gut mischen. Mit Selleriesalz und Pfeffer würzen.

2   Vorgehen, wie auf S. 66 in Schritt 2 beschrieben. Das Blech aus dem Ofen nehmen. Die Speckscheiben auf den Sellerie legen und alles im Ofen weiterrösten, bis der Speck etwas knusprig ist. Heiß servieren.

Gerösteter Butternusskürbis mit Chili & saurer Sahne

1 großer Butternusskürbis
1 TL Chiliflocken
3 Knoblauchzehen, geschält und gehackt
200 ml Olivenöl, mehr für die Chilischoten
200 g saure Sahne
3 EL fein gehackte frische rote Chilischoten
Salz und Pfeffer aus der Mühle

Für 4–6 Personen | Vegetarisch

1   Den Backofen auf 180 °C (Ober-/Unterhitze) bzw. 160 °C (Umluft) vorheizen und ein tiefes Backblech mit Backpapier auslegen. Den Kürbis quer in der Mitte durchschneiden und mit einem Sägemesser schälen. Das untere Stück halbieren, die Kerne und das wattige Innere entfernen. Das Fruchtfleisch in etwa 5 cm große Stücke schneiden. Diese mit Chiliflocken und Knoblauch sowie nicht zu wenig Salz und Pfeffer in eine große Schüssel geben. Das Olivenöl hinzufügen und alles gut mischen. Die gehackten Chilischoten in eine kleine Schüssel geben und mit Olivenöl bedeckt beiseitestellen.

2   Vorgehen, wie auf S. 66 in Schritt 2 beschrieben. Prüfen, ob der Kürbis weich ist – die Garzeit kann je nach Saison und Wassergehalt variieren. Falls nötig, wieder in den Ofen geben und einige Minuten länger rösten. Den fertigen Kürbis auf einer Servierplatte anrichten. Die saure Sahne darauf verteilen und mit einem Löffel das Chiliöl darübergeben.

Geröstete Zucchini mit Kürbiskernen

400 g gelbe Zucchini
400 g grüne Zucchini
3 Schalotten, geschält und grob gewürfelt
3 EL Kürbiskerne
150 ml Olivenöl
Salz und Pfeffer aus der Mühle

Für 4–6 Personen | Vegetarisch

1   Den Backofen auf 190 °C (Ober-/Unterhitze) bzw. 170 °C (Umluft) vorheizen und ein tiefes Backblech mit Backpapier auslegen. Die Zucchini in unterschiedlich geformte, etwa 6 x 2,5 cm große Stücke schneiden. In eine Schüssel geben, Schalotten und Kürbiskerne sowie Salz und Pfeffer hinzufügen. Das Olivenöl darüberträufeln und alles gut mischen.

2   Verfahren, wie auf S. 66 in Schritt 2 beschrieben, das Gemüse aber nur 20 Minuten rösten. Heiß servieren.

Dies ist ein sehr attraktives Gericht. Was mir gefällt, ist, dass sich unter der hübschen Fassade ein pfeffrig-würziger, frischer kleiner Salat voll von Aromen, Farben und versteckten Schätzen verbirgt. Diesen Salat müssen Sie unbedingt auf einer Sommerparty servieren, draußen essen und dabei den Sonnenuntergang beobachten.

Radieschensalat mit Granatapfel & Cannellini-Bohnen

1 Bund Radieschen
Eiswasser
1 Granatapfel
1 Bund Rucola
500 g gegarte Cannellini-Bohnenkerne
Saft von 1 Zitrone
75 ml Olivenöl
Salz und Pfeffer aus der Mühle

Für 4–6 Personen | Vegetarisch

1 Die Radieschen putzen und in Eiswasser legen – dadurch werden sie nicht nur sauber, sondern auch richtig knackig.

2 Inzwischen den Granatapfel aufbrechen. Die Kerne herauslösen und in eine Schüssel geben. Dabei vorsichtig vorgehen, damit sie nicht zerdrückt werden, sie sollen erst beim Essen im Mund zerplatzen.

3 Den Rucola in eine Salatschüssel geben. Die Radieschen abgießen und abtropfen lassen, dann in verschieden geformte und unterschiedlich große Stücke schneiden, einige können auch ganz bleiben. Mit der Hälfte der Granatapfelkerne und den Bohnenkernen zum Rucola in die Schüssel geben. Zitronensaft, Salz und Pfeffer hinzufügen und alles mit dem Olivenöl beträufeln. Kurz mischen, dann auf Portionstellern anrichten und mit den restlichen Granatapfelkernen bestreuen.

Sobald der Herbst und damit die Wurzelgemüsesaison wieder im Lande ist, verlangt der Körper nach herzhaften Gerichten: Schalen voller dampfender Verheißung, die über die langen Nächte hinweghilft. Das Wunder des Frühlings wird dann diese köstlichen Gerichte in Vergessenheit geraten lassen, bis der Winter zurück ist.

Steckrübeneintopf mit Petersilie, Weißwein & Lammnacken

750 g Lammnacken
750 g Steckrüben
500 g Kartoffeln
1 Bund glatte Petersilie
500 ml halbtrockener Weißwein
1 l Gemüsebrühe (s. S. 297)
Salz und Pfeffer aus der Mühle
Kerbel zum Garnieren

Für 4–6 Personen

1 Das Fleisch von sichtbarem Fett und Knorpeln befreien und in mundgerechte Stücke schneiden. Steckrüben und Kartoffeln schälen und in etwa 3 cm große Stücke schneiden. Die Stücke in einen großen Schmortopf geben. Die Petersilienblätter von den Stängeln zupfen. Die Stängel hacken und in den Topf geben. Wein, Brühe, Fleisch, Salz und Pfeffer hinzufügen. Aufkochen und abschäumen.

2 Das Gericht zugedeckt bei schwacher Hitze etwa 1½ Stunden garen, bis Fleisch, Steckrüben und Kartoffeln weich sind. Den Großteil der Petersilienblätter hacken und vor dem Servieren unter das Gericht heben. Den Steckrübeneintopf auf tiefe Teller verteilen und jeweils mit etwas Kerbel garnieren.

Ein paar schlichte Gemüse zusammenzubringen, scheint nicht ungewöhnlich, doch ich wette mit Ihnen, dass Sie dieses Rezept nicht mehr vergessen, sobald Sie es einmal nachgekocht haben. Man hat das Gefühl, die Suppe tut einem schon beim Essen gut, und ein, zwei Tage später geht es einem noch besser. Sie können mit Zutaten großzügig sein – vielleicht passt ein bisschen Schärfe, möglicherweise ist Ihnen bei kaltem Wetter nach mehr Knoblauch und Ingwer. Bereiten Sie gleich die doppelte Menge zu, dann können Sie die Suppe am nächsten Tag aufwärmen und erneut genießen.

Klare Brühe mit Wurzelgemüse, frischem Ingwer & Sojasauce

250 g Zwiebeln
250 g Staudensellerie
1 Knoblauchzehe
50 g glatte Petersilie
6 x 2,5 cm frische Ingwerwurzel
250 g Steckrüben
250 g weiße Rüben
250 g Möhren
250 g Kartoffeln
250 g Pastinaken
100 ml Olivenöl
2 Lorbeerblätter
1,5 l Gemüsebrühe (s. S. 297)
50 ml helle Sojasauce (oder nach Geschmack)
Salz und Pfeffer aus der Mühle

Für 4–6 Personen | Vegetarisch

1 Die Zwiebeln schälen und mit dem Sellerie in 3 cm große Würfel schneiden. Den Knoblauch schälen und halbieren. Die Blätter von den Petersilienstängeln abzupfen und die Stängel hacken. Den Ingwer schälen und in Scheiben schneiden. Das Wurzelgemüse schälen und in 3 cm große Würfel schneiden.

2 Das Olivenöl in einem großen Topf mit schwerem Boden bei mittlerer Hitze heiß werden lassen. Zwiebel- und Selleriewürfel hineingeben und unter gelegentlichem Rühren 5 Minuten anschwitzen. Knoblauch und Lorbeerblätter hinzufügen und alles weitere 5 Minuten anschwitzen. Petersilienstängel, Ingwer sowie das gesamte Wurzelgemüse in die Pfanne geben und unter Rühren 5 Minuten garen. Mit Salz und Pfeffer würzen (mit Salz zunächst vorsichtig sein, da später noch Sojasauce dazugegeben wird).

3 Die Brühe angießen, aufkochen und abschäumen. Dann bei schwacher Hitze und halb aufgelegtem Deckel (damit nicht zu viel Flüssigkeit verdampft) 40 Minuten köcheln lassen. Die Petersilienblätter grob hacken und in die Suppe geben, nach Geschmack die Sojasauce hinzufügen und die Suppe mit Pfeffer abschmecken.

Diese Remouladen aus Wurzelgemüse ergeben einen wunderbaren klassischen Salat. Servieren Sie ihn zu Brot und Käse oder mit einem Stück Fisch. Oder Sie essen ihn als kleine Mahlzeit mit Toast und Gürkchen. Gut schmeckt er auch mit einer Scheibe Schinken in einem Sandwich.

Sellerieremoulade

50 g in Salz eingelegte Kapern
25 g frischer Meerrettich
3 EL selbst gemachte Mayonnaise
(s. S. 297)
500 g Knollensellerie
2 EL fein gehackte glatte Petersilie
Salz und Pfeffer aus der Mühle

Für 4–6 Personen | Vegetarisch

1 Die Kapern 10 Minuten wässern, abgießen und hacken. Den Meerrettich schälen und reiben. Die Mayonnaise in eine Schüssel geben, Kapern und Meerrettich hinzufügen.

2 Den Sellerie schälen und halbieren. Die Hälften jeweils mit der Schnittfläche nach unten auf ein Schneidebrett legen und in möglichst dünne Scheiben schneiden. Je zehn Scheiben aufeinanderlegen und in streichholzdünne Stifte schneiden.

3 Die Selleriestifte mit der gehackten Petersilie zur Mayonnaisenmischung geben, etwas Salz und Pfeffer hinzufügen und alles gut mischen.

Steckrübenremoulade

500 g Steckrüben
1 EL körniger Senf
Saft von 1 Zitrone
4 EL selbst gemachte Mayonnaise (s. S. 297)
1 TL Selleriesalz
Pfeffer aus der Mühle

Für 4–6 Personen | Vegetarisch

1 Die Steckrüben schälen und halbieren. Die Hälften jeweils mit der Schnittfläche nach unten auf ein Schneidebrett legen und in möglichst dünne Scheiben schneiden. Je zehn Scheiben aufeinanderlegen und in streichholzdünne Stifte schneiden.

2 Die Rübenstifte mit Senf, Zitronensaft und Mayonnaise in eine Schüssel geben. Das Selleriesalz und etwas Pfeffer hinzufügen und alles gut mischen.

Ich habe Sellerie schon auf diverse Arten zubereitet, ihn pochiert, geröstet, gebraten und gegrillt, als Püree und sogar roh serviert. Er ist super vielseitig, schmeckt fantastisch und sollte in der Saison auf jedem Einkaufszettel stehen.

Sellerietürme mit Frühlingssalat

750 g Knollensellerie
1 Eichblattsalat
1 Friséesalat
1 Bund Frühlingszwiebeln
1 Bund Radieschen
2 EL gehackter Kerbel
150 ml Schalottendressing mit Kräuteressig (s. S. 297)
Salz

Für 4–6 Personen | Vegetarisch

1 Den Sellerie schälen und in 1 cm dicke runde Scheiben schneiden. Diese für 2 Minuten in sprudelnd kochendes, gesalzenes Wasser geben, dann abgießen und abkühlen lassen.

2 Die Salatblätter in Stücke zupfen und diese in eine große Schüssel geben. Frühlingszwiebeln und Radieschen in 2 cm dicke Scheiben schneiden. Mit dem Kerbel zu den Salatblättern geben und das Dressing darüberträufeln (ein wenig Dressing zurückbehalten). Den Salat mit den Händen vorsichtig mischen.

3 Für die Türme je 1 Selleriescheibe auf einen Teller legen und etwas Salat daraufgeben. Mit 1 Selleriescheibe bedecken, auch darauf etwas Salat häufen. So weiterverfahren, dabei für jeden Turm mindestens 4 Selleriescheiben verwenden. Jeden Turm mit 1 Selleriescheibe, 1 Stück Blattsalat und etwas Dressing abschließen.

Rübchen sind für viele Gerichte eine echte Bereicherung. Große Exemplare haben ein kräftiges Aroma und eignen sich für Suppen und Pürees. Junge Rübchen schmecken fein süßlich. Für dieses Gericht können Sie jedes junge Gemüse verwenden, das im Sommer Saison hat.

Gedünstete, glasierte Rübchen, Möhren & Fenchel

500 g Rübchen (Navets)
500 g junge Möhren
500 g sehr kleine Fenchelknollen
1 l Gemüsebrühe (s. S. 297)
75 g Butter
2 TL Zucker
2 Lorbeerblätter
Salz und Pfeffer aus der Mühle
Kerbelstängel zum Garnieren

Für 4–6 Personen | Vegetarisch

1 Rübchen und Möhren von den Blättern befreien und schälen, vom Fenchel das zarte Grün abschneiden. Die Fenchelknollen nach Bedarf vierteln. Das gesamte Gemüse in einen großen Topf geben, die restlichen Zutaten, bis auf den Kerbel hinzufügen, salzen und pfeffern. Bei mittlerer bis starker Hitze 16–18 Minuten garen, bis die Flüssigkeit verdampft ist und ein buttriger, klebriger, aromatischer Sirup zurückbleibt.

2 Den Topf schwenken, bis das Gemüse dünn mit Sirup überzogen ist. Den Herd abschalten, den Deckel auf den Topf legen und das Gemüse 4–6 Minuten durchziehen lassen. Zum Schluss mit dem Kerbel garnieren und warm servieren.

Lauch, Kürbis & Fenchel

Dafür 500 g zarte junge Lauchstangen von den Außenblättern, den Wurzeln und den dunkelgrünen Teilen befreien. Die Stangen gründlich waschen. Von 500 g Fenchel das zarte Grün abschneiden und die äußeren harten Blätter entfernen. Lauchstangen und Fenchel grob zerteilen, 500 g Mini-Patissons nach Belieben schälen und klein schneiden. Das Gemüse wie oben beschrieben garen.

Es ist geradezu lachhaft, wie gering Rüben von vielen Leuten geschätzt werden. Das geschieht völlig zu Unrecht, wie dieses Gericht beweist. Servieren Sie es mit gedämpftem Pak-choi, oder genießen Sie das gefüllte Gemüse kalt beim Picknick. Für Vegetarier kann man das Schweinefleisch durch Tofu ersetzen.

Gefüllte Rübchen mit Schnittlauch, Ingwer & Schweinefleisch

12 kleine junge Rübchen (Navets)
350 g Schweinefilet
3 EL sehr feine Schnittlauchröllchen
2 EL sehr fein gehackte frische Ingwerwurzel
3 EL helle Sojasauce
1 EL Thai-Fischsauce
Pfeffer aus der Mühle

Für 4–6 Personen

1 Die Rübchen schälen, in einen Topf geben und großzügig mit kaltem Wasser bedecken. Aufkochen und bei schwacher Hitze etwa 25 Minuten köcheln lassen, bis die Rübchen gar, aber noch etwas bissfest sind. Abgießen und in kaltem Wasser abschrecken. Mit einem kleinen scharfen Messer (oder einem Kugelausstecher oder der Spitze eines Sparschälers) aus jedem Rübchen einen Kegel (1 cm hoch, 2 cm Ø) herausschneiden. Die Rübchen beiseitelegen.

2 Das Fleisch sehr fein schneiden und in einer Schüssel mit Schnittlauch und Ingwer mischen, dann Soja- und Fischsauce sowie etwas frisch gemahlenen Pfeffer untermischen. Die Masse mit einem Löffel in die Mulden der Rübchen häufen, diese in einen Dämpfkorb aus Bambus oder einen Dämpfeinsatz setzen und 8–10 Minuten dämpfen, bis das Fleisch gar ist und die Rübchen heiß sind.

Rübchen mit Tofufüllung

Die Rübchen vorbereiten, garen und aushöhlen, wie oben beschrieben. Das Fleisch durch 350 g Tofu ersetzen. Die Rübchen gemäß Schritt 2 füllen und dämpfen.

Die Farbe dieses Gemüses ist so speziell, dass es sie zu erhalten gilt. Gart man Schwarzwurzeln in Mehlwasser, bleiben sie weiß.

Warmer Schwarzwurzelsalat mit Räuchermakrele

1 kg Schwarzwurzeln
4 EL Mehl
1 Bund Radieschen
4 geräucherte Makrelenfilets, gehäutet
50 ml Olivenöl
1 Friséesalat
Salz
100 ml Haus-Dressing (s. S. 297)

Für 4–6 Personen

1 Die Schwarzwurzeln schälen. Das Mehl in einen Topf geben und soviel kaltes Wasser unterrühren, dass eine klebrige Paste entsteht. Dann langsam noch mehr Wasser hinzufügen, bis die Konsistenz von Milch erreicht ist. Das Mehlwasser aufkochen. Die Schwarzwurzeln hineingeben und in 8–10 Minuten fast gar kochen. Inzwischen aus der Mitte der Radieschen runde Scheiben schneiden, den Rest entsorgen oder anderweitig verwenden. Die Schwarzwurzeln abgießen und abkühlen lassen.

2 Jedes Makrelenfilet halbieren. Die Schwarzwurzeln in Streifen schneiden. Eine Pfanne warm werden lassen und das Olivenöl hineingeben. Die Schwarzwurzelstreifen hinzufügen und bei mittlerer Hitze auf jeder Seite 3–4 Minuten braten, bis sie goldbraun sind. Nach der Hälfte der Zeit die Makrelenfilets in die Pfanne geben.

3 Die Salatblätter in Stücke zupfen und auf einer Servierplatte anrichten. Schwarzwurzeln und Makrelenfilets noch warm darauflegen, mit den Radieschenscheiben bestreuen, salzen und mit dem Dressing beträufeln.

Knoblauch
Schalotte
Zwiebel
Lauch
Fenchel
Kohlrabi
Stangensellerie
Spargel
Queller

Zwiebelgemüse, Stiele & Stangen

An einem heißen Tag kitzelt diese erfrischende Suppe die Geschmacksknospen. Wie man sie macht, habe ich in Spanien gelernt, wo man sie bei jeder sich bietenden Gelegenheit isst. Im Prinzip handelt es sich um eine weiße Gazpacho, und der viele Knoblauch wird durch das Brot entschärft.

Weiße Knoblauchsuppe mit Mandeln

150 g blanchierte Mandelkerne
Milch zum Einweichen
4 Scheiben Weißbrot, entrindet
4 Knoblauchzehen
100 ml Olivenöl
2 EL Sherryessig
Salz und Pfeffer aus der Mühle
gehobelte Mandeln zum Garnieren

Für 4–6 Personen | Vegetarisch

1   Die Mandeln mindestens 1 Stunde oder über Nacht in Milch einweichen. Das Brot 10 Minuten in Milch einweichen.

2   Den Knoblauch schälen. Mandeln und Brot abgießen, das Brot aber nicht ausdrücken. Beides mit den Knoblauchzehen im Mixer zu einer glatten Paste pürieren. Zuerst das Olivenöl, dann den Essig und zum Schluss 300 ml kaltes Wasser untermixen und weitermixen, bis die Konsistenz von flüssiger Sahne erreicht ist.

3   Die Suppe in eine Schüssel füllen und mit Salz und Pfeffer abschmecken. Das Gefäß mit Frischhaltefolie bedecken und für mindestens 1 Stunde in den Kühlschrank stellen.

4   Inzwischen eine Pfanne bei mittlerer Hitze heiß werden lassen. Die gehobelten Mandeln darin ohne Fett rösten, die Pfanne dabei schwenken. Vorsicht, sie verbrennen leicht. Die Suppe vor dem Servieren mit den gerösteten Mandelblättchen bestreuen.

Zu Beginn der Zubereitung werden Knoblauch und Rosmarin in Butter gebraten. Von dem Duft wird man hungrig und immer hungriger. Statt Rosmarin könnten Sie auch Thymian oder sogar Salbei nehmen, aber gebratener Rosmarin ist einfach umwerfend.

Penne mit Knoblauch, Rosmarin & Mascarpone

400 g Penne
2 Knoblauchzehen
50 g Butter
3 EL Rosmarinnadeln
2 EL Pinienkerne
100 g Mascarpone
Saft von 1 Zitrone
75 g geriebener Parmesan
Salz und Pfeffer aus der Mühle

Für 4–6 Personen | Vegetarisch

1 Die Penne in reichlich sprudelnd kochendem Salzwasser 10–12 Minuten oder nach Packungsangabe bissfest garen.

2 Inzwischen den Knoblauch schälen und in sehr dünne Scheiben schneiden. Die Butter in einem Topf zerlassen. Knoblauch und Rosmarin darin bei mittlerer Hitze anschwitzen, bis die Butter zu schäumen beginnt. Reichlich Pfeffer dazugeben und, kurz bevor der Knoblauch Farbe annimmt, die Pinienkerne hinzufügen.

4 Die Penne abgießen, dabei 2–3 EL Kochwasser auffangen. Pasta und Kochwasser in den Topf mit Knoblauch und Rosmarin geben (das Wasser verhindert, dass der Knoblauch weiter bräunt).

5 Mascarpone, Zitronensaft und die Hälfte des Parmesans unterrühren. Das Gericht abschmecken, auf Teller verteilen, mit dem restlichen Parmesan bestreuen und sofort servieren.

Wenn man Schalotten pochiert, werden sie richtig süß. Mit saftigem Hähnchenfleisch und Klößchen stellt diese Suppe eine vollständige Mahlzeit dar. Sternanis sorgt für besonderes Aroma, etwas Kerbel rundet das Ganze ab.

Hühnersuppe mit pochierten Schalotten & Klößchen

1 Freilandpoularde (etwa 1,5 kg)
1 EL schwarze Pfefferkörner
3 Lorbeerblätter
2 Wacholderbeeren
2 Sternanis
1 kg Möhren
1 Zwiebel
1 Stange Staudensellerie
8 Schalotten
Kerbelstängel zum Garnieren
Salz und Pfeffer aus der Mühle

Für die Klößchen
500 g Mehl
1 Pck. Backpulver
250 g Margarine

Für 4–6 Personen

1 Die Poularde in einen großen Topf legen und mit Wasser bedecken. Aufkochen und abschäumen, dann Pfefferkörner, Lorbeerblätter, Wacholderbeeren und Sternanis hinzufügen und die Brühe bei schwacher Hitze 20 Minuten köcheln lassen. Die Möhren und die Zwiebel schälen und mit dem Sellerie in 3 cm große Würfel schneiden. Das Gemüse in die Suppe geben und noch etwa 40 Minuten köcheln lassen, bis das Fleisch weich ist.

2 Die Poularde aus dem Topf heben, auf einen großen Teller legen und kurz abkühlen lassen. Sobald man sie anfassen kann, das Fleisch von Haut und Knochen lösen, in Stücke schneiden und beiseitelegen.

3 Von der Brühe das Fett schöpfen. Die Brühe durch ein feines Sieb in einen Topf gießen und zum Köcheln bringen. Die Schalotten schälen, quer halbieren, in die Brühe geben und 20 Minuten garen. Erst jetzt abschmecken (nicht zu früh würzen, sonst kann die Suppe zu salzig werden, da noch viel Flüssigkeit verdampft).

4 Inzwischen für die Klößchen das Mehl mit dem Backpulver und der Margarine in eine Schüssel geben und verkneten, dabei so viel kaltes Wasser hinzufügen, dass der Teig bindet, er sollte jedoch nicht zu feucht werden. Zwischen den Handflächen 12 kleine Kugeln daraus formen.

5 Die Klößchen in die köchelnde Brühe geben und darin offen 5 Minuten garen. Die Fleischstücke hinzufügen und die Brühe 5 Minuten weiterköcheln lassen, dabei die Klößchen gelegentlich wenden. Die Suppe in große Schalen schöpfen, mit dem Kerbel garnieren und servieren.

Diese Schalotten können Sie zu gerösteter Aubergine oder Brathähnchen servieren – ach, eigentlich zu allem. Ich lasse sie manchmal kalt werden und esse sie zu Käse, Brot und kaltem Braten.

Karamellisierte Schalotten mit Butter & Palmzucker

500 g kleine runde Schalotten
50 g Butter
500 ml Gemüsebrühe (s. S. 297)
3 Lorbeerblätter
100 g Palm- oder brauner Zucker
Salz und Pfeffer aus der Mühle

Für 4–6 Personen | Vegetarisch

1 Die Schalotten schälen und in einen Topf legen, in dem sie nebeneinander Platz haben. Die Butter dazugeben und die Schalotten bei mittlerer Hitze darin anschwitzen, bis sie an der Unterseite braun werden. Die Schalotten mit einem Kochlöffel wenden und weiterbraten, bis sie rundherum leicht gebräunt sind, dabei gelegentlich umdrehen.

2 Die Brühe angießen, dann die Lorbeerblätter sowie Salz und Pfeffer hinzufügen. Während die Brühe bei mittlerer Hitze köchelt, den Zucker dazugeben und sorgfältig unterrühren. Die Schalotten 14–15 Minuten weitergaren, bis fast die gesamte Flüssigkeit verdampft ist und die Schalotten klebrig und karamellig sind.

Röstet man Gemüsezwiebeln im Ofen, schmeckt ihr Fruchtfleisch unvergleichlich. Servieren Sie diese umwerfend aussehenden Zwiebeln bei einem Abendessen mit Freunden, und die Unterhaltung wird sich bald nur noch um die Einfachheit von Lebensmitteln drehen. Für die Variante sollten Sie nach extra großen Lauchstangen Ausschau halten.

Auf Salz gebackene Gemüsezwiebeln & Knoblauchknollen

6 große Gemüsezwiebeln
2 kg grobes Steinsalz
2 Knoblauchknollen
1 Rezept Sauce Soubise zum Servieren (s. S. 298)

Für 4–6 Personen | Vegetarisch

1 Den Backofen auf 180 °C (Ober-/Unterhitze) bzw. 160 °C (Umluft) vorheizen. Die Zwiebeln putzen, die äußeren Schalen dabei nicht entfernen. Das Salz auf einem Backblech verteilen. Zwiebeln und Knoblauchknollen mit den Wurzelenden nach unten in regelmäßigen Abständen auf das Salz setzen.

2 Zwiebeln und Knoblauch im heißen Ofen 40 Minuten rösten. Herausnehmen und die Spitzen mit einer Küchenschere abschneiden. Zwiebeln und Knoblauch direkt vom Blech servieren, die Sauce Soubise dazureichen. Tipp: Zum Essen drückt man Zwiebeln und Knoblauchzehen jeweils am unteren Ende zusammen, sodass sie aus den Schalen gleiten.

Auf Salz gebackener Lauch

Den Backofen wie oben beschrieben vorheizen. Von 3 Stangen Lauch die äußeren Schichten entfernen und die Stangen in 8 cm lange Stücke schneiden. Die Stücke auf das Salz auf dem Blech legen und auf jedes 1 Stückchen Butter geben. Dann 30 Minuten backen, bis die Butter karamellisiert ist und die Lauchstangen gebräunt sind.

In der Normandie wird diese Suppe mit Cidre zubereitet, im übrigen Frankreich nimmt man Weißwein. Ich hätte sie auch Englische Zwiebelsuppe nennen können, schließlich habe ich sie mit Cider aus Somerset und echtem Cheddar gemacht. Wenn man den Apfelwein dazugibt, ist er noch recht stark, aber beim Kochen wird er milder. Ah, jetzt rieche ich ihn …

Französische Zwiebelsuppe mit Käse-Crostini

6 große Zwiebeln
150 g Butter
1 Bouquet garni (½ Lauchstange, Thymian, Petersilie, Salbeizweige und Lorbeerblätter, mit Garn zusammengebunden)
1 l lieblicher Apfelwein
150 g Mehl
1 l Gemüsebrühe (s. S. 297)
Salz und Pfeffer aus der Mühle

Für die Crostini
1 Baguette
60 g Cheddar

Für 4–6 Personen | Vegetarisch

1 Die Zwiebeln schälen und in möglichst dünne Ringe schneiden. Mit der Hälfte der Butter in einen Topf geben und bei schwacher Hitze unter gelegentlichem Rühren in 35–40 Minuten goldbraun werden lassen – je länger man sie bräunen lässt, desto intensiver wird der Geschmack. Bouquet garni und Apfelwein hinzufügen und alles 10 Minuten köcheln lassen.

2 Inzwischen die restliche Butter in einem Topf aufschäumen. Das Mehl darin bei schwacher Hitze unter Rühren in 8–10 Minuten hellbraun anschwitzen. Die Brühe dazugießen. Die Suppe unter ständigem Rühren mit einem Schneebesen aufkochen, dann bei schwacher Hitze 15–20 Minuten köcheln lassen. Für die Crostini den Backofengrill auf mittlerer Stufe vorheizen.

3 Die Zwiebelmischung in die Suppe geben und weitere 10 Minuten köcheln lassen. Mit Salz und Pfeffer abschmecken.

4 Inzwischen für die Crostini das Baguette in höchstens 2 cm dicke Scheiben schneiden. Den Cheddar auf die Scheiben reiben und die Crostini unter dem Backofengrill goldbraun gratinieren. Die Suppe in Schalen oder tiefe Teller geben und je 1 Käse-Crostini darauflegen. Sofort servieren.

Dies ist ein sehr hübsches Gericht. Halten Sie alle Zutaten möglichst lange frisch. Ihre Gäste können den Salat dann in letzter Minute selbst anmachen. Reichen Sie noch ein paar große Handvoll Alfalfasprossen dazu, die sich jeder über den Salat streuen kann. Ein völlig neues Geschmackserlebnis!

Insalata mista

200 g grüner Spargel
1 große Zwiebel
1 Möhre
4 Romanasalatherzen
100 g gegarte Rote Bete
1 Fleischtomate
3 Freilandeier
200 g grüne Oliven
1 Dose hochwertiger Thunfisch (200 g)

Zum Servieren
Olivenöl
Weißweinessig
Salz und Pfeffer aus der Mühle

Für 4–6 Personen

1 Von den Spargelstangen die holzigen Enden abschneiden. Die Stangen für 4 Minuten in reichlich sprudelnd kochendes, leicht gesalzenes Wasser geben. Abgießen, abkühlen lassen und längs halbieren.

2 Die Zwiebel schälen und in dünne Ringe schneiden. Die Möhre schälen, halbieren und die Hälften in sehr dünne Streifen schneiden. Die Salatblätter ablösen und in mundgerechte Stücke schneiden. Rote-Bete-Knollen und Tomate in dünne Scheiben schneiden. Die Eier hart kochen, pellen und vierteln.

3 Die vorbereiteten Salatzutaten mit den Oliven auf einer großen Servierplatte anrichten. Den Thunfisch abgießen, abtropfen lassen und in die Mitte setzen. Öl, Essig und Gewürze separat dazureichen (erst beträufelt man den Salat mit Olivenöl, dann mit Essig, danach wird gesalzen und gepfeffert).

Wintersalat

Außerhalb der Spargelsaison 4 junge Lauchstangen putzen, gründlich waschen und 5 Minuten in heißes Wasser geben. Den Thunfisch durch 200 g Sardinen ersetzen und 1 rote statt der weißen Zwiebel verwenden.

Ich habe schon viele verschiedene Pizza-Arten ausprobiert, doch ich komme immer wieder auf einen superdünnen Boden mit minimalistischem Belag zurück. Die Rezepte hier ergeben je vier große Pizzas, Sie können natürlich auch kleinere herstellen. Die Zubereitung der Zwiebeln braucht Zeit, aber es lohnt sich. Experimentieren Sie ruhig auch mit anderen Belägen, fügen Sie etwa einmal schwarze Oliven oder Räucherschinken hinzu.

Pizza mit Zwiebeln & Sardellen

2,5 kg Gemüsezwiebeln
4 Knoblauchzehen
100 ml Olivenöl
1 Rezept Pizzateig (s. S. 296)
12 Sardellenfilets
1 TL Oregano
Salz und Pfeffer aus der Mühle

Für 4 Personen

1 Die Zwiebeln schälen und in Ringe schneiden, mit dem ungeschälten Knoblauch und Öl in einen Topf mit schwerem Boden geben und bei schwacher Hitze unter gelegentlichem Rühren 2 Stunden garen.

2 Den Backofen auf 180 °C (Ober-/Unterhitze) vorheizen und ein Backblech oder einen Pizzastein darin heiß werden lassen. Den Teig in 4 Stücke teilen und jedes zu einem 4 mm dünnen Kreis (25 cm Ø) ausrollen oder -ziehen. Zudecken und 10 Minuten gehen lassen.

3 Die Knoblauchzehen aus den karamellisierten Zwiebeln entfernen. Die Zwiebeln vorsichtig salzen, pfeffern und auf den Teigböden verteilen, dabei das Öl möglichst im Topf lassen. Die Sardellen auf die Zwiebeln legen und die Pizzas mit dem Oregano bestreuen. Eine Pizza mit einem oder zwei großen Pfannenwendern auf das Blech bzw. den Stein heben und 15 Minuten backen. Die restlichen Pizzas ebenso backen.

Pizza mit Rucola, Ziegenkäse & Basilikumpesto

1 Rezept Pizzateig (s. S. 296)
1 Rezept Klassische Tomatensauce (s. S. 211)
1 Rezept Basilikumpesto (s. S. 297)
200 g Ziegenrolle, in Stücke geschnitten
1 EL gehacktes Basilikum
Olivenöl zum Beträufeln
2 Bund Rucola
65 g geriebener Parmesan
Salz und Pfeffer aus der Mühle

Für 4 Personen | Vegetarisch

1 Den Backofen vorheizen und den Teig vorbereiten, wie oben in Schritt 2 beschrieben.

2 Den Teig in 4 Stücke teilen. 1 Teigstück zu einem Kreis (25 cm Ø) ausrollen, mit einem oder zwei Pfannenwendern auf das heiße Backblech oder den Pizzastein heben und 10 Minuten backen.

3 Backblech oder Pizzastein aus dem Ofen nehmen. Ein Viertel der Tomatensauce auf den Pizzaboden geben, ein Viertel des Pestos hinzufügen und beides zusammen mit dem Löffelrücken kreisförmig auf dem Pizzaboden bis kanpp an den Rand verstreichen. Ein Viertel des Ziegenkäses darauf verteilen und mit etwas Basilikum bestreuen. Die Pizza mit dem Olivenöl beträufeln, salzen und pfeffern. Mit je einem Viertel des Rucolas und Parmesans bestreuen und servieren. Auf diese Weise drei weitere Pizzas backen und belegen.

Büfett: Mittelmeerküche

Die kulinarische Geschichte des Mittelmeerraums mit seinen saisonalen und regionalen Unterschieden schätze ich schon lange. Hier finden Sie einige Eindrücke, die ich dort gesammelt habe. Es ist kein rein vegetarisches Mahl, aber jedes Gericht verdankt seinen Reiz dem Gemüse: von den Riesengarnelen mit Borlotti-Bohnen aus der Toskana über den Salat von rohen Zucchini aus Sizilien, das Sardinen-Ceviche aus Perpignan bis zu den Spaghetti mit Tomaten-Pestoso aus Genua. Dann gibt es noch eine piemontesische Bagna cauda mit geeistem Sellerie und eine spanische Spargeltortilla. Komplett wird das frische, sonnig-mediterrane Angebot, wenn Sie dazu Parmaschinken, Oliven und Baguette servieren.

Mittelmeerküche

100 / Zwiebelgemüse, Stiele & Stangen

1 Borlotti-Bohnen mit Riesengarnelen & grünen Chilis

600 g frische Borlotti-Bohnenkerne
1 Handvoll Petersilie
50 ml Weißweinessig
100 ml Olivenöl
1 grüne Chilischote, längs halbiert, entkernt und in Halbringe geschnitten
18 rohe Riesengarnelen, geschält, mit Schwanzfächer
Salz und Pfeffer aus der Mühle

Für 4–6 Personen

1 Die Bohnen mit Petersilie, Essig, der Hälfte des Öls und einigen Chilistückchen in einen Topf geben. Etwa 7 cm hoch mit kaltem Wasser bedecken. Aufkochen, dann bei schwacher Hitze etwa 1 Stunde köcheln lassen, bis die Bohnen weich sind. Salzen, pfeffern und vom Herd nehmen.

2 Den Boden einer Pfanne dünn mit Wasser bedecken und das restliche Olivenöl dazugeben. Bei mittlerer Hitze heiß werden lassen, dann die Garnelen darin maximal 3 Minuten garen, dabei vorsichtig wenden, bis sie fast gar sind. Die restlichen Chilistückchen und die warmen Bohnen hinzufügen. Vom Herd nehmen und vor dem Servieren noch 1 Minute durchziehen lassen.

2 Zucchinisalat

5 Zucchini
2 EL fein gehackte Minze
1 EL fein gehackte, entkernte frische rote Chilischote
75 ml Olivenöl
Saft von 1 Zitrone
Salz und Pfeffer aus der Mühle

Für 4–6 Personen | Vegetarisch

1 Die Zucchini schräg in dünne ovale Scheiben schneiden, in ein großes Sieb geben und mit etwas Salz bestreuen. Das Sieb 20 Minuten über eine Schüssel hängen, damit die austretende Flüssigkeit abtropfen kann. Die Scheiben mit Wasser besprühen, dann trocken tupfen.

2 Die Zucchinischeiben in eine Schüssel geben. Drei Viertel von Minze und Chili sowie das gesamte Olivenöl und den Zitronensaft dazugeben. Alles mit etwas Salz und Pfeffer würzen und mit den Händen sorgfältig mischen. Auf einer Servierplatte anrichten und mit der übrigen Minze und den restlichen Chilistückchen bestreuen.

3 Bagna cauda mit geeistem Sellerie

8 Knoblauchzehen, geschält
15 in Salz eingelegte Sardellen, gut abgespült
250 ml Milch, mehr zum Verdünnen
200 g kalte Butter in Stückchen
200 ml hochwertiges Olivenöl
Pfeffer aus der Mühle
abgelöste Stangen von 1 Staudenselleriehertz
Eiswasser

Für 4–6 Personen | Vegetarisch

1 Die Knoblauchzehen mit den Sardellen in einen kleinen Topf geben, mit der Milch bedecken und bei schwacher Hitze 25–35 Minuten garen, bis der Knoblauch weich ist und die Sardellen zerfallen sind.

2 Inzwischen in einem weiteren Topf die Butter zerlassen. Die heiße Knoblauch-Sardellen-Milch-Mischung im Mixer zu einer glatten Paste pürieren. Die zerlassene Butter untermixen, dann nacheinander je ein Viertel des Olivenöls in dünnem Strahl dazugießen (die Mischung sollte nicht zu dickflüssig werden, falls nötig, mit etwas Milch verdünnen). Die Sauce mit Pfeffer abschmecken, in eine Schüssel füllen und auf einem warmen Wasserbad warm halten (sie lässt sich so gut mindestens 1 Stunde warm halten).

3 Die Selleriestangen 15 Minuten in eine Schüssel mit Eiswasser legen. Mit der Sauce servieren.

4 Fenchel-Sardinen-Ceviche

1 große Fenchelknolle
1 große Möhre
grobes Meersalz
1 TL schwarze Pfefferkörner
6 frische Sardinen, filetiert und entgrätet
Saft von 2 Zitronen
2 EL Kräuteressig
250 ml Olivenöl

Für 4–6 Personen

1 Vom Fenchel das zarte Grün abschneiden, beiseitelegen und die Knollen in sehr dünne Scheiben schneiden. Die Möhre schälen und dünne Scheiben schneiden. Den Boden einer Auflaufform mit der Hälfte des Fenchels und der Möhren belegen, mit Meersalz und einigen Pfefferkörnern würzen. Die Sardinenfilets mit den Hautseiten nach oben daraufliegen und mit dem restlichen Gemüse bedecken.

2 Gemüse und Fisch mit Zitronensaft und Essig beträufeln. Das Olivenöl dazugießen und die Form etwas schwenken. Mit Salz und den restlichen Pfefferkörnern würzen, das Fenchelgrün hacken und darüberstreuen. Die Form 30 Minuten beiseitestellen. Der Fisch »gart« auf diese Weise, denn das Eiweiß denaturiert beim Marinieren in der sauren Milchmischung. Wer den Fisch »durchgegart« möchte, sollte ihn 1 Stunde marinieren. Alles zum Servieren auf einer Platte anrichten.

5 Spaghetti & Pesto mit Tomaten

750 g Tomaten
1 Knoblauchzehe
2 EL Kräuteressig
4 EL Olivenöl, mehr zum Beträufeln
750 g Spaghetti
4 EL Basilikumpesto (s. S. 297)
Salz und Pfeffer aus der Mühle

Für 4–6 Personen | Vegetarisch

1 Die Tomaten in grobe Würfel schneiden, den Knoblauch schälen und fein hacken. Beides in eine Schüssel geben, salzen und pfeffern. Essig und Öl hinzufügen und alles gut mischen. Bei Raumtemperatur mindestens 30 Minuten durchziehen lassen, länger, wenn das Gericht Teil des Büfetts sein soll.

2 In einem Topf reichlich gesalzenes Wasser aufkochen. Die Spaghetti darin nach Packungsanweisung bissfest garen und abtropfen lassen. Die Tomatenmischung in den leeren Spaghetti-Topf geben und in der Resthitze erwärmen. Die Spaghetti und die Hälfte des Pestos hinzufügen und untermischen. Das Gericht zum Servieren mit dem restlichen Pesto und etwas Olivenöl beträufeln.

6 Spargeltortilla

75 ml Olivenöl
1 große Gemüsezwiebel, in 2 cm große Würfel geschnitten
1 Knoblauchzehe, fein gewürfelt
750 g gegarter grüner Spargel (s. S. 96, Schritt 1)
8 große Freilandeier
150 g Grana Padano, gerieben
2 EL Pinienkerne
Paprikapulver zum Bestreuen
Salz und Pfeffer aus der Mühle

Für 4–6 Personen | Vegetarisch

1 Das Öl in einer großen ofenfesten Pfanne bei schwacher Hitze heiß werden lassen. Die Zwiebel darin anschwitzen, ab und zu umrühren. Den Knoblauch hinzufügen und 3 Minuten mitdünsten. Bei mittlerer bis starker Hitze die Spargelstücke dazugeben und die Pfanne schwenken.

2 Die Eier in einer Schüssel verquirlen, salzen und pfeffern. Bei mittlerer Hitze in die Pfanne gießen. Den Backofengrill vorheizen. Sobald die Eier stocken, mit einem Pfannenwender darunterfahren und die Ränder der Tortilla anheben. Die Tortilla mit Käse und Pinienkernen bestreuen.

3 Wenn die Tortilla nach etwa 4 Minuten fast gar ist, die Pfanne unter den Grill schieben und bei geöffneter Ofentür etwa 6 Minuten grillen, bis die Tortilla oben goldbraun und fest ist. Durch Schwenken der Pfanne lösen, dann auf ein Brett gleiten lassen, mit Paprikapulver bestreuen, in Dreiecke schneiden und servieren.

Als ich genau diese Tarte aus dem Ofen holte, kamen gerade Freunde vorbei, die mit ihrer Band auf Tour waren und einen Gig in unserer Küche spielen wollten. Sie waren ganz verrückt nach der Tarte. Wenn Sie keinen getrüffelten Ziegenkäse bekommen, nehmen Sie einen anderen scharfen Käse und kneten dazu 1 TL Trüffelöl unter den Teig.

Lauch-Tarte mit getrüffeltem Ziegenkäse

1 Rezept Mürbeteig (s. S. 296)
Mehl für die Arbeitsfläche
150 g getrüffelter Ziegenkäse, in kleine Stücke zerbröckelt
weiße Teile von 12 Stangen Lauch
70 g Butter
5 Freilandeier
100 g Crème double oder Sahne
frisch geriebene Muskatnuss
Salz und Pfeffer aus der Mühle

Für 4–6 Personen | Vegetarisch

1 Den Backofen auf 160 °C (Ober-/Unterhitze) bzw. 140 °C (Umluft) vorheizen. Zwei Drittel des Teigs auf einer dünn bemehlten Arbeitsfläche ausrollen und damit eine Tarteform (25 cm Ø) auskleiden, den Teig dabei 1–1,5 cm über den Rand hängen lassen. Den restlichen Teig als Deckel ausrollen. Den Käse auf dem Teigboden verteilen.

2 Die Lauchstangen mit einem sehr scharfen Messer längs halbieren. Unter kaltem fließendem Wasser gründlich waschen, dann quer in 1 cm breite Stücke schneiden. Diese für 5 Minuten in sprudelnd kochendes Salzwasser geben, dann in ein Sieb gießen, mit kaltem Wasser abschrecken und abtropfen lassen.

3 Die Butter in einem Topf bei mittlerer Hitze zerlassen. Den Lauch darin unter gelegentlichem Rühren 2–3 Minuten dünsten. 4 Eier mit Crème double oder Sahne verquirlen. Den Topf vom Herd nehmen. Die Eiermischung unter ständigem Rühren hineingießen und alles mit Muskatnuss, Salz und Pfeffer würzen.

4 Die Lauchmischung in den Tarteboden gießen. Das restliche Ei verquirlen und den überhängenden Teig damit bestreichen. Den Teigdeckel auf die Füllung legen. Den überhängenden Teig darüberklappen und beides am Rand zusammendrücken. In die Mitte des Teigdeckels einen Schlitz schneiden, durch den der Dampf entweichen kann. Die Tarte 40 Minuten backen, dann heiß servieren.

Ein feines kleines Gericht für den Nachmittag. Verwenden Sie so viel Worcestersauce wie möglich – sie kontrastiert großartig mit der Süße des Lauchs.

Lauchtoast mit Käse & Worcestersauce

weiße Teile von 500 g Lauch
50 g Butter
250 ml Käse-Béchamelsauce (s. S. 176)
2 EL Worcestersauce
4 Scheiben Toastbrot
150 g Cheddar, gerieben
Salz und Pfeffer aus der Mühle

Für 2–4 Personen | Vegetarisch

1   Die Lauchstangen mit einem sehr scharfen Messer längs halbieren. Unter kaltem fließendem Wasser gründlich waschen, dann fein hacken. Den Backofengrill vorheizen.

2   Die Butter in einem Topf bei mittlerer Hitze zerlassen. Den Lauch darin mit 1 Prise Salz unter gelegentlichem Rühren 10 Minuten dünsten, bis er weich und glasig ist (so kann sich die Süße am besten entfalten; durch das Salz wird das Aroma noch verstärkt). Béchamel- und Worcestersauce hinzufügen und unterrühren.

3   Das Brot unter dem heißen Backofengrill jeweils auf einer Seite rösten. Die Scheiben wenden und die Lauchmischung auf den ungerösteten Seiten verteilen. Mit dem Käse bestreuen und goldbraun werden lassen. Heiß servieren, dazu Pickles oder Chutney reichen.

Je größer die Lauchstangen sind, desto besser gelingt dieses Gericht.

Buttriger Lauch mit Thymian & Weißwein

weiße Teile von 1 kg Lauch
150 g Butter
250 ml halbtrockener Weißwein
2 EL Thymianblättchen
Salz und Pfeffer aus der Mühle

Für 4–6 Personen | Vegetarisch

1 Den Lauch in 6 cm lange Stücke schneiden und diese für 30 Minuten in kaltes Wasser legen, um Sand oder Erde zu entfernen.

2 Das Gemüse abtropfen lassen, dann mit den restlichen Zutaten in einen Topf geben, salzen und pfeffern. Aufkochen, dann bei schwacher Hitze 25 Minuten köcheln lassen, bis die gesamte Flüssigkeit verdampft ist. Abschmecken und heiß servieren.

Wenn es ein Gemüse gibt, von dem ich mir wünschte, dass mehr Menschen es essen würden, dann ist das der köstliche, leider oft unterschätzte Fenchel. Dieses Rezept ist eine gute Einführung in die Welt des Fenchels. Sie können ihn bissfest servieren – ich gare ihn aber lieber, so lange es geht.

Geschmorter Fenchel mit Fenchelsamen

4 Fenchelknollen
2 Knoblauchzehen
75 ml Olivenöl, mehr zum Beträufeln
2 EL Fenchelsamen
1 unbehandelte Zitrone
750 ml warme Gemüsebrühe (s. S. 297)
Salz und Pfeffer aus der Mühle

Für 4–6 Personen | Vegetarisch

1 Vom Fenchel das zarte Grün abschneiden und beiseitelegen, die Knollen von den harten äußeren Schichten befreien und achteln. Den Knoblauch schälen und fein hacken.

2 Das Olivenöl in einem Topf mit schwerem Boden bei mittlerer Hitze heiß werden lassen. Knoblauchzehen und Fenchelsamen darin 6–8 Minuten braten, bis der Knoblauch Farbe annimmt. Die Fenchelstücke hinzufügen. Alles gut verrühren, dann bei mittlerer bis starker Hitze unter häufigem Rühren 5 Minuten garen, bis der Fenchel beginnt, goldbraun zu werden. Die Zitronenschale direkt in den Topf reiben und das Gemüse weitergaren, dabei zunächst nicht mehr umrühren, damit der Fenchel bräunen kann (aufpassen, dass er nicht anbrennt). Dann einmal umrühren, damit der Fenchel nicht am Topfboden ansetzt. Den Fenchel salzen und pfeffern, sobald er dunkel wird.

3 Eine Schöpfkelle voll Brühe dazugeben und verdampfen lassen. So weiterverfahren, bis die Brühe verbraucht ist, dann den Deckel auf den Topf legen. Den Fenchel noch 15 Minuten schmoren, wenn er bissfest bleiben, oder 20 Minuten, wenn er ganz weich werden soll. Unmittelbar vor dem Servieren das Fenchelgrün hacken, in den Topf geben und das Gericht mit etwas Olivenöl beträufeln.

Panierter Fenchel, in Olivenöl gebraten, bekommt eine köstliche Kruste, die das feine Anisaroma einschließt. Eine gute Einsatzmöglichkeit für ein Zuviel an frischen Semmelbröseln – diese Idee lässt sich auf die meisten Gemüsesorten anwenden.

Panierte Fenchelscheiben mit Limetten-Chili-Dressing

4 Fenchelknollen, vom Grün befreit
2 Freilandeier
3 EL Milch
150 g Mehl
250 g frische Semmelbrösel
100 ml Olivenöl
Limettenschnitze zum Servieren
grobes Meersalz zum Bestreuen
Salz und Pfeffer aus der Mühle

Für das Dressing
Saft und abgeriebene Schale von
1 unbehandelten Limette
1 große längliche Schalotte
1 frische rote Chilischote
50 ml Olivenöl
2 TL Zucker
50 ml Weißweinessig
1 TL Senf
Salz und Pfeffer aus der Mühle

Für 4–6 Personen | Vegetarisch

1 Für das Dressing Limettensaft und -schale in eine Schüssel geben. Die Schalotte schälen, die Chilischote entkernen und beides fein würfeln. Zum Limettensaft geben und unter kräftigem Schlagen mit einem Schneebesen nach und nach das Olivenöl unterrühren. Zucker, Essig und Senf dazugeben, dabei kräftig weiterrühren. Das Dressing mit Salz und Pfeffer abschmecken, dann in eine Dipschale umfüllen.

2 Den Fenchel von den festen äußeren Schichten befreien und achteln. Die Stücke 5 Minuten in sprudelnd kochendes Wasser geben, in ein Sieb gießen, abtropfen und auf Raumtemperatur abkühlen lassen.

3 Die Eier in einer Rührschüssel mit der Milch verquirlen, salzen und pfeffern. Das Mehl auf einen Teller geben und mit etwas Salz und Pfeffer würzen. Die Semmelbrösel auf einen zweiten Teller geben. Den Fenchel zuerst mit dem gewürzten Mehl bestreuen, dann durch die Eiermischung ziehen und zum Schluss in den Semmelbröseln wenden. Auf einem Teller beiseitestellen.

4 Das Öl in einer Pfanne bei mittlerer Hitze heiß werden lassen. Die panierten Fenchelstücke darin etwa 4–6 Minuten braten, bis sie auf der Unterseite gebräunt sind, dann wenden und weitere 4–6 Minuten braten, bis auch die andere Seite gebräunt ist. Mit den Limettenschnitzen servieren, mit grobem Meersalz bestreuen und das Dressing zum Dippen dazu reichen.

Ich mache Ceviche schon seit Jahren, doch es erstaunt mich, wie wenige Leute dieses fantastische Gericht zubereiten. Sie können auch anderen Fisch verwenden, Hauptsache, er ist superfrisch. Dieses Rezept ist jedes Mal ein Highlight.

Fenchel-Lachs-Ceviche

400 ml frisch gepresster Zitronensaft
150 ml Olivenöl, mehr zum Beträufeln
2 Schalotten
1 grüne Chilischote
500 g Lachsfilet ohne Haut, entgrätet
2 Fenchelknollen, vom Grün befreit
1 TL Kräuteressig
1 TL Zucker
1 TL fein gehackte Minze
Crème fraîche zum Beträufeln
2 TL gehackte Dillspitzen zum Garnieren
Salz und Pfeffer aus der Mühle

Für 4–6 Personen

1 Den Zitronensaft mit 75 ml Olivenöl in eine Schüssel geben. Die Schalotten schälen, die Chilischote entkernen, beides in sehr dünne Ringe schneiden und unterrühren.

2 Die Lachsfilets in dünne Streifen schneiden und nebeneinander in eine große Schale legen. Mit der Zitronensaftmischung begießen (die Schüssel nicht säubern), salzen und pfeffern. Die Schale mit Frischhaltefolie abdecken und den Fisch in der sauren Flüssigkeit im Kühlschrank 1 Stunde »garziehen« lassen.

3 Inzwischen den Fenchel von den harten äußeren Schichten befreien. Die Knollen in dünne Scheiben schneiden und diese in die Dressingschüssel geben. Essig, Zucker, Minze und das restliche Olivenöl hinzufügen und alles mit den Händen mischen.

4 Die Hälfte der Fenchelmischung auf einer Servierplatte anrichten. Lachs, Chilischote und Schalotten auf dem Fenchel verteilen. Eine zweite Schicht Fenchel daraufgeben. Zum Servieren mit etwas Olivenöl und ein wenig Crème fraîche beträufeln, mit den Dillspitzen garnieren und mit frisch gemahlenem Pfeffer bestreuen.

Ich schätze, ich habe in den vergangenen 20 Jahren jede Woche eine Version dieses Gerichts zubereitet. Schneller und einfacher kann man Kartoffeln nicht rösten – und das Beste daran sind die knusprigen Ränder. Den Fenchel können Sie durch fast alles ersetzen, beispielsweise durch rote Zwiebeln.

Fenchel & Kartoffeln aus dem Ofen

1 kg mittelgroße festkochende Kartoffeln
1 kg Fenchel, vom Grün befreit
4 Schalotten
2 Knoblauchzehen
½ Bund Thymian
75 ml hochwertiges Olivenöl, mehr zum Beträufeln
Salz und Pfeffer aus der Mühle

Für 4–6 Personen | Vegetarisch

1 Den Backofen auf 190 °C (Ober-/Unterhitze) bzw. 170 °C (Umluft) vorheizen und ein tiefes Backblech mit Backpapier auslegen. Die Kartoffeln schrubben und längs in 1 cm dicke Scheiben schneiden. Den Fenchel von den harten äußeren Schichten befreien und die Knollen längs in 2 cm dicke Scheiben schneiden. Schalotten und Knoblauch schälen. Schalotten in dünne Ringe, Knoblauch in feine Scheiben schneiden.

2 Fenchel und Kartoffeln mit Schalotten, Knoblauch, Thymian und Olivenöl sowie Salz und Pfeffer in eine große Schüssel geben und gut mischen. Alles auf dem vorbereiteten Blech verteilen, mit etwas Olivenöl beträufeln und im Ofen 40 Minuten rösten.

Rote Zwiebeln & Kartoffeln aus dem Ofen

Den Fenchel durch 1–2 große rote Zwiebeln ersetzen. Diese grob würfeln und mit den wie oben beschrieben vorbereiteten Kartoffeln in eine Schüssel geben. Die restlichen Zutaten sowie 4 EL Balsamico-Essig hinzufügen. Alles gut mischen und rösten, wie in Schritt 2 erklärt.

Fenchel und Orange ergänzen einander bestens: Ihre Aromen unterstützen sich gegenseitig, Trauben sorgen für eine mediterrane Note. Von diesem Gericht gibt es auch asiatische Varianten mit Ingwer, Knoblauch und Sesam anstelle von Petersilie, Minze und Sonnenblumenkernen.

Fenchelsalat mit Orangen, Trauben & Sonnenblumenkernen

2 Fenchelknollen, vom Grün befreit
2 große Navel-Orangen
300 g rote Trauben
1 kleine Zwiebel
2 EL gehackte Petersilie
2 EL gehackte Minze
50 ml Olivenöl
2 EL Apfelessig
3 EL Sonnenblumenkerne
Salz und Pfeffer aus der Mühle

Für 4–6 Personen | Vegetarisch

1 Den Fenchel von den harten äußeren Schichten befreien und in Scheiben schneiden. Die Orangen mit einem Messer so schälen, dass auch die weiße Haut entfernt wird, und anschließend quer in 2 cm dicke Scheiben schneiden. Die Trauben halbieren und entkernen. Die Zwiebel schälen und in dünne Ringe schneiden.

2 Die vorbereiteten Zutaten mit Petersilie und Minze in eine Schüssel geben. Olivenöl und Essig sowie Salz und Pfeffer hinzufügen und alles sehr gründlich mischen (dabei ruhig etwas »grob« vorgehen, Orangen- und Fenchelscheiben tut es gut, wenn sie angedrückt werden).

3 Eine Pfanne ohne Fett bei mittlerer Hitze heiß werden lassen. Die Sonnenblumenkerne hineingeben und die Pfanne schwenken, bis sie knistern und bräunen. Vorsicht: Sie verbrennen leicht!

4 Den Salat in einer Servierschüssel anrichten und mit den warmen Sonnenblumenkernen bestreuen.

Wer knackiges rohes Gemüse isst, bekommt alle wichtigen Vitamine und Mineralstoffe. Ich habe in diesen Salat noch ein paar Kapern, Granatapfel- und Pinienkerne gegeben, damit er mehr Struktur bekommt und noch wertvoller wird.

Bunter Kohlrabisalat

400 g Kohlrabi
200 g Möhren
200 g Weißkohl
100 g selbst gemachte Mayonnaise (s. S. 297)
2 EL in Essig eingelegte Kapern, abgetropft
4 EL Granatapfelkerne
2 EL Pinienkerne
Salz und Pfeffer aus der Mühle

Für 4–6 Personen | Vegetarisch

1 Kohlrabi und Möhren schälen und in sehr dünne Stifte schneiden. Den Kohl in sehr feine Streifen schneiden.

2 Das Gemüse in eine Schüssel füllen. Mayonnaise sowie Salz und Pfeffer hinzufügen und alles gut mischen. Die Hälfte der Kapern, der Granatapfel- und der Pinienkerne dazugeben und untermischen, die Granatapfelkerne dabei nicht zerdrücken.

3 Den Salat auf Portionsteller verteilen. Mit den restlichen Kapern, Granatapfel- und Pinienkernen bestreuen und servieren.

Das feste Kürbisfruchtfleisch macht dieses Gericht ziemlich üppig. Doch egal, wie viel Sie davon machen, man wird es immer aufessen. Der Käseteig ist superlecker. Bereiten Sie doch gleich die doppelte Menge zu, daraus wird dann am nächsten Tag Käsegebäck.

Kohlrabiauflauf mit Wurzelgemüse

400 g Kohlrabi
200 g Knollensellerie
200 g festfleischiger Kürbis (z. B. Crown Prince), entkernt
200 g Möhren
200 g Kartoffeln
1 l Milch
½ TL frisch geriebene Muskatnuss
3 EL Rosmarinnadeln, die Hälfte fein gehackt
200 g Butter
1 Zwiebel, fein gewürfelt
200 g Mehl, mehr zum Verarbeiten
3 EL Dijonsenf
50 g Cheddar, gerieben
1 Rezept Käseteig (s. S. 296)
1 Freilandei, verquirlt
Salz und Pfeffer aus der Mühle

Für 4–6 Personen | Vegetarisch

1 Gemüse und Kartoffeln schälen, in 2 cm große Stücke schneiden und in einen Topf geben, großzügig mit kaltem Wasser bedecken und salzen. Aufkochen und bei schwacher Hitze 30–35 Minuten köcheln lassen, bis alles fast gar ist. In ein großes Sieb gießen und gut abtropfen lassen, dann auf Küchenpapier weiter trocknen lassen.

2 Während das Gemüse gart, für die Sauce die Milch mit Muskatnuss und den nicht gehackten Rosmarinnadeln in einem Topf erwärmen. Die Butter in einem weiteren Topf zerlassen. Die Zwiebelwürfel darin mit 1 Prise Salz bei schwacher Hitze unter gelegentlichem Rühren etwa 10 Minuten anschwitzen. Das Mehl hinzufügen und kräftig rühren, dann unter ständigem Rühren nach und nach die Milch dazugießen. Die Sauce mit Salz und Pfeffer abschmecken, Senf und den gehackten Rosmarin unterrühren und beiseitestellen.

3 Den Backofen auf 190 °C (Ober-/Unterhitze) bzw. 170 °C (Umluft) vorheizen. Das Gemüse mit dem Käse in eine große Schüssel geben. Die Zwiebelsauce dazugießen und alles vorsichtig mischen, das Gemüse dabei möglichst nicht zerdrücken. Alles in eine Auflaufform (etwa 25 x 20 cm) füllen. Den Teig auf einer dünn bemehlten Arbeitsfläche ausrollen. Die Form damit bedecken, die Teigränder um den Rand der Form drücken. In die Mitte des Teigdeckels einen Schlitz schneiden, durch den der Dampf entweichen kann. Den Teig mit dem verquirlten Ei bestreichen. Den Auflauf etwa 30 Minuten backen, bis der Teig goldbraun ist. Heiß servieren.

Pochierte Staudensellerieherzen schmecken so schon großartig. In Kombination mit Meerrettich werden sie unschlagbar. Man kann sie mit gekochtem Gemüse oder Fleisch servieren, auch Lachs oder gerösteter Knollensellerie passen gut.

Pochierte Sellerieherzen mit Hähnchenkeulen & Meerrettich-Crème-fraîche

6 Freilandhähnchenkeulen mit Haut
4 EL Olivenöl
1 TL Thymianblättchen
1,5 l Gemüsebrühe (s. S. 297)
6 Lorbeerblätter
6 Staudensellerieherzen
150 g Crème fraîche
2 EL Rotweinessig
4 EL geschälter, geriebener Meerrettich
Salz und Pfeffer aus der Mühle

Für 6 Personen

1 Den Backofen auf 180 °C (Ober-/Unterhitze) bzw. 160 °C (Umluft) vorheizen. Die Hähnchenkeulen von den Knochen befreien und in eine ofenfeste Form legen, mit 2 EL Olivenöl beträufeln und gleichmäßig mit dem Thymian bestreuen. Mit Salz und Pfeffer würzen und im heißen Ofen 25 Minuten garen.

2 Inzwischen die Brühe in einen Topf füllen und aufkochen. Die Lorbeerblätter sowie etwas Salz und Pfeffer hinzufügen, die Sellerieherzen längs halbieren und dazugeben. Die Brühe bei schwacher Hitze 15–20 Minuten köcheln lassen, bis der Sellerie weich, aber noch bissfest ist.

3 Die Crème fraîche in einer Schüssel mit Essig, dem restlichen Olivenöl und Meerrettich verrühren. Die gegarten Hähnchenkeulen mit den Sellerieherzen auf Tellern anrichten und mit etwas Garsud vom Sellerie beträufeln. Zum Abschluss die Meerrettich-Crème-fraîche mit einem Löffel auf die Portionen geben.

Dieser Salat schmeckt am besten einfach mit knusprigem Brot und Butter und vielleicht noch 1 Scheibe Schinken.

Selleriesalat mit Walnüssen, Blauschimmelkäse & Apfel

2 Staudensellerieherzen
200 g Walnusskernhälften
2 Äpfel (vorzugsweise Boskop)
Blätter von 4 Romanasalatherzen
150 g Blauschimmelkäse (vorzugsweise Stilton)
3 EL selbst gemachte Mayonnaise (s. S. 297)
100 ml Haus-Dressing (s. S. 297)
Salz und Pfeffer aus der Mühle

Für 4–6 Personen | Vegetarisch

1 Den Backofen auf 180 °C (Ober-/Unterhitze) bzw. 160 °C (Umluft) vorheizen. Den Sellerie quer in 1 cm breite Stücke schneiden, waschen und abtropfen lassen, dann in eine Schüssel geben.

2 Die Nüsse auf einem Backblech verteilen und im heißen Ofen 12–15 Minuten rösten. Herausnehmen und abkühlen lassen. Die Äpfel von den Kerngehäusen befreien und ebenfalls in etwa 1 cm große Stücke schneiden. Die Stücke mit den Salatblättern zum Sellerie geben. Den Käse dazubröckeln und die Nüsse hinzufügen. Mayonnaise und Dressing sowie etwas Salz und Pfeffer dazugeben und alles gut mischen. Sofort servieren.

Staudensellerie verträgt sich gut mit rauchigen Aromen. Es gibt diverse Sorten Räucherkäse, und ich bin ein großer Fan von geräuchertem Salz und geräuchertem Knoblauch – beides könnten Sie für dieses Gericht verwenden.

Selleriecremesuppe mit Räucherkäse

1 Zwiebel
1 Knoblauchzehe
50 g Butter
50 ml Olivenöl
2 Staudensellerieherzen
1 Thymianzweig
1 große Kartoffel
1 l heiße Gemüsebrühe (s. S. 297)
150 g Sahne
2 TL Selleriesalz
100 g Räucherkäse, klein gewürfelt
geröstetes knuspriges Brot zum Servieren
Salz und Pfeffer aus der Mühle

Für 4–6 Personen | Vegetarisch

1 Die Zwiebel schälen und würfeln. Den Knoblauch schälen. Die Butter mit dem Olivenöl in einem großen Topf bei mittlerer Hitze zerlassen. Die Zwiebelwürfel darin mit 1 Prise Salz unter gelegentlichem Rühren 4–5 Minuten anschwitzen. Die unzerteilte Knoblauchzehe hinzufügen und etwa 5 Minuten mitdünsten. Inzwischen den Sellerie mitsamt den Blättern quer in 1 cm breite Stücke schneiden. Waschen und abtropfen lassen, einige Blätter für die Garnitur beiseitelegen.

2 Sellerie und Thymian zu Zwiebel und Knoblauch geben und bei schwacher Hitze unter gelegentlichem Rühren 5 Minuten garen. Die Kartoffel in 2–3 cm große Stücke schneiden und unterrühren. Die Brühe angießen und Pfeffer hinzufügen. Aufkochen und bei schwacher Hitze 10 Minuten köcheln lassen, bis die Kartoffelstücke weich sind. Etwas abkühlen lassen, dann portionsweise im Mixer pürieren. Die Suppe in einen sauberen Topf füllen. Sahne und Selleriesalz unterrühren.

3 Die Suppe mit Salz und Pfeffer abschmecken und heiß werden, aber nicht mehr kochen lassen. Die Suppe in Schalen oder tiefe Teller schöpfen und mit Käsewürfeln und Sellerieblättern garnieren. Nach Belieben geröstetes knuspriges Brot dazureichen.

Büfett: Klassiker

Ich würde dieses klassische Menü zu einem besonderen Anlass reichen, einzelne Komponenten sind aber auch für den Alltag geeignet. Das Menü enthält zwar Fleisch und Fisch, wäre aber ohne Gemüse nur halb so spannend. Wie man die Gitter aus Lachs & Schwarzwurzeln macht, habe ich von den Brüdern Roux gelernt. Es lohnt sich, diese Technik auszuprobieren – auch mit anderem Gemüse und anderem Fisch. Die gekühlte Salatsuppe ist aus dem Hotel *Dorchester* in London, und die Idee für die Radicchio- & Chilistreifen mit Carpaccio stammt aus meiner Zeit im *River Café*. Die Butterkartoffeln mit Dicken Bohnen & Erbsen könnte ich direkt aus der Schüssel essen. Vervollständigen Sie das Menü mit Ciabatta, Butter sowie Olivenöl mit sehr fein gehackter grüner Chili darin.

Klassiker

1 Gekühlte Salatsuppe mit Champagner & Kaviar

50 g Butter
1 große Zwiebel, fein gewürfelt
2 kleine Kartoffeln, fein zerkleinert
250 ml Champagner
3 Romanasalate, grob zerkleinert
1 l heiße Gemüsebrühe (s. S. 297)
250 g Sahne
6 TL Kaviar zum Garnieren
Salz und Pfeffer aus der Mühle

Für 4–6 Personen

1 Die Butter in einem Topf bei mittlerer Hitze zerlassen. Die Zwiebelwürfel darin unter häufigem Rühren 5 Minuten anschwitzen. Die Kartoffeln hinzufügen und unter häufigem Rühren 7 Minuten mitdünsten. Den Champagner angießen. Sobald der Alkohol verdampft ist, den Salat in den Topf geben und alles gut verrühren. Die heiße Brühe dazugießen und zum Köcheln bringen. Etwa 8 Minuten köcheln lassen, bis die Kartoffeln weich sind.

2 Die Suppe einige Minuten abkühlen lassen, dann portionsweise im Mixer glatt pürieren, dabei Sahne, Salz und Pfeffer unterarbeiten. Die pürierte Suppe in einen sauberen Topf füllen und langsam erhitzen. Die Suppe in Tassen oder Schalen schöpfen, mit dem Kaviar garnieren und servieren.

2 Radicchio- & Chilistreifen mit Rindercarpaccio

1 Radicchio
600 g gekühltes Rinderfilet am Stück, von Sehnen und sichtbarem Fett befreit
3 EL Olivenöl, mehr zum Beträufeln
1 grüne Chilischote, entkernt
Saft von 1 Zitrone
grobes Meersalz und Pfeffer aus der Mühle

Für 4–6 Personen

1 Salat von den Außenblättern befreien, vierteln und in den Kühlschrank legen. Das Filet salzen und pfeffern. Eine Pfanne mit schwerem Boden sehr heiß werden lassen. Das Öl hineingeben und das Fleisch darin etwa 5 Minuten rundherum kräftig anbraten (es soll außen dunkelbraun und innen rot sein). Das Filet beiseitelegen und abkühlen lassen, dann 30 Minuten in den Kühlschrank geben.

2 Das Fleisch so auf ein Schneidebrett legen, dass die Fasern von links nach rechts verlaufen. Mit einem scharfen Messer quer zur Faser in sehr dünne Scheiben schneiden. Die Scheiben überlappend auf einer Servierplatte anrichten, mit Meersalz und Pfeffer bestreuen und mit dem Olivenöl beträufeln.

3 Die Radicchioviertel in möglichst dünne Streifen schneiden und das Carpaccio damit bestreuen. Die Chilischote sehr fein hacken und ebenfalls auf das Fleisch streuen. Das Gericht mit etwas mehr Olivenöl und Zitronensaft beträufeln, mit noch ein wenig Meersalz bestreuen und sofort servieren.

3 Butterkartoffeln mit Dicken Bohnen & Erbsen

750 g festkochende Kartoffeln, geschrubbt
300 g Dicke-Bohnen-Kerne
300 g Erbsen, enthülst
2 EL fein gehackte Minze
Salz und Pfeffer aus der Mühle
75 g Butter, mehr zum Servieren

Für 4–6 Personen | Vegetarisch

1 Die Kartoffeln in einen Dämpfeinsatz (möglichst aus Bambus) geben und in etwa 20 Minuten bissfest garen. Die Dicken Bohnen und die Erbsen in einen weiteren Dämpfeinsatz geben. Diesen auf den Einsatz mit den Kartoffeln setzen. Bohnen und Erbsen etwa 5 Minuten dämpfen, bis sie gar sind.

2 Kartoffeln, Bohnen und Erbsen mit der Minze sowie Salz und Pfeffer bestreuen. Die Butter in Stückchen auf Bohnen und Erbsen verteilen, sodass sie auf die Kartoffeln tropfen kann. Alles zusammen in einer Schüssel anrichten und zum Servieren noch ein walnussgroßes Stück Butter daraufgeben.

4 Gitter aus Lachs & Schwarzwurzeln mit Gurken-Beurre-blanc

Saft von 1 Zitrone
1 Handvoll Petersilienstängel, zerdrückt
700 g Schwarzwurzeln
1 kg Lachsfilet
1 Salatgurke
Olivenöl zum Beträufeln
Salz und Pfeffer aus der Mühle

Für die Beurre blanc
4 Schalotten, fein gewürfelt
1 TL weiße Pfefferkörner
2 Lorbeerblätter
200 ml Weißweinessig
200 ml halbtrockener Weißwein
75 g Sahne
250 g eiskalte Butter

Für 6 Personen

1 Zitronensaft, Petersilienstängel und etwas Salz in eine Schüssel mit kaltem Wasser geben. Die Schwarzwurzeln zügig schälen, dann in das vorbereitete Wasser legen, damit sie nicht braun werden. In einem Topf gesalzenes Wasser aufkochen. Die Schwarzwurzeln hineingeben und 7–8 Minuten bissfest garen. Abgießen und in kaltem Wasser abschrecken. Die Schwarzwurzeln längs halbieren, in kaltes Wasser legen und beiseitestellen.

2 Für die Gitter das Lachsfilet in 24 Streifen schneiden. Ein großes Backblech mit Backpapier auslegen und 4 Lachsstreifen nebeneinander darauflegen. Im rechten Winkel dazu 3 abgetropfte Schwarzwurzelstreifen hindurchweben. Auf diese Weise 5 weitere Gitter herstellen und die Gitter kalt stellen.

3 Die Gurke schälen. Die Schale entsorgen, dann von der Gurke Streifen abschälen, bis die Kerne erreicht sind. Die Kerne ebenfalls entsorgen. Die Gurkenstreifen in ein Sieb geben, mit etwas Salz bestreuen und 20 Minuten Wasser ziehen lassen.

4 Inzwischen den Backofen auf 180 °C (Ober-/Unterhitze) bzw. 160 °C (Umluft) vorheizen und die Beurre blanc zubereiten. Dafür die Schalottenwürfel mit Pfefferkörnern, Lorbeerblättern, Essig und Wein in einen Topf geben. Das Ganze bei mittlerer Hitze etwa 20 Minuten köcheln lassen, bis die Flüssigkeit um zwei Drittel eingekocht ist. Die Sahne hinzufügen. Alles aufkochen, dann bei schwacher Hitze die Butter in kleinen Würfeln (höchstens 2 auf einmal) unter ständigem Schlagen mit einem Schneebesen unterrühren. Erst wieder Butterwürfel hinzufügen, wenn die vorherigen geschmolzen sind. Die Sauce durch ein feines Sieb in einen sauberen Topf geben und warm halten, aber nicht mehr kochen lassen. Die Gurkenstreifen ausdrücken und unter die Sauce rühren.

5 Die Gitter mit etwas Salz und Pfeffer würzen, mit ein wenig Olivenöl beträufeln und im heißen Ofnen 8–9 Minuten backen. Zum Servieren die Sauce auf Teller verteilen und die Gitter vorsichtig daraufsetzen. Warm servieren.

Das ist unglaublich simpel – und schmeckt großartig, ganz für sich oder auf gerösteter Ciabatta. Das Rezept lässt sich gut abwandeln: Geben Sie doch einmal 1 Handvoll Frühlingszwiebeln vor dem Rösten mit auf das Blech. Die holzigen Enden der Spargelstangen können Sie für das Rezept auf S. 130 verwenden.

Spargel vom Blech mit Kirschtomaten & Basilikum

1,5 kg grüner Spargel
2 Knoblauchzehen
500 g Kirschtomaten
4 EL grob zerkleinertes Basilikum
75 ml Olivenöl
Salz und Pfeffer aus der Mühle

Für 4–6 Personen | Vegetarisch

1   Den Backofen auf 190 °C (Ober-/Unterhitze) bzw. 170 °C (Umluft) vorheizen und ein tiefes Backblech mit Backpapier auslegen.

2   Die Spargelstangen von den holzigen Enden befreien und in eine große Schüssel legen. Den Knoblauch schälen und hacken. Mit Tomaten und Basilikum zum Spargel geben. Das Olivenöl sowie Salz und Pfeffer hinzufügen und alles gut mischen. Die Mischung auf das Backblech geben und 15–20 Minuten rösten. Nach 15 Minuten kontrollieren: Tomaten und Spargel sollten weich, aber nicht matschig sein.

Spargel & Zuckerschoten vom Blech

Vorgehen, wie oben beschrieben, und die Zutaten genauso vorbereiten, dabei 1 Handvoll Zuckerschoten untermischen.

Köche wissen, wie man Lebensmittel fast restlos verwerten kann. Einige ihrer Tricks können uns helfen, nichts zu vergeuden und sogar noch Geld zu sparen. Beispielsweise können Sie, wenn Sie das nächste Mal ein Gericht mit Spargelköpfen zubereiten, die unteren Stangen aufheben und daraus diese Suppe zubereiten.

Spargelsuppe

750 g grüne Spargelstangen
2 Knoblauchzehen
1 große Zwiebel
1 große Kartoffel
1 Staudensellerieherz
50 ml Olivenöl
1,5 l Gemüsebrühe (s. S. 297)
150 g Sahne
Zitronensaft (nach Geschmack)
Olivenöl zum Beträufeln
Salz und Pfeffer aus der Mühle

Für 4–6 Personen | Vegetarisch

1 Die Spargelstangen in Scheiben schneiden, die härtesten Enden dabei entfernen. Die Knoblauch schälen und grob hacken. Die Zwiebel und die Kartoffel schälen und mit dem Sellerie in 2 cm große Würfel schneiden.

2 Das Olivenöl in einem Topf bei mittlerer Hitze heiß werden lassen und die Zwiebel, Kartoffel und Sellerie darin 5 Minuten anschwitzen, ohne dass sie Farbe annehmen. Knoblauch, Salz und Pfeffer unterrühren und alles weitere 5 Minuten garen. Die Spargelscheiben (bis auf etwa 4 EL) untermischen. Die Brühe angießen, aufkochen und bei schwacher Hitze etwa 10 Minuten köcheln lassen, bis die Kartoffelstücke weich sind.

3 Die Suppe bei starker Hitze zum Kochen bringen. Die Sahne unterrühren und den Herd abschalten. Alles etwas abkühlen lassen, dann portionsweise im Mixer glatt pürieren. Mit den restlichen Spargelscheiben in einen sauberen Topf füllen. Erhitzen, aber nicht mehr kochen lassen. Die Suppe mit Salz, Pfeffer und etwas Zitronensaft abschmecken, dann auf Schalen oder tiefe Teller verteilen, mit ein wenig Olivenöl beträufeln und heiß servieren.

Diesen Salat liebe ich – denn wenn ich ihn zubereiten kann, weiß ich: Der Sommer ist nicht mehr fern. Erbsen, Spargel und Dicke Bohnen schmecken frisch und jung geerntet am allerbesten. Nicht zu lange garen, und die Schalotten extra fein würfeln.

Spargelsalat mit Erbsen, Dicken Bohnen & Minze

1 kg grüner Spargel
500 g Dicke Bohnen, enthülst
500 g Erbsen, enthülst
2 Schalotten
3 EL grob gehackte Minze
4 EL Haus-Dressing (s. S. 297)
Salz

Für 4–6 Personen | Vegetarisch

1 Den Spargel von den holzigen Enden befreien und in reichlich sprudelnd kochendem Salzwasser etwa 6 Minuten garen, bis er weich ist. Abgießen und abkühlen lassen.

2 Inzwischen die Bohnenkerne für etwa 2 Minuten in reichlich kochendes Salzwasser geben, 30 Sekunden später die Erbsen hinzufügen. Abgießen und abkühlen lassen.

3 Den abgekühlten Spargel mit Bohnen und Erbsen in eine große Schüssel füllen. Die Schalotten sehr fein würfeln, mit der Hälfte der Minze zum Gemüse hinzufügen und alles mischen. Das Dressing dazugeben und untermischen. Den Salat vor dem Servieren mit der restlichen Minze bestreuen.

Spargelsalat mit Ei & Speck

Den Salat wie oben beschrieben zubereiten. Während die Zutaten abkühlen, pro Person 2 Scheiben durchwachsenen Speck unter dem Backofengrill in 4–6 Minuten knusprig werden lassen. Inzwischen in einer Pfanne etwas Butter bei schwacher Hitze zerlassen und darin pro Person 2 Spiegeleier braten. Diese auf den Salat gleiten lassen und die Speckscheiben darauflegen.

Queller mit Spätzle – dieses Gericht sollte jeder einmal probieren. Es ist überhaupt nicht schwierig zu kochen und eine tolle Alternative zu klassischen Beilagen. Achten Sie beim Einkauf darauf, dass der Queller jung und zart ist. Rotbarbe ist ein köstlicher, nachhaltiger Fisch – probieren Sie ihn.

Queller & Spätzle mit Chili & Rotbarbe

450 g Queller
3 EL Olivenöl
1 frische rote Chilischote, fein gehackt
Zitronensaft (nach Geschmack)
12 Rotbarbenfilets
6 »Zitronenbäckchen« zum Servieren (s. S. 44)
Salz und Pfeffer aus der Mühle

Für die Spätzle
400 g Mehl
4 Freilandeier
200 g Sahne
Salz und Pfeffer aus der Mühle

Für 6 Personen

1 Für die Spätzle das Mehl in eine große Schüssel sieben und in die Mitte eine Mulde drücken. Die Eier hineingeben und mit einem Schneebesen unter das Mehl schlagen, bis der Teig sehr dickflüssig wird. Sahne, Salz und Pfeffer hinzufügen und weiterschlagen, bis der Teig glatt und elastisch ist. In einem Topf reichlich gesalzenes Wasser zum Kochen bringen.

2 Den Teig mit einem Spätzlehobel oder einer Spätzlepresse portionsweise in das Wasser hobeln bzw. pressen oder mit einer Palette von einem dünnen Brett schaben. Die Spätzle sinken sofort auf den Topfboden. Sobald sie gar sind, steigen sie an die Wasseroberfläche. Nach etwa 2 Minuten mit dem Schaumlöffel herausheben und in kaltes Wasser geben. So weiterverfahren, bis der Teig aufgebraucht ist.

3 Vom Queller die harten unteren Enden der Stiele abzwicken. Das Kraut in kaltem Wasser waschen. Abtropfen lassen, dann sofort in sprudelnd kochendes Wasser geben und 2 Minuten garen. In kaltem Wasser abschrecken und abtropfen lassen.

4 Die Spätzle in ein großes Sieb gießen, abtropfen lassen und mit Küchenpapier trocken tupfen. In einer Pfanne 2 EL Olivenöl bei mittlerer bis starker Hitze heiß werden lassen. Die Spätzle darin in 6–8 Minuten goldbraun und knusprig braten, dabei ab und zu mit einem Kochlöffel umrühren. Den Queller untermischen und kurz heiß werden lassen, dann Chilischote, Zitronensaft, Salz und Pfeffer hinzufügen. Inzwischen das restliche Olivenöl in einer weiteren Pfanne erhitzen. Die Rotbarbenfilets mit den Hautseiten nach unten darin 4 Minuten braten. Wenden und weitere 2 Minuten braten (nicht länger, Rotbarbenfilets sind schnell übergart).

5 Spätzle und Queller mit dem Fisch auf Portionstellern anrichten und mit den »Zitronenbäckchen« servieren.

Als junger Koch war ich in der Saison wochenlang damit beschäftigt, Queller zu putzen. Zum Ende der Saison waren meine Finger dunkelgrün. Jeden Tag wurden am Kücheneingang große Kisten voller Queller angeliefert, und man musste ziemlich schnell arbeiten, weil das Kraut schnell verdirbt. Die Schachteln rochen nach Meer, mit einer mineralischen Kopfnote. Queller gab es zu fast jedem Fischgericht, das serviert wurde. Eine bessere Beilage gibt es ja auch nicht.

Queller mit Spinat & Blattsalat

250 g Winterspinat
250 g Queller
250 g Romanasalatherzen
3 EL bestes Olivenöl, mehr zum Beträufeln
Saft von 1 Zitrone
Salz und Pfeffer aus der Mühle

Für 4–6 Personen | Vegetarisch

1 In drei Töpfen gesalzenes Wasser aufkochen. In der Zwischenzeit das Gemüse vorbereiten. Den Spinat in kaltem Wasser gründlich waschen, die Stiele abschneiden. Stiele und Blätter in kaltes Wasser legen. Vom Queller die unteren harten Enden der Stiele abzwicken. Das Kraut sorgfältig waschen, dann ebenfalls in kaltes Wasser legen. Von den Salatherzen beschädigte äußere Blätter entfernen, die restlichen Blätter waschen und in kaltes Wasser legen.

2 Den Salat abtropfen lassen. In einen Topf mit kochendem Wasser geben, 3 Minuten garen, dann abgießen und in eine Schüssel füllen. Spinatblätter und -stiele abtropfen lassen und in den zweiten Topf mit kochendem Wasser geben. Nach etwa 3 Minuten in ein großes Sieb gießen, abtropfen lassen und zum Salat geben. Den Queller in den letzten Topf mit kochendem Wasser geben und etwa 2 Minuten garen. Sobald er weich ist, in ein Sieb gießen und abtropfen lassen, dann zu Salat und Spinat geben.

3 Das Olivenöl, den Großteil des Zitronensafts sowie Salz und Pfeffer in die Schüssel geben. Alles gut mischen, dann auf einer Servierplatte anrichten. Den Salat mit etwas Salz bestreuen und mit dem restlichen Zitronensaft sowie mit etwas Olivenöl beträufeln.

Blattsalate
Spinat
Rucola
Sauerampfer
Radicchio
Chicorée
Grünkohl
Rot- und Weißkohl
Wirsing
Blumenkohl und Romanesco
Brokkoli
Artischocken

Wenn ich daran denke, wie dieser Salat entstanden ist, muss ich lächeln. Angeblich waren Caesar Cardini, einem italienischen Koch, der in Tijuana, Mexiko, arbeitete, die Zutaten ausgegangen. Also stellte er den Salat aus dem zusammen, was er noch im Vorrat hatte. Die Worcestersauce, die er hinzufügte, war damals noch ein Hustensaft – die Flaschen dümpelten häufig in den hintersten Ecken der Apotheken vor sich hin. Für mich veranschaulicht das, wie unberechenbar Lebensmittel sind und wie gut ausgefallene Kombinationen funktionieren können.

Chicken Caesar Salad

2 Brustfilets vom Freilandhähnchen
Olivenöl zum Beträufeln
1 Baguette
3 Freilandeier, hart gekocht
2 Romanasalate
100 g in Salz eingelegte Kapern
100 g Parmesanspäne
Salz und Pfeffer aus der Mühle

Für das Dressing
4 Sardellenfilets
75 g geriebener Parmesan
2 Eigelb von Freilandeiern
2 EL Worcestersauce
1 Knoblauchzehe, geschält
Saft von 1 Zitrone
200 ml Olivenöl
Salz und Pfeffer aus der Mühle

Für 4–6 Personen

1 Den Backofen auf 190 °C (Ober-/Unterhitze) bzw. 170 °C (Umluft) vorheizen. Für das Dressing die Zutaten – bis auf das Olivenöl – im Mixer zu einer glatten Paste verarbeiten. Das Olivenöl erst tropfenweise, dann in dünnem Strahl untermixen, sobald die Mischung dickflüssig wird. Das Dressing mit Salz und Pfeffer abschmecken und beiseitestellen.

2 Die Hähnchenbrustfilets in eine ofenfeste Form legen, mit etwas Olivenöl beträufeln und mit Salz und Pfeffer würzen. Im heißen Ofen 25 Minuten braten. Das Brot in 2 cm große Stücke schneiden. Diese auf einem Backblech ausbreiten, mit Olivenöl beträufeln und in 6–8 Minuten goldbraun rösten, dabei ein-, zweimal wenden. Abkühlen lassen. Die Eier pellen und vierteln. Die Blätter von den Salatköpfen ablösen, waschen und trocken schleudern.

3 Die Kapern 10 Minuten wässern, dann ausdrücken. Die Hähnchenbrustfilets in große Stücke schneiden. Beides in eine Schüssel füllen, Croûtons und Eiviertel hinzufügen. Den Großteil des Dressings dazugeben und alles vorsichtig mischen. Den Salat auf Tellern anrichten, mit den Parmesanspänen bestreuen und mit dem restlichen Dressing beträufeln.

Klassischer Caesar Salad

Für die klassische Variante das Hähnchenfleisch weglassen und stattdessen mit den Eiern das in Stücke geschnittene Fruchtfleisch von 2 reifen Avocados hinzufügen. Den Salat wie oben beschrieben anmachen und servieren.

Viele können sich Blattsalat nur roh vorstellen. Nun, dieses Rezept zeigt, dass er auch gegart ausgezeichnet schmeckt.

Geschmorter Blattsalat mit Speck & Lorbeersalz

250 g durchwachsener Speck
12 Romanasalatherzen
2 EL Olivenöl
1 Staudenselleriesherz
200 ml halbtrockener Weißwein
500 ml Gemüsebrühe (s. S. 297)
Pfeffer aus der Mühle

Für das Lorbeersalz
6 EL grobes Salz
6 Lorbeerblätter

Für 4–6 Personen

1 Für das Lorbeersalz das Salz mit den Lorbeerblättern im Mixer auf höchster Stufe fein mahlen (es sollten keine großen Salzkristalle oder Blattstücke mehr vorhanden sein).

2 Den Speck in Würfel schneiden, in einer Pfanne mit Wasser bedecken und aufkochen. Inzwischen die Salatherzen halbieren, gründlich in kaltem Wasser waschen und anschließend trocken tupfen.

3 Die Speckwürfel nach 6–8 Minuten abgießen und mit Küchenpapier trocken tupfen. Das Öl in einer großen Pfanne bei mittlerer bis starker Hitze heiß werden lassen. Den Speck darin goldbraun braten. Den Sellerie fein zerkleinern, hinzufügen und unter häufigem Rühren 3 Minuten mitbraten, dann die Salathälften und 1 TL Lorbeersalz dazugeben. Alles gut mischen und 5 Minuten weitergaren, bis der Salat zusammengefallen ist. Den Wein angießen und 3 Minuten kochen lassen, dann die Brühe hinzufügen. Die Pfanne mit einem Deckel oder einem Kreis aus Backpapier zudecken und das Ganze bei schwacher Hitze 15 Minuten garen. Deckel oder Papier entfernen. Das Gericht mit Pfeffer abschmecken und heiß servieren.

Dieses Gericht ist geradezu perfekt in seiner Einfachheit. Es ist zu köstlich, um es nicht fast jede Woche zu machen, insbesondere im Sommer, wenn die Blätter jung, aber kraftvoll sind. Hier ist es also, voller Aromen und sommerlicher Frische.

Zehnblattsalat

Eiswürfel
1 Eichblattsalat
1 Friséesalat
1 Bund Rucola
1 Bund Brunnenkresse
2 Romanasalatherzen
1 Bund Kerbel
½ Bund glatte Petersilie
1 Handvoll Minzestängelspitzen
1 Handvoll Sellerieblätter
½ Handvoll kleine Basilikumblätter
300 ml Haus-Dressing (s. S. 297)
Salz und Pfeffer aus der Mühle

Für 4–6 Personen | Vegetarisch

1   Eine große Schüssel mit kaltem Wasser füllen und ein paar Eiswürfel hineingeben. Die Blätter von den Salatköpfen ablösen. Beschädigte Blätter entsorgen, die restlichen in das Eiswasser legen. Rucola und Brunnenkresse verlesen, dann ebenfalls ins Eiswasser geben. Die Kräuterblätter hinzufügen und alles in 15 Minuten knackig werden lassen.

2   Die Blätter in einem Sieb abtropfen lassen, dann trocken schleudern und in eine große Schüssel geben. Mit etwas Salz und Pfeffer würzen und das Dressing darüberträufeln. Den Salat auf Tellern oder auf einer Servierplatte anrichten und servieren.

Elf- oder Zwölfblattsalat

Sie können für diesen Salat andere oder zusätzliche Blätter verwenden. Besonders bitter wird der Salat, wenn Sie etwas Radicchio, Endivie oder jungen Löwenzahn dazugeben. Kräuterwürzig gerät er durch Zugabe von Bohnenkraut, Schnittlauch und Sauerampfer. Meine Lieblingsvariante enthält essbare Blüten, z. B. von Kapuzinerkresse, Tagetes oder – für ein wenig Süße – Geißblattblüten.

Superfrisch, superbunt und supercool – dies ist ein Salat, den Sie Freunden vorsetzen sollten, denen Sie ein köstliches Essen versprochen haben. Ich garantiere eine sommerliche, belebende Explosion der Aromen.

Couscous-Salat mit Eisbergsalat, Tomaten & Minze

500 g Couscous
100 ml Olivenöl
1 TL Chiliflocken
1 Eisbergsalat
500 g gelbe und rote Tomaten
3 EL gehackte Minze
75 ml Kräuteressig
Salz und Pfeffer aus der Mühle

Für 4–6 Personen | Vegetarisch

1 Den Couscous in eine Schüssel geben und 1,5–2 cm hoch mit kochend heißem Wasser bedecken. Mit 75 ml Olivenöl beträufeln und mit den Chiliflocken bestreuen. Die Schüssel mit einem Deckel verschließen, damit weder Hitze noch Dampf entweichen können. Beiseitestellen und abkühlen lassen.

2 Den Salat von schadhaften Blättern befreien, die restlichen Blätter in dünne Streifen schneiden und diese in eine große Schüssel füllen. Die Tomaten vierteln, entkernen und in dünne Spalten schneiden. Mit der Minze, dem restlichen Olivenöl und dem Essig in die Schüssel geben und alles mit den Händen gründlich mischen.

3 Den Deckel von der Schüssel mit dem Couscous nehmen. Den Couscous mit einer Gabel auflockern, dann zum Salat geben und mit den Händen untermischen. Den Salat mit Salz und Pfeffer abschmecken und servieren.

Spinat sollte Grundnahrungsmittel für jedermann sein. Er ist leicht zuzubereiten und verträgt sich mit vielen anderen Zutaten.

Rahmspinat mit Knoblauch & Schalotten

50 ml Olivenöl
2 Schalotten
2 Knoblauchzehen
2 kg Blattspinat
Saft von 1 Zitrone
½ TL Salz
250 g Sahne
Pfeffer aus der Mühle

Für 4–6 Personen | Vegetarisch

1 Das Olivenöl in einem großen Topf bei mittlerer Hitze heiß werden lassen. Schalotten und Knoblauch schälen und fein würfeln bzw. hacken und im Öl unter häufigem Rühren 5 Minuten anschwitzen. Inzwischen den Spinat in kaltem Wasser gründlich waschen. In einem Sieb abtropfen lassen, dann trocken schütteln und grob hacken. Die Blätter in den Topf geben und bei starker Hitze kräftig rühren, bis die gesamte Flüssigkeit verdampft und der Spinat gar ist.

2 Zitronensaft, Salz, Sahne und Pfeffer zum Gemüse geben und unterrühren. Die Flüssigkeit 5 Minuten etwas einkochen lassen. Den Rahmspinat heiß servieren (man kann ihn aber auch kalt genießen).

Blanchierter Spinat mit Olivenöl & Zitronen

2 kg Blattspinat
Saft von 1 Zitrone
50 ml Olivenöl
Zitronenschnitze zum Servieren
Salz und Pfeffer aus der Mühle

Für 6 Personen | Vegetarisch

1 In einem großen Topf reichlich gesalzenes Wasser aufkochen. Den Spinat hineingeben und 5 Minuten garen. Inzwischen den Zitronensaft in eine große Schüssel geben. Olivenöl, Salz und Pfeffer hinzufügen und alles mit einem Schneebesen zu einem cremigen Dressing verrühren.

2 Den Spinat abgießen und noch warm ausdrücken. Den ausgedrückten Spinat zum Zitronendressing geben und alles gut mischen. Das Gemüse mit Salz und Pfeffer abschmecken und mit Zitronenschnitzen warm oder abgekühlt servieren.

Der Trick ist hier, dass man den Teig dünn hält und sparsam mit Salz umgeht – getrocknete Tomaten und Ziegenkäse werden beim Backen salziger.

Spinat-Ziegenkäse-Quiche mit getrockneten Tomaten

Butter für die Form
Mehl für die Form und zum Arbeiten
350 g Mürbeteig (s. S. 296)
200 g Blattspinat
2 große Freilandeier
5 EL Sahne
5 EL Milch
200 g geriebener Parmesan
50 g in Öl eingelegte getrocknete Tomaten, abgetropft
100 g Ziegenkäse, zerbröckelt
Hülsenfrüchte zum Blindbacken
Salz und Pfeffer aus der Mühle

Zum Servieren
Rucola
1 Rezept Haus-Dressing (s. S. 297)

Für 4–6 Personen | Vegetarisch

1 Eine Quicheform (26 cm Ø) mit Butter einfetten und mit Mehl ausstreuen. Den Teig auf einer dünn bemehlten Arbeitsfläche ausrollen und die Form damit auskleiden. Die Form für 30 Minuten in den Kühlschrank stellen.

2 Inzwischen den Backofen auf 200 °C (Ober-/Unterhitze) bzw. 180 °C (Umluft) vorheizen. Den Spinat in 5 cm breite Streifen schneiden. Für 5 Minuten in einen Topf mit kochendem Salzwasser geben, dann zum Abtropfen in ein Sieb gießen.

3 Den Teigboden mit Backpapier auslegen und dieses mit getrockneten Hülsenfrüchten beschweren. Im heißen Ofen 15 Minuten blindbacken, dann herausnehmen. Papier und Hülsenfrüchte entfernen. Die Backofentemperatur auf 150 °C (Ober-/Unterhitze) bzw. 140 °C (Umluft) senken.

4 Die Eier mit Sahne, Milch, 150 g Parmesan, Salz und Pfeffer verquirlen. Tomaten, Ziegenkäse und Spinat auf dem vorgebackenen Teigboden verteilen. Mit der Eier-Sahne-Mischung übergießen und mit dem restlichen Parmesan bestreuen. Die Quiche 30 Minuten backen, bis der Guss goldbraun ist. In Dreiecke schneiden und servieren. Den Rucola mit dem Dressing anmachen und dazureichen.

Dies ist ein Gericht, das ich jeden Tag essen könnte. Zu Hause mache ich es ständig. Die Kids lieben es, und wenn wir essen gehen, bestellen wir es auch. Spinatstiele, die von einem anderen Rezept übrig geblieben sind, können Sie für dieses hier verwenden.

Tempura von Spinatstielen & Tofu mit Dipsauce

3 l Öl zum Frittieren
1 Rezept Tempurateig (s. S. 297)
500 g schnittfester Tofu
12 Spinatbüschel
Mehl zum Bestäuben

Für die Dipsauce
1 EL Zucker
50 ml Sojasauce
2 TL Chiliflocken
75 ml Mirin (Reiswein)
75 ml heiße Gemüsebrühe (s. S. 297)
100 g Mouli (japanischer Rettich)

Für 4–6 Personen | Vegetarisch

1 Für die Dipsauce den Zucker in einen kleinen Topf geben. Sojasauce, Chiliflocken, Mirin und die heiße Brühe dazugeben und alles mit einem Schneebesen verrühren. Den Rettich schälen und in die Sauce reiben. Die Sauce beiseitestellen, bis sie unmittelbar vor dem Servieren aufgewärmt wird.

2 Das Öl in einem hohen Topf mit schwerem Boden auf 180 °C erhitzen – ein Brotwürfel bräunt darin in 30 Sekunden. Den Tofu in 3 cm große Würfel schneiden. Den Spinat waschen und trocken tupfen. Beides mit Mehl bestäuben, dann im Teig wenden und etwas abschütteln. Tofu und Spinat portionsweise in das Öl geben und 3–5 Minuten frittieren, bis die Teighüllen goldgelb sind. Nicht zuviel auf einmal ins Öl geben, sonst sinkt die Temperatur und das Frittiergut wird gedünstet statt ausgebacken. Mit einem Schaumlöffel herausheben und auf Küchenpapier abtropfen lassen, restliches Öl abtupfen. Die fertigen Portionen warm halten, während der Rest frittiert wird. Die warme Dipsauce in Schälchen füllen und zur Tempura servieren.

Tempura der Saison

Falls noch Teig übrig ist, halten Sie doch in der Küche Ausschau nach geeignetem Gemüse zum Ausbacken: Pilze eignen sich gut, Fenchel passt auch.

Es gibt zahllose Pastavariationen, aber ein Rotolo stiehlt allen die Show. Wenn Sie den Bogen heraus haben, ist das Resultat ein Gericht mit Wow-Effekt. Ein Rotolo lässt sich mit fast allem füllen. Dieser hier enthält die klassische Kombination Spinat, Pilze und Muskat. Falls keine Pfifferlinge zu bekommen sind, nehmen Sie einfach Champignons.

Rotolo mit Spinat, Pilzen & Salbeibutter

150 g Butter
1 Zwiebel
4 EL gehackter Majoran
800 g gegarter Spinat, gehackt (s. S. 146)
50 g getrocknete Steinpilze, 30 Minuten in heißem Wasser eingeweicht
2 Knoblauchzehen
2 EL Olivenöl, mehr für das Brett
250 g Pfifferlinge
frisch geriebene Muskatnuss
1 Rezept Pastateig (s. S. 296)
400 g geriebener Cheddar
50 g geriebener Parmesan, mehr zum Servieren
1 Rezept Salbeibutter (s. S. 298)
Salz und Pfeffer aus der Mühle

Für 4–6 Personen | Vegetarisch

1 Die Butter in einem Topf bei mittlerer Hitze zerlassen. Die Zwiebel schälen, fein würfeln und unter häufigem Rühren in etwa 5 Minuten anschwitzen. Majoran und Spinat hinzufügen. Alles gut verrühren, mit Salz und Pfeffer würzen und abkühlen lassen.

2 Die Steinpilze abgießen, die Flüssigkeit auffangen. Mit einem feuchten Tuch abreiben und von harten Teilen und Schmutz befreien. Den Knoblauch schälen und fein hacken. Das Öl in einer Pfanne bei schwacher Hitze heiß werden lassen und den Knoblauch darin unter Rühren hellgelb dünsten. Die Pfifferlinge dazugeben und bei starker Hitze 5 Minuten braten, dabei häufig umrühren. Die Steinpilze hinzufügen und alles bei mittlerer bis schwacher Hitze 15 Minuten garen. Falls nötig, etwas Einweichwasser von den Steinpilzen angießen, damit die Pilze nicht trocken werden. Salzen und pfeffern, dann abkühlen lassen und grob hacken. Die Spinatmischung in eine Schüssel geben und mit 2–3 Prisen Muskatnuss würzen.

3 Den Pastateig mit der Nudelmaschine oder einem Nudelholz zu zwei großen Streifen ausrollen. Diese nebeneinander leicht überlappend so auf ein sauberes Geschirrtuch legen, dass ein Quadrat entsteht. Die Teigränder an der Naht vorsichtig zusammendrücken. Die Pilzmischung mit einer Gabel 2 cm vom unteren Rand entfernt als etwa 4 cm breiten Streifen auf den Teig geben. Auf den Rest des Teigblatts 8 cm breit die Spinatmischung geben und mit beiden Käsesorten bestreuen. Das Teigblatt von der Pilzseite aus zu einer dicken Roulade aufrollen.

4 Die Rolle fest in ein Geschirrtuch wickeln, die Tuchenden mit Küchengarn zusammenbinden. In einem großen Topf reichlich gesalzenes Wasser aufkochen lassen. Den Rotolo hineingeben und im köchelnden Wasser 20 Minuten garen. Mit einem Metallspieß durch das Tuch in die Mitte der Roulade stechen – ist er beim Herausziehen heiß, ist der Rotolo fertig. Die Rolle auswickeln, auf ein dünn geöltes Schneidebrett legen und in 2,5 cm dicke Scheiben schneiden. Mit Parmesan und Salbeibutter servieren.

Rucola, Brunnenkresse und Chili machen fast jeder Erkältung den Garaus. Kochen Sie diese Suppe aber auch, wenn Sie nicht verkühlt sind – sie schmeckt einfach toll. Gibt man die Blätter erst ziemlich zum Schluss in die Grundsuppe, bleibt die Farbe wirklich strahlend grün. Wenn man Spinat zu lange kocht, wird er leicht gräulich.

Scharfe Rucolasuppe mit Brunnenkresseöl

3 Schalotten
4 EL Olivenöl
1 TL Chiliflocken
500 g Kartoffeln
2 l Gemüsebrühe (s. S. 297)
750 g Blattspinat
4 Bund Rucola
200 g Sahne
Salz und Pfeffer aus der Mühle

Für das Brunnenkresseöl
1 Bund Brunnenkresse
250 ml Olivenöl
Salz und Pfeffer aus der Mühle

Für 4–6 Personen | Vegetarisch

1 Die Schalotten schälen und fein würfen. Das Öl in einem großen Topf bei schwacher Hitze heiß werden lassen und die Schalotten darin unter häufigem Rühren bei schwacher Hitze 5 Minuten anschwitzen. Mit etwas Salz und Pfeffer sowie den Chiliflocken würzen. Die Kartoffeln in 2 cm große Stücke schneiden, in den Topf geben und unter häufigem Rühren 3 Minuten mitdünsten. Die Brühe separat erhitzen und angießen. Aufkochen und bei schwacher Hitze 12–14 Minuten köcheln lassen, bis die Kartoffeln fast gar sind. Den Topf vom Herd nehmen.

2 Spinat und Rucola waschen, abtropfen lassen und hinzufügen (4–6 Rucolablätter für die Garnitur aufheben). Portionsweise im Mixer glatt pürieren, dabei die Sahne untermischen. Die Suppe wieder in den Topf geben, abschmecken und erhitzen, aber nicht mehr kochen lassen. Die Brunnenkresse im Mixer pürrieren, dabei das Olivenöl in dünnem Strahl einlaufen lassen. Mit Salz und Pfeffer würzen. Die Suppe auf Teller verteilen, etwas Brunnenkresseöl darüberträufeln und mit einem Rucolablatt garniert servieren.

Spinatsuppe mit Muskat

2 Zwiebeln
2 Knoblauchzehen
100 ml Olivenöl
2 Kartoffeln
1 l Gemüsebrühe (s. S. 297)
1,5 kg Blattspinat
½ TL frisch geriebene Muskatnuss
50 g Sahne, etwas mehr zum Garnieren
Saft von 1 Zitrone
Salz und Pfeffer aus der Mühle

Für 4–6 Personen | Vegetarisch

1 Die Zwiebeln schälen und würfeln. Den Knoblauch schälen. Das Olivenöl in einem Topf bei mittlerer Hitze heiß werden lassen. Die Zwiebelwürfel darin unter gelegentlichem Rühren etwa 5 Minuten anschwitzen, aber nicht braun werden lassen. Die ganzen Knoblauchzehen hinzufügen und 4 Minuten mitdünsten. Die Kartoffeln in 2 cm große Stücke schneiden und unterrühren.

2 Die Brühe angießen. Aufkochen und bei schwacher Hitze 15 Minuten köcheln lassen, bis die Kartoffeln weich sind. Den Spinat hinzufügen und 2 Minuten mitgaren. Die Suppe mit Salz, Pfeffer und Muskat würzen, dann vom Herd nehmen und kurz abkühlen lassen. Im Mixer portionsweise glatt pürieren, dabei immer etwas Sahne und Zitronensaft untermischen. Alles zurück in den Topf geben, abschmecken und heiß werden, aber nicht mehr kochen lassen. Auf Schalen oder tiefe Teller verteilen und mit der restlichen Sahne garnieren.

Eine große Frittata für mehrere Personen zu machen, hat zwei Vorteile: Erstens bleibt sie saftiger und zweitens sieht sie phantastisch aus. Vor allem, wenn sie großzügig mit Kerbel bestreut wird.

Sauerampfer-Frittata mit Mozzarella & Parmesan

1 Zwiebel
3 Stangen Staudensellerie
1 Knoblauchzehe
50 ml Olivenöl
500 g Sauerampfer
150 g Pinienkerne
6 große Freilandeier
1 Kugel Mozzarella
75 g Parmesan, mehr zum Servieren
Kerbelstängel zum Garnieren
Salz und Pfeffer aus der Mühle

Für 4–6 Personen | Vegetarisch

1 Die Zwiebel schälen und mit dem Sellerie in 2 cm große Würfel schneiden. Den Knoblauch schälen und hacken. Das Öl in einer großen, ofenfesten Pfanne bei schwacher Hitze heiß werden lassen und die Zwiebel und den Sellerie darin unter gelegentlichem Rühren anschwitzen. Den Knoblauch hinzufügen und 3 Minuten mitdünsten. Den Sauerampfer von den harten Stielen befreien und mit den Pinienkernen in die Pfanne geben. Bei starker Hitze rühren und die Pfanne schwenken.

2 Die Eier in eine Schüssel aufschlagen und kräftig verquirlen, salzen und pfeffern. Die Eier ohne Rühren oder Schwenken in die Pfanne gießen und auf mittlere Hitze zurückschalten. Den Backofengrill vorheizen. Sobald die Eier stocken, die Ränder der Frittata mit einem Pfannenwender vorsichtig vom Pfannenboden lösen.

3 Wenn die Frittata nach etwa 3 Minuten fast gar ist, den Mozzarella in Stücke zupfen und auf die Frittata streuen. Den Parmesan darüberreiben. Die Pfanne unter den Ofengrill schieben und die Frittata bei geöffneter Ofentür etwa 4 Minuten grillen, bis sie goldbraun ist. Dann die Pfanne kräftig rütteln, damit sich die Fritatta vom Pfannenboden löst. Die Frittata auf eine Servierplatte gleiten lassen, mit etwas frisch geriebenem Parmesan bestreuen und mit Kerbel garnieren.

Die Eigelbe machen diese Suppe so cremig und gehaltvoll. Der Sauerampfer mildert diese Üppigkeit und sorgt für ein zitroniges Finish. Pressen Sie vor dem Servieren für mehr Frische noch mehr Zitronensaft dazu.

Sauerampfersuppe mit Eigelb

1 Zwiebel
1 große Kartoffel
6 Stangen Staudensellerie
2 Knoblauchzehen
75 ml Olivenöl
100 ml halbtrockener Weißwein
1 l Gemüsebrühe (s. S. 297)
1 Bund Sauerampfer
2 TL Zitronensaft
2 Eigelb
Salz und Pfeffer aus der Mühle

Für 4–6 Personen | Vegetarisch

1 Zwiebel und Kartoffel schälen und mit dem Sellerie in 2 cm große Stücke schneiden. Den Knoblauch schälen und hacken. Das Olivenöl in einem großen Topf bei mittlerer Hitze heiß werden lassen. Die Zwiebelwürfel darin mit dem Sellerie unter gelegentlichem Rühren etwa 5 Minuten anschwitzen, aber nicht braun werden lassen. Kartoffel und Knoblauch hinzufügen, mit Salz und Pfeffer würzen und alles 15 Minuten garen, dabei ab und zu umrühren. Es sollte möglichst wenig am Topfboden ansetzen.

2 Den Wein angießen und eventuell vorhandene braune Stückchen vom Topfboden schaben. Die Flüssigkeit verdampfen lassen, dann die Brühe hinzufügen. Aufkochen und bei schwacher Hitze 20 Minuten köcheln lassen, bis die Kartoffelstücke weich sind.

3 Die Sauerampferblätter von harten Stielen befreien und in Stücke zupfen. Zitronensaft und Sauerampfer in den Topf geben und die Suppe abschmecken. Unmittelbar vor dem Servieren die Eigelbe hineingeben und mit einem großen Schneebesen kräftig darunterschlagen. Den Topf vom Herd nehmen, die Suppe in Schalen oder tiefe Teller schöpfen und servieren.

Grundtechnik: Gratin

Gratinieren bedeutet, eine Oberfläche knusprig werden zu lassen. Gratins sind Klassiker der französischen Küche und enthalten oft eine sahnige Sauce. Man kann ihnen unter dem Grill noch eine Extra-Bröselkruste verpassen. Artischocken schmecken wunderbar, wenn man sie auf diese Art zubereitet – versuchen Sie sich erst an diesem Rezept. Sobald Sie es beherrschen, können Sie sich an die Rezepte auf S. 163 machen.

Kartoffel-Artischocken-Gratin mit Thymian & Olivenöl

2 große Artischocken
½ Zitrone
750 g festkochende Kartoffeln
3 große Schalotten
4 Knoblauchzehen
3 EL Thymianblätter
75 ml halbtrockener Weißwein
1 l Gemüsebrühe (s. S. 297)
200 g Sahne
100 ml Olivenöl
Salz und Pfeffer aus der Mühle

Für 4–6 Personen | Vegetarisch

1 Den Backofen auf 180 °C (Ober-/Unterhitze) bzw. 160 °C (Umluft) vorheizen. Von den Artischocken die harten äußeren Blätter abreißen. Mit einem kleinen scharfen Messer die Stiele abschneiden und die Blätter so stutzen, dass jede Artischocke noch in etwa so groß ist wie eine halbe Orange. Die Artischocken in kaltes gesalzenes Wasser legen, das »Heu« wird sonst sehr schnell braun. Die Zitronenhälfte über der Schüssel mit den Artischocken ausdrücken. Die Kartoffeln schrubben und längs in 2 cm dicke Scheiben schneiden. Aus den Artischocken jeweils die Mitte herauslösen und alle dunkelgrünen Teile, die nach dem Entfernen der Außenblätter verblieben sind, wegschneiden.

2 Die Artischocken in 2 cm dicke Scheiben schneiden. Die Schalotten und den Knoblauch schälen und fein würfeln. Alles mit den Kartoffeln und dem Thymian in eine große Schüssel füllen. Wein, Brühe und Sahne dazugießen. Das Olivenöl dazuträufeln, dann Salz und Pfeffer hinzufügen. Alles mit den Händen gut mischen und in eine große, hohe Auflaufform geben. Im heißen Ofen etwa 45 Minuten backen, bis die Kartoffeln gar sind und die Sahnemischung auf die Hälfte eingekocht ist.

Gratin dauphinoise

1 Knoblauchzehe, geschält
2 kg mehligkochende Kartoffeln
500 ml Milch
500 g Sahne
2 Thymianzweige
1 TL frisch geriebene Muskatnuss
Salz und Pfeffer aus der Mühle

Für 4–6 Personen | Vegetarisch

1 Den Backofen auf 160 °C (Ober-/Unterhitze) bzw. 140 °C (Umluft) vorheizen. Eine Gratinform mit der Knoblauchzehe kräftig ausreiben, sodass etwa die halbe Zehe verbraucht wird (so bekommt das Gratin eine dezentere Knoblauchnote, als wenn man die ganze Zehe zur Kartoffelmischung gibt).

2 Die Kartoffeln schrubben, in nicht zu dünne Scheiben schneiden und in eine große Schüssel füllen. Die Milch mit der Sahne und dem Thymian erhitzen (aber nicht kochen lassen), sodass die Flüssigkeit das Thymianaroma annimmt. Die Hälfte der warmen Flüssigkeit zu den Kartoffelscheiben geben und mit den Händen gründlich durchmischen.

3 Die Kartoffelscheiben mit einem Schaumlöffel überlappend in die Gratinform schichten, dabei immer wieder mit Salz, Pfeffer und Muskatnuss würzen. Die Schichten sollten lückenlos aufeinanderliegen. Die Kartoffeln mit der restlichen Flüssigkeit begießen und 80 Minuten garen, bis die Kartoffeln weich sind und die Oberfläche gebräunt ist. Nicht zu lange garen, sonst könnte die Flüssigkeit gerinnen und das Gratin sieht fettig aus.

Rüben-Sellerie-Gratin

1 Knoblauchzehe, geschält
1 kg Knollensellerie
1 kg Rübchen (Navets)
500 ml Milch
500 g Sahne
2 Zweige Zitronenthymian
1 TL frisch geriebene Muskatnuss
Salz und Pfeffer aus der Mühle

Für 4–6 Personen | Vegetarisch

1 Vorgehen, wie oben beschrieben, dabei Sellerie und Rübchen wie die Kartoffeln vorbereiten und den gewöhnlichen Thymian durch den Zitronenthymian ersetzen.

Kürbisgratin

1 festfleischiger Kürbis à 1,5 kg (vorzugsweise Crown Prince)
2 Knoblauchzehen, fein gehackt
3 EL Thymianblätter
3 EL Olivenöl
500 g Sahne
250 ml halbtrockener Weißwein
250 ml Gemüsebrühe (s. S. 297)
250 g geriebener Cheddar
Salz und Pfeffer aus der Mühle

Für 4–6 Personen | Vegetarisch

1 Den Backofen auf 180 °C (Ober-/Unterhitze) bzw. 160 °C (Umluft) vorheizen. Den Kürbis schälen und halbieren. Die Kerne herausschaben und beiseitelegen. Das Fruchtfleisch in 1 cm breite Streifen schneiden und diese in eine große Schüssel geben. Eine Pfanne bei mittlerer bis starker Hitze heiß werden lassen. Die Kürbiskerne darin ohne Fett rösten, bis sie zu knistern und zu bräunen beginnen, die Pfanne dabei schwenken. Drei Viertel der gerösteten Kerne mit Knoblauch, Thymian und Olivenöl sowie Salz und Pfeffer zum Kürbis geben. Alles mit den Händen gut mischen.

2 Die Kürbisstreifen überlappend in eine Gratinform schichten. Sahne und Wein unter die Brühe mischen, dann die Flüssigkeit seitlich in die Form gießen, damit die Schichten nicht verrutschen. Das Gratin mit dem Käse und den restlichen Kürbiskernen bestreuen und 80 Minuten backen, dabei sollte der Käse nicht zu viel Farbe annehmen. Wird er zu dunkel, die Ofentemperatur senken oder die Form mit Alufolie abdecken.

Gratin von Radicchio Trevisano & Speck

2 Radicchio Trevisano, von den Außenblättern befreit, die restlichen Blätter abgelöst
750 g festkochende Kartoffeln, geschrubbt und in 2 cm dicke Scheiben geschnitten
12 Scheiben durchwachsener Speck, in 2 cm breite Streifen geschnitten
4 Knoblauchzehen, fein gehackt
4 Schalotten, fein gewürfelt
3 EL grob gehackter Oregano
300 ml halbtrockener Weißwein
300 g Sahne
250 ml Gemüsebrühe (s. S. 297)
3 EL Olivenöl
Salz und Pfeffer aus der Mühle

Für 4–6 Personen

1 Den Backofen auf 180 °C (Ober-/Unterhitze) bzw. 160 °C (Umluft) vorheizen. Den Radicchio klein schneiden und mit den Kartoffeln in eine große Schüssel füllen. Speck, Knoblauch, Schalotten, Oregano, Salz und Pfeffer untermischen. Wein, Sahne, Brühe und Öl hinzufügen. Alles erneut mischen, dann in eine Gratinform füllen und etwa 1 Stunde backen, bis die Kartoffeln gar sind.

Gelbe-Bete-Gratin

1,25 kg Gelbe Bete, in 1 cm dicke Scheiben geschnitten
250 g frischer Meerrettich, gerieben
2 Knoblauchzehen, fein gehackt
3 EL Thymianblätter
3 EL Olivenöl
500 g Sahne
250 ml halbtrockener Weißwein
250 ml Gemüsebrühe (s. S. 297)
250 g geriebener Gruyère
Salz und Pfeffer aus der Mühle

Für 4–6 Personen | Vegetarisch

1 Zubereiten wie das Kürbisgratin (links).

Kartoffel-Lauch-Gratin mit Frühlingszwiebeln

750 g Lauch
1 kg festkochende Kartoffeln, geschrubbt
1 Bund Frühlingszwiebeln, geputzt und fein gehackt
1 Knoblauchzehe, fein gehackt
2 EL grob gehackte glatte Petersilie
2 EL Thymianblätter
75 ml halbtrockener Weißwein
200 g Sahne
100 ml Olivenöl
Salz und Pfeffer aus der Mühle

Für 4–6 Personen | Vegetarisch

1 Den Backofen auf 180 °C (Ober-/Unterhitze) bzw. 160 °C (Umluft) vorheizen. Den Lauch von den äußeren Schichten und dem dunklen Grün befreien. Die Stangen längs halbieren (die Wurzelenden dabei ganz lassen) und unter fließendem kaltem Wasser gründlich waschen. Kartoffeln und Lauch in 2 cm dicke Scheiben schneiden. Beides in einer großen Schüssel mischen. Frühlingszwiebeln, Knoblauch, Petersilie, Salz, Pfeffer und Thymian dazugeben. Alles mit Wein, Sahne und Öl in eine Gratinform füllen und 80 Minuten garen, bis die Kartoffeln weich sind und die Oberfläche gebräunt ist.

Radicchio ist ziemlich interessant. Roh macht er sich mit seiner bitteren Note gut in Salaten, doch wenn man ihn gart, wird er zu einem großartigen Gemüse, das tatsächlich etwas süßlich schmeckt.

Gegrillter Radicchio

2 Radicchio
4 EL Majoranblätter
4 EL Balsamico-Essig
4 EL Olivenöl
Salz und Pfeffer aus der Mühle

Für 4–6 Personen | Vegetarisch

1 Den Radiccio von den beschädigten Außenblättern befreien. Mit einem großen scharfen Messer die Salatköpfe längs erst in Viertel, dann in Achtel und zum Schluss in Sechzehntel schneiden, dabei an jedem Stück etwas vom Strunk belassen, damit die Blätter nicht auseinanderfallen.

2 Den Holzkohlengrill vorheizen (s. S. 228, Schritt 2) oder eine Grillpfanne auf dem Herd sehr heiß werden lassen. Die Radicchiostücke auf den Grillrost oder die Pfanne legen und etwa 6 Minuten grillen bzw. braten, bis sie goldbraun sind und dunkle Streifen aufweisen. Wenden und die andere Seite genauso garen.

3 Den Radicchio auf einer Servierplatte anrichten. Mit den Majoranblättern bestreuen, erst mit dem Balsamico-Essig, dann mit dem Olivenöl beträufeln und zum Schluss leicht salzen und pfeffern. Sofort servieren.

Die Süße von Pancetta und Wein gleicht die Bitternoten des Chicorées aus. Falls Sie keinen Gewürztraminer bekommen, können Sie ihn durch halbtrockenen oder lieblichen Weißwein ersetzen.

Gerösteter Chicorée mit Pancetta & Gewürztraminer

10 Knoblauchzehen
6 Stauden roter oder weißer Chicorée
24 Scheiben Pancetta, ersatzweise durchwachsener Speck
200 ml Gewürztraminer
150 ml Olivenöl
Salz und Pfeffer aus der Mühle

Für 4–6 Personen

1 Den Backofen auf 190 °C (Ober-/Unterhitze) bzw. 170 °C (Umluft) vorheizen. Den Knoblauch schälen und in dünne Scheiben schneiden. Die Chicoréestauden von beschädigten Außenblättern befreien und längs vierteln. Ein Viertel in die Hand nehmen und 2 oder 3 Scheiben Knoblauch zwischen die Blätter drücken. Das Chicoréeviertel schräg mit 1 Scheibe Pancetta umwickeln. Mit den restlichen Chicoréevierteln ebenso verfahren.

2 Die Chicoréeviertel auf ein mit Backpapier ausgelegtes Backblech legen. Mit Wein und Olivenöl beträufeln und mit Salz und Pfeffer würzen. Im heißen Ofen 20 Minuten rösten, bis der Speck knusprig ist und der Wein in den Chicorée verdampft ist.

Anstelle von Crème double können Sie für dieses Gericht saure Sahne nehmen – oder die Crème ganz weglassen, damit es leichter wird.

Rahmchicorée mit Lauch & Sellerie

100 g Butter
2 Schalotten
1 Knoblauchzehe
400 g Staudensellerieherzen
750 g weißer Chicorée
weiße Teile von 750 g Lauch
250 ml halbtrockener Weißwein
100 g Crème double
Salz und Pfeffer aus der Mühle

Für 4–6 Personen | Vegetarisch

1   Die Butter in einem Topf bei mittlerer Hitze zerlassen. Schalotten und Knoblauch schälen. Mit dem Sellerie in sehr dünne Scheiben schneiden und unter häufigem Rühren 10 Minuten in der Butter anschwitzen. Chicorée und Lauch in sehr dünne Streifen schneiden, hinzufügen und 5 Minuten mitdünsten, dabei ständig rühren, damit das Gemüse ganz von Butter überzogen wird. Den Wein angießen und verkochen lassen, dann die Crème double unterrühren.

2   Die Crème double bei schwacher Hitze erwärmen, aber nicht kochen lassen (wird sie zu stark eingekocht, wird das Gericht zu schwer). Das Gemüse mit Salz und Pfeffer abschmecken und heiß servieren.

Rahmsalat

Wer die Bitterkeit des Chicorées nicht mag – auch wenn sie beim Kochen fast verschwindet –, kann stattdessen Romanasalatherzen verwenden. Wie oben beschrieben zubereiten und vor dem Servieren mit etwas Selleriesalz würzen.

Wenn ich dieses Gericht koche, muss ich immer in mich hineinkichern. Ach, die gute alte Krabbencocktailzeit, nicht wahr? Aber wenn man dieses Gericht richtig hinbekommt, ist es herrlich und allemal wert, ins Repertoire aufgenommen zu werden. Ich habe noch eine vegetarische Variante mit Schwarzwurzeln dazugestellt, aber wenn Sie die Garnelen mit den Schwarzwurzeln kombinieren, wird das Ganze noch besser.

Chicorée-Garnelen-cocktail-Schiffchen

750 g große geschälte, gegarte Garnelen
3 EL selbst gemachte Mayonnaise (s. S. 297)
3 EL klassische Tomatensauce (s. S. 211)
3 Stauden weißer Chicorée, die äußeren
Blätter beiseitegelegt
Saft von 1 Zitrone
3 EL feine Tomatenwürfel
2 EL feine Schnittlauchröllchen
Salz und Pfeffer aus der Mühle
Kerbelstängel zum Garnieren

Für 4–6 Personen

1 Die Garnelen kurz waschen, dann in ein großes Sieb geben und abtropfen lassen.

2 Die Mayonnaise in einer Schüssel mit der Tomatensauce zu einem Dressing verrühren. Die Chicoréestauden halbieren und die Hälften quer in sehr dünne Streifen schneiden. Zum Dressing geben. Garnelen, Zitronensaft, Tomatenwürfel und Schnittlauchröllchen hinzufügen. Alles mischen, dann den Salat mit Salz und Pfeffer abschmecken.

3 Die beiseitegelegten Chicoréeblätter auf eine große Servierplatte setzen und mit je 1 EL Salat füllen. Mit dem Kerbel garnieren und sofort servieren.

Chicorée-Schwarzwurzelcocktail-Schiffchen

Für eine vegetarische Variante die Garnelen durch Schwarzwurzeln ersetzen. Dafür 6 Schwarzwurzeln schälen und in garnelengroße Stücke schneiden, diese für 6–8 Minuten in sprudelnd kochendes Wasser geben und anschließend in kaltem Wasser abschrecken. Dann wie oben beschrieben weiterverfahren.

Grünkohl gehört zu den Superlebensmitteln, was bedeutet, dass diese Gerichte hier reich an Nährstoffen und Aromen sind. Beide Rezepte funktionieren auch mit Spinat bestens. Für den Extra-Kick können Sie mit Pfeffer großzügiger sein. Als Beilage passen gekochte Kartoffeln und Möhren.

Geschmorter Grünkohl mit Knoblauch & Sojasauce

500 g Grünkohl
1 Knoblauchzehe
3 EL Olivenöl
1 TL gehackte frische rote Chilischote
2 TL helle Sojasauce
Salz und Pfeffer aus der Mühle

Für 4 – 6 Personen | Vegetarisch

1 Den Kohl von gelben Stellen und harten Stielen befreien. Die Blätter in kaltes Wasser legen. In einem großen Topf Wasser aufkochen lassen und salzen. Den Kohl abtropfen lassen und für 6 Minuten hineingeben, dann in ein Sieb gießen und abtropfen lassen.

2 Den Knoblauch schälen und hacken. Das Olivenöl in einer Pfanne bei mittlerer Hitze heiß werden lassen. Den Knoblauch darin mit der Chilischote etwa 3 Minuten braten, bis er zu bräunen beginnt. Sofort den gegarten Kohl in die Pfanne geben und alles gut verrühren. Das Gericht mit etwas Pfeffer und der Sojasauce würzen und unter häufigem Rühren weitere 4 Minuten garen. Warm servieren.

Roter Grünkohl mit Sahne, Pfeffer & Zitrone

750 g roter Grünkohl
3 Schalotten
3 EL Olivenöl
200 ml halbtrockener Weißwein
250 g Sahne
Saft von 1 Zitrone
Salz und weißer Pfeffer aus der Mühle

Für 4 – 6 Personen | Vegetarisch

1 Den Kohl von gelben Stellen und harten Stielen befreien. Die Blätter in kaltes Wasser legen. In einem großen Topf Wasser aufkochen und salzen. Den Kohl abtropfen lassen und für 6 Minuten hineingeben, dann in ein Sieb gießen und abtropfen lassen.

2 Die Schalotten schälen und fein würfeln. Das Olivenöl in einer Pfanne bei mittlerer Hitze heiß werden lassen und die Schalotten darin etwa 3 Minuten braten, bis sie zu bräunen beginnen. Den Wein angießen und verkochen lassen, dann die Sahne unterrühren. Sobald sie anfängt zu brodeln, den gegarten Kohl und den Zitronensaft hinzufügen. Etwas weißen Pfeffer dazugeben und mit Salz abschmecken. Die Flüssigkeit leicht einkochen lassen und den Grünkohl servieren.

Versuchen Sie, das Gemüse für diesen Salat richtig dünn zu schneiden: Je feiner die Streifen sind, desto feiner wird auch der Salat. Beim Durchziehen im Kühlschrank verändert der Kohl seine Konsistenz ein wenig, er wird zarter.

Weißkohlsalat mit Rosinen & Cranberrys

250 g Möhren
1 kleiner Weißkohl
1 Bund Frühlingszwiebeln
2 EL selbst gemachte Mayonnaise (s. S. 297)
2 EL Salatcreme
2 EL griechischer Joghurt
Saft von 1 Zitrone
150 g getrocknete Cranberrys
150 g Rosinen
Salz und Pfeffer aus der Mühle

Für 4–6 Personen | Vegetarisch

1 Die Möhren schälen und mit dem Kohl und den Frühlingszwiebeln in sehr dünne Streifen schneiden.

2 Die Mayonnaise mit Salatcreme und Joghurt in eine große Schüssel geben. Den Zitronensaft hinzufügen und alles gut verrühren. Die Sauce mit Salz und Pfeffer abschmecken. Cranberrys und Rosinen unterrühren, dann die Gemüsestreifen dazugeben. Alles gut verrühren und die Schüssel mit Frischhaltefolie bedecken. Vor dem Servieren 1 Stunde in den Kühlschrank stellen.

Kümmel verleiht diesem Gericht einen gewissen Zauber. Manche Leute verwenden ja beim Kochen überhaupt keinen Kümmel, aber ich finde, dass er Kohl und Reisgerichten unglaubliches Aroma schenkt.

Gepfefferter Wirsing mit Kümmel & Zitrone

1 kleiner Wirsing
2 TL Kümmelsamen
150 g Butter
1 Apfelscheibe
Saft und abgeriebene Schale von
1 unbehandelten Zitrone
Salz und Pfeffer aus der Mühle

Für 4–6 Personen | Vegetarisch

1 Den Kohl von den äußeren Blättern befreien. Drei oder vier intakte große Blätter in kaltem Wasser waschen, dann abtropfen lassen und für das Auslegen des Dämpfkorbs beiseitelegen. Den Kohl vierteln und den Strunk herausschneiden. Die Kohlviertel in feine Streifen schneiden und diese in einen mit Wirsingblättern ausgelegten Dämpfkorb aus Bambus legen (alternativ ein Metallsieb oder einen Dämpfeinsatz mit Deckel verwenden).

2 Die Kohlstreifen mit dem Kümmel bestreuen und mit etwas Salz und Pfeffer würzen. Die Hälfte der Butter in Stücken auf den Kohlstreifen verteilen, die Apfelscheibe drauflegen und die Blätter darüberklappen. Den Kohl zugedeckt 25 Minuten dämpfen.

3 Das Gemüse in eine Servierschüssel umfüllen, die restliche Butter sowie Zitronenschale und -saft hinzufügen und den Kohl mit Salz und Pfeffer abschmecken. Sofort servieren.

Dies ist ein wundervoller Eintopf, mit seinen intensiven Aromen und kräftigen Strukturen ideal für den Winter. Wenn Apfelwein nicht zur Hand ist, können Sie ihn durch Weißwein ersetzen.

Geschmorter Wirsing mit Äpfeln, Apfelwein & Zimt

1 kleiner Wirsing
1 Zwiebel
75 g Butter
1 Zimtstange
2 Lorbeerblätter
75 ml Olivenöl
1 großer Kochapfel (z. B. Boskop)
150 g Sultaninen
250 ml Apfelwein
Salz und Pfeffer aus der Mühle

Für 4–6 Personen | Vegetarisch

1 Den Kohl von den äußeren Blättern befreien und in möglichst feine Streifen schneiden.

2 Die Zwiebel schälen und in dünne Ringe schneiden. Die Butter in einem großen Topf bei mittlerer Hitze zerlassen. Die Zwiebel mit Zimt, Lorbeer und Olivenöl zur Butter geben und unter häufigem Rühren 5–6 Minuten anschwitzen, bis die Zwiebelwürfel ganz weich sind. Den Apfel schälen, vom Kernhäuse befreien und in dünne Scheiben schneiden. Kohl, Sultaninen und Apfelscheiben in den Topf geben und alles 35 Minuten garen, bis die Blätter komplett zusammengefallen sind. Dabei häufig umrühren.

3 Den Apfelwein sowie Salz und Pfeffer hinzufügen. Noch einmal umrühren, dann den Topf schließen. Den Kohl bei sehr schwacher Hitze 1 Stunde schmoren, dabei alle 15 Minuten nachsehen, ob er nicht ansetzt. Er sollte am Ende der Garzeit weich sein, aber noch nicht zerfallen, und süßlich schmecken. Nach Belieben mit reichlich Pfeffer abschmecken und servieren.

Dies ist eines der ersten Gerichte, die ich in der Küche der Brüder Roux zubereitet habe. Wir machten immer so viel davon, dass ich fast den halben Tag damit beschäftigt war, die Kohlköpfe zu zerschneiden. Die Version hier ist das Ergebnis von 25 Jahren ständigem Experimentierens. Sie schmeckt gut mit Ofenkartoffeln oder Entenbraten.

Geschmorter Rotkohl mit Birnen & braunem Zucker

1 kleiner Rotkohl
2 rote Zwiebeln
1 Knoblauchzehe
75 g Butter
50 ml Olivenöl
1 Zimtstange
2 Lorbeerblätter
1 TL Wacholderbeeren
1 Birne (vorzugsweise Comice)
1 Kochapfel (z. B. Boskop)
150 g Rosinen
100 ml Rotweinessig
100 g Zucker
Salz und Pfeffer aus der Mühle

Für 4–6 Personen | Vegetarisch

1 Den Backofen auf 150 °C (Ober-/Unterhitze) bzw. 140 °C (Umluft) vorheizen. Den Kohl von den äußeren Blättern befreien und vierteln. Den Strunk entfernen und die Viertel in möglichst feine Streifen schneiden.

2 Zwiebeln und Knoblauch schälen und in dünne Ringe bzw. Scheiben schneiden. Die Butter in einem ofenfesten Schmortopf mit dem Öl bei mittlerer Hitze zerlassen, Zwiebeln und Knoblauch darin unter häufigem Rühren 6–8 Minuten anschwitzen. Zimt, Lorbeer und Wacholder sowie Salz und Pfeffer dazugeben und 5 Minuten mitdünsten, dabei ab und zu umrühren. Den Rotkohl hinzufügen und kräftig rühren. Birne und Apfel schälen, vom Kerngehäuse befreien, in 4 cm große Stücke schneiden und untermischen. Rosinen, Essig und Zucker dazugeben. Bei starker Hitze weitergaren, bis die Zutaten »schwitzen« und ihr Aroma abgeben.

3 Den Topf schließen und für 2 Stunden in den heißen Ofen stellen, dabei alle 15 Minuten umrühren. Den Rotkohl mit Salz und Pfeffer abschmecken und heiß servieren.

Für diesen Auflauf verwende ich verschiedene Kohlsorten und gebe zu der einen Blauschimmelkäse, zur anderen Cheddar. Den Unterschied können Sie daran erkennen, wie sie bräunen. Doch beide Kombinationen bekommen eine schöne Kruste. Dies ist wohl eines meiner Lieblingsrezepte in diesem Buch.

Blumenkohl-Brokkoli-Auflauf mit Käse

1 Blumenkohl
1 Romanesco
1 Brokkoli
Salz
50 g geriebener Cheddar
50 g geriebener Parmesan
100 g Blauschimmelkäse (vorzugsweise Stilton), zerbröckelt

Für die Käse-Béchamelsauce
50 g Butter
50 g Mehl
450 ml Milch
frisch geriebene Muskatnuss
150 g geriebener Cheddar
50 g geriebener Parmesan
Salz und Pfeffer aus der Mühle

Für 4–6 Personen | Vegetarisch

1 Für die Käse-Béchamelsauce die Butter in einem Topf aufschäumen lassen. Das Mehl darin unter Rühren bei schwacher Hitze 4–5 Minuten anschwitzen, aber keine Farbe annehmen lassen. Nach und nach die Milch dazugießen, dabei mit einem Schneebesen rühren. Die Sauce unter ständigem Schlagen mit dem Schneebesen aufkochen und kochen lassen, bis sie andickt. Sparsam mit Salz und großzügig mit Pfeffer und Muskatnuss würzen, dann Cheddar und Parmesan untermischen. Die Sauce warm halten.

2 Blumenkohl, Romanesco und Brokkoli in Röschen zerteilen und in reichlich kochendem Salzwasser 6–8 Minuten bissfest garen. Den Backofengrill auf mittlerer Stufe vorheizen. Das Gemüse in ein großes Sieb gießen, abtropfen und ausdampfen lassen, damit das Gericht nicht verwässert wird.

3 Den Blumenkohl auf eine Seite einer Auflaufform geben, Romanesco und Brokkoli auf die andere. Die warme Käsesauce gleichmäßig über den Kohl verteilen und mit Cheddar und Parmesan bestreuen. Den Blauschimmelkäse auf die Brokkoli-/Romanesco-Seite streuen. Den Auflauf für 12–15 Minuten unter den Grill schieben, bis die Oberfläche kräftig goldbraun ist. Direkt aus der Form servieren.

Einen Tag vor dem Fototermin für dieses Buch habe ich diesen Salat für meine Kinder gemacht. Sie mochten ihn sehr, und ich habe ihn in das Buch aufgenommen, um zu zeigen, dass gute, einfache Gerichte Kinder dazu bringen, Nachschlag zu verlangen.

Brokkolisalat mit gerösteten Mandeln & Haselnussöl

750 g Brokkoliröschen
200 g gehobelte Mandeln
1 große Fleischtomate
100 ml Haselnuss- oder Olivenöl
50 ml Apfelessig
Salz und Pfeffer aus der Mühle

Für 4–6 Personen | Vegetarisch

1 Die Brokkoliröschen für 3 Minuten in reichlich sprudelnd kochendes Salzwasser geben.

2 Inzwischen eine Pfanne bei mittlerer bis starker Hitze heiß werden lassen. Die gehobelten Mandeln hineingeben und die Pfanne schwenken, bis sie beginnen, Farbe anzunehmen (sie sollten aber nicht zu dunkel werden). Vom Herd nehmen und zum Abkühlen auf einen Teller geben.

3 Den Brokkoli in einem Sieb gut abtropfen lassen. Die Tomate in 2 cm große Stücke schneiden. Den Brokkoli in eine Schüssel füllen, Tomate, Öl und Essig sowie Salz und Pfeffer hinzufügen. Alles vorsichtig mischen, dann den Salat auf einer Servierplatte anrichten und mit den Mandeln bestreuen.

Asiatisch inspirierte Gerichte esse ich häufig. Dieses hier ist meine Version einer chinesischen Gemüsepfanne. Ich liebe Reisessig – mit ihm kann man viele Aromen zur Geltung bringen und er passt großartig zu Brokkoli und Bohnensprossen.

Pfannengerührter Brokkoli mit Sprossen

1 Knoblauchzehe
5 cm frische Ingwerwurzel
75 ml Sesamöl
1 TL Chiliflocken
400 g Mungbohnensprossen
750 g Bokkoliröschen, geviertelt
2 TL Zucker
50 ml Reisessig
50 ml helle Sojasauce

Für 4–6 Personen | Vegetarisch

1 Knoblauch und Ingwer schälen und in feine Stifte schneiden. Das Sesamöl in einer großen Pfanne bei starker Hitze sehr heiß werden lassen. Kurz bevor es zu rauchen beginnt, Ingwer, Knoblauch und Chiliflocken hineingeben und unter Rühren 30 Sekunden braten.

2 Die Sprossen hinzufügen und 30 Sekunden pfannenrühren, dann den Brokkoli dazugeben und alles weitere 2–3 Minuten rühren. Zucker, Essig und Sojasauce untermischen und das Gericht sofort servieren.

Grundtechnik: Essiggemüse

Wie man Gemüse sauer einlegt, sollte in jedem Haushalt bekannt sein. Dieses Wissen ist nützlich, wenn man mit einer Schwemme von frischem Gemüse fertigwerden muss. Lassen Sie sich nicht davon abschrecken, dass es recht lange dauert. Es hat einen gewissen Reiz abzuwarten, wie das Gemüse reift und seinen Geschmack entwickelt. Die Konserven lassen sich auch gut verschenken – als Beweis für Ihre kulinarischen Fähigkeiten. Eigentlich könnte man doch einen Club gründen und einmal im Monat Gemüse einmachen (und tauschen)…

Saurer Kohl mit Kümmel & Senf

1 Weißkohl
60 g grobes Meersalz
1,5 l Malzessig, ersatzweise ein anderer milder Essig
500 ml Branntweinessig, ersatzweise ein anderer Speiseessig
10 weiße Pfefferkörner
1 EL Kümmelsamen
1 EL gelbe Senfsamen
1 Zimtstange

Für 1 Glas (1,5 l Inhalt) | Vegetarisch

1 Den Kohl von den äußeren Blättern befreien und in möglichst feine Streifen schneiden. Ein sehr großes Sieb auf einen Topf setzen. Die Kohlstreifen hineinschichten, dabei jede Schicht mit Salz bestreuen. Mit Frischhaltefolie bedecken und 24 Stunden kühl stellen. Den Kohl abtropfen lassen, dann im Sieb unter fließendem kaltem Wasser abspülen und erneut abtropfen lassen.

2 Die restlichen Zutaten in einen Topf geben und zum Kochen bringen. Vom Herd nehmen und 3 Stunden durchziehen lassen.

3 Das Einmachglas (mit Gummiring und Bügelverschluss) sterilisieren, dafür 5 Minuten in sprudelnd kochendes Wasser geben, dann herausnehmen und trocknen lassen.

4 Den Kohl drei Viertel hoch in das sterilisierte Glas füllen. Überschüssige Flüssigkeit aus dem Glas gießen. Essig und Gewürze hineingeben. Das Gefäß fest verschließen und auf den Kopf stellen, damit der Essig sich gleichmäßig verteilt. Vor dem Anbrechen 2 Wochen an einem kühlen, dunklen Ort lagern. Der Kohl hält sich, ungeöffnet, kühl und dunkel aufbewahrt, bis zu 2 Monate. Das geöffnete Glas im Kühlschrank aufbewahren und den Inhalt innerhalb von 2 Wochen verbrauchen.

Sauer eingelegter Topinambur

500 g Topinambur
600 ml Branntweinessig
Schale von 1 unbehandelten Zitrone, in feine Streifen geschnitten
2 Lorbeerblätter
grobes Meersalz

Für 1 Glas (1,5 l Inhalt) | Vegetarisch

1 Den Topinambur in reichlich kochendem Salzwasser 6–8 Minuten fast garen. Abgießen, auskühlen lassen und kalt stellen.

2 Inzwischen den Essig mit Zitronenschale, Lorbeer und 2 EL Salz aufkochen und 10 Minuten sprudelnd kochen lassen. Durch ein Sieb in einen Krug gießen, Zitronenschale und Lorbeer entsorgen. Auskühlen lassen und kalt stellen.

3 Das Einmachglas (mit Gummiring und Bügelverschluss) sterilisieren (s. S. 180, Schritt 3). Füllen und aufbewahren, wie in Schritt 4 beschrieben.

Blumenkohlchutney auf Piccalilli-Art

250 g Salz
250 g grüne Bohnen, in 2 cm lange Stücke geschnitten
200 g Zucchini, geschält, entkernt und in 2 cm große Stücke geschnitten
1 kleine Salatgurke, geputzt, entkernt und in 2 cm große Stücke geschnitten
1 Blumenkohl, in kleine Röschen zerteilt
200 g Perlzwiebeln, geschält
750 ml Apfelessig
150 g Zucker
1 Knoblauchzehe, geschält
6 cm frische Ingwerwurzel, geschält und fein gewürfelt
je ½ TL chinesisches Fünf-Gewürze-Pulver, frisch geriebene Muskatnuss, gemahlene Kurkuma, Englisches Senfpulver, Paprikapulver
2–3 EL Mehl

Für 1 Glas (1,5 l Inhalt) | Vegetarisch

1 In einem großen Topf 2,5 l Wasser aufkochen. Das Salz einrühren. Das Wasser auf zwei große Schüsseln verteilen. Bohnen, Zucchini und Gurke in eine Schüssel geben, Blumenkohl und Perlzwiebeln in die andere. Das Gemüse mit einem Topfdeckel oder einem kleinen Teller unter Wasser drücken. Die Schüsseln mit Frischhaltefolie bedecken und 24 Stunden an einen kühlen Ort stellen. Den Inhalt jeder Schüssel in je ein Sieb gießen, kalt abspülen, abtropfen lassen und wieder in das gesäuberte und abgetrocknete Gefäß geben.

2 Den Essig mit dem Zucker in einem Topf erhitzen. Den Knoblauch mit einer Messerklinge zerdrücken, dann mit dem Ingwer in den heißen Essig geben. Aufkochen lassen. Blumenkohl und Perlzwiebeln, Fünf-Gewürze-Pulver und Muskat hinzufügen und alles 4–5 Minuten kochen lassen. Das restliche Gemüse dazugeben und weitere 5 Minuten kochen lassen – es soll bissfest bleiben. Das Gemüse mit einem Schaumlöffel aus dem Sud in eine Schüssel heben; den Essigsud aufbewahren.

3 Für die Picalilli-Sauce Kurkuma, Senf- und Paprikapulver in einer kleinen Schüssel mischen. Mehl und etwas von dem warmen Essigsud dazugeben und glattrühren, dann die Paste in den restlichen warmen Essig geben. Die Sauce bei schwacher Hitze unter Rühren etwa 15 Minuten köcheln lassen, bis sie angedickt und der Mehlgeschmack verschwunden ist. Abkühlen lassen.

4 Das Einmachglas (mit Gummiring und Bügelverschluss) sterilisieren (s. S. 180, Schritt 3), dann füllen und lagern, wie in Schritt 4 beschrieben (es muss kein Wasser abgegossen werden).

Sauer eingelegte Bärlauchzwiebeln

200 g Bärlauchzwiebeln
125 ml Apfelessig
1 TL Kümmelsamen
1 TL gelbe Senfsamen
1 Zimtstange
3 EL Zucker

Für 1 Glas (1,5 l Inhalt) | Vegetarisch

1 Die Zwiebeln putzen, dann gründlich waschen und abtropfen lassen. Den Essig in einem Topf aufkochen. Kümmel, Senf, Zimt und Zucker hineingeben und 5 Minuten kochen lassen.

2 Das Glas (mit Gummiring und Bügelverschluss) sterilisieren (s. S. 180, Schritt 3), dann füllen und lagern, wie in Schritt 4 beschrieben.

Saure junge Gurken

30 kleine junge Gurken
2 große grüne Chilischoten, grob gehackt
Zehen von 1 Knoblauchknolle, geschält und zerdrückt
6 Lorbeerblätter
25 g Pimentbeeren
1 TL schwarze Pfefferkörner
150 ml Branntweinessig
2½ EL grobes Meersalz

Für 1 Glas (1,5 l Inhalt) | Vegetarisch

1 Das Glas (mit Gummiring und Bügelverschluss) sterilisieren (s. S. 180, Schritt 3). Ein Drittel der Gurken hineinfüllen. Die Hälfte der gehackten Chilischoten, ein Drittel des Knoblauchs und 2 Lorbeerblätter dazugeben. Auf diese Weise noch zwei Schichten hinzufügen, für die letzte Schicht aber Piment statt Chili verwenden.

2 Die Pfefferkörner mit 1,5 l warmem Wasser in eine Schüssel geben. Den Essig hinzufügen. Das Salz in der Flüssigkeit auflösen. Die Mischung in das Glas gießen und auskühlen lassen. Das Glas fest verschließen und an einen sonnigen Platz stellen. In 1 Woche färben sich die Gurken knallgrün. Ungeöffnet halten sie sich an einem kühlen, dunklen Ort bis zu 2 Monate. Das geöffnete Glas im Kühlschrank aufbewahren und den Inhalt innerhalb von 2 Wochen verbrauchen.

Saure Radieschen

500 g Radieschen
4 Knoblauchzehen, geschält
600 ml Branntweinessig
2 Lorbeerblätter
grobes Meersalz

Für 1 Glas (1 l Inhalt) | Vegetarisch

1 Die Radieschen mit dem Knoblauch in reichlich kochendem Salzwasser 5 Minuten fast garen. Abgießen, auskühlen lassen und kalt stellen.

2 Inzwischen den Essig mit den Lorbeerblättern und 2 EL grobem Meersalz in einem Topf aufkochen und 10 Minuten sprudelnd kochen lassen. Durch ein Sieb in einen Krug gießen, abkühlen lassen und kalt stellen.

3 Das Einmachglas (mit Gummiring und Bügelverschluss) sterilisieren (s. S. 180, Schritt 3), dann füllen und lagern, wie in Schritt 4 beschrieben (es muss kein Wasser abgegossen werden).

Gourmet-Rote-Bete

8 Rote Beten
1 Rezept Haus-Dressing (s. S. 297)
2–3 Gewürznelken
1 TL Selleriesamen
1 Knoblauchzehe, angedrückt
2 Lorbeerblätter
1 kleine getrocknete Chilischote
Salz und Pfeffer aus der Mühle

Für 4–6 Personen | Vegetarisch

1 Den Backofen auf 180 °C (Ober-/Unterhitze) bzw. 160 °C (Umluft) vorheizen. Die Roten Beten auf ein Backblech legen und etwa 1 Stunde rösten, bis sie gar, aber nicht weich sind. Abkühlen lassen.

2 Von den Roten Beten die Schalen abziehen, die Enden abschneiden. Die Beten quer in dünne Scheiben schneiden, in eine Schüssel füllen, mit einem Teller beschweren und auskühlen lassen.

3 Den Saft, der sich in der Schüssel gesammelt hat, in ein zweites Gefäß geben, die Rote-Bete-Scheiben kalt stellen. Das Dressing mit Nelken, Selleriesamen, Knoblauch, Lorbeer und Chili unter den Saft rühren. Salzen und pfeffern, dann mit Frischhaltefolie bedecken und an einem kühlen Ort über Nacht durchziehen lassen. Zum Servieren das gekühlte Dressing durch ein feines Sieb über die gekühlten Rote-Bete-Scheiben gießen.

Als ich klein war, nahm meine Mutter mich mit in ein Restaurant und bestellte dieses Gericht. Ich traute meinen Augen kaum, als dieses riesige Gemüse, das nicht von dieser Welt zu sein schien, serviert wurde, und sah ihr gebannt beim Essen zu. Heute geht es meinen Kindern mit mir genauso. Mit jedem Blatt, das man beim Essen von der Artischocke abzupft, kommt man ihrem köstlichen fleischigen Boden ein Stück näher. Fingerschalen nicht vergessen …

Artischocken mit Zitronenbutter

4 große Artischocken
200 g Butter
Saft von 1 Zitrone
4 EL feine Schnittlauchröllchen
»Zitronenbäckchen« zum Servieren (s. S. 44)
Salz und Pfeffer aus der Mühle

Für 4 Personen | Vegetarisch

1 Mit einem kleinen scharfen Messer von den Artischocken unten die Stiele und oben 5 cm von den Blättern abschneiden. Die Artischocken in reichlich sprudelnd kochendem Wasser je nach Größe 12–15 Minuten garen. Um herauszufinden, ob sie gar sind, unten, wo der Stiel war, eine Messerspitze hineinstechen – es darf noch etwas Widerstand zu spüren sein, der Artischockenboden sollte aber nicht mehr hart sein.

2 Wenn die Artischocken fast gar sind, eine hitzebeständige Schüssel auf den Topf geben und die Butter darin zerlassen. Mit einem Schneebesen den Zitronensaft darunterschlagen und die Zitronenbutter mit Salz und Pfeffer abschmecken. Die Schüssel vom Topf nehmen und die Schnittlauchröllchen unter die Butter rühren.

3 Die Artischocken abgießen und aufrecht auf Portionsteller setzen. Etwas Zitronenbutter darüberlöffeln, den Rest auf vier Schälchen verteilen und diese sowie einige »Zitronenbäckchen« zu den Artischocken servieren. Ein Blatt nach dem anderen abziehen, das fleischige Blattende in die Zitronenbutter tunken und mit den Zähnen abziehen.

Dies ist ein Gericht, das man richtig gern zubereitet. Es gibt einem das Gefühl, wirklich etwas geschafft zu haben, und schmeckt außerdem fantastisch. Solche Artischocken gibt es in keinem Feinkostgeschäft, deshalb werden Ihre Gäste sie einfach umwerfend finden.

In Wein geschmorte Artischocken mit Kräuterfüllung

1 Bund glatte Petersilie
½ Zitrone
12 kleine Artischocken
2 EL fein gehackte Minze
2 EL fein gehacktes Basilikum
3 Knoblauchzehen, fein gehackt
150 ml Olivenöl
200 ml halbtrockener Weißwein
Salz und Pfeffer aus der Mühle

Für 4–6 Personen | Vegetarisch

1 Die Petersilienblätter von den Stängeln zupfen, die Stängel mit der Zitronenhälfte in einen Topf mit kaltem Wasser geben. Die Artischockenstiele mit einem kleinen scharfen Messer auf 4 cm Länge zurückstutzen. Die harten Außenblätter abziehen und nur die zarten, hellen mittleren Blätter belassen. Die Blattspitzen abschneiden und das Heu entfernen (in kleinen Artischocken ist nicht viel davon drin, es sollte aber ein Hohlraum für die Füllung entstehen). Die vorbereiteten Artischocken in die Schüssel mit dem Zitronen-Petersilienstängel-Wasser legen.

2 Für die Füllung die Petersilienblätter mit den anderen Kräutern und dem Knoblauch mischen. Die Mischung mit Salz und Pfeffer würzen. Die Artischocken abtropfen lassen und die Füllung fest in die Hohlräume drücken.

3 Das Olivenöl in einen Topf mit schwerem Boden geben, in den die Artischocken eng nebeneinander hineinpassen. Die Blütenköpfe mit den Stielen nach oben in den Topf setzen. Den Wein angießen und so viel Wasser hinzufügen, dass die Artischocken ein Drittel hoch in Flüssigkeit stehen. Aufkochen, dann die Hitze reduzieren. Das Gemüse mit Backpapier bedecken und mit dem Deckel verschließen. Das Ganze bei schwacher Hitze schmoren, bis die Flüssigkeit eingekocht ist und die Artischocken beginnen, zu bräunen. Heiß servieren.

In der Galley einer Jacht, die um Manhattan Island herumsegelte, habe ich dieses fabelhafte Gericht einmal für 100 Leute gekocht. Das war wohl eine der schwierigsten Küchen, in denen ich jemals gearbeitet habe, aber die Erinnerung an das Servieren und an die Reaktionen der Gäste hat alles wieder wettgemacht.

Artischocken mit Spinat, verlorenem Ei & Räucherlachs

4 Artischocken, vorbereitet, wie auf S. 184 in Schritt 1 beschrieben
25 g Butter
50 ml Olivenöl
800 g Blattspinat, von den Stielen befreit
50 ml Weißweinessig
4 große Freilandeier (Raumtemperatur)
4 Scheiben Räucherlachs
Fleur de Sel
Salz und Pfeffer aus der Mühle

Für 4 Personen

1 Die Artischocken in reichlich kochendem Salzwasser je nach Größe 13–15 Minuten garen, bis sie weich sind (beim Hineinstechen mit einer Messerspitze sollte nur noch ein geringer Widerstand zu spüren sein).

2 Die Butter mit dem Olivenöl in einem großen Topf bei starker Hitze zerlassen. Den Spinat darin unter häufigem Rühren in etwa 5 Minuten zusammenfallen lassen. Salzen, pfeffern und warm halten.

3 Den Essig in einen Topf mit kochendem Salzwasser geben. 1 Ei in eine Tasse aufschlagen, in das Wasser gleiten und stocken lassen (Salz und Essig unterstützen das Stocken des Eiweißes). Nach 3–5 Minuten das pochierte Ei mit einem Schaumlöffel aus dem Topf heben (nach 3 Minuten ist das Eigelb noch flüssig, nach 5 Minuten ziemlich fest). Das Ei warm halten und die restlichen Eier ebenso pochieren.

4 Die Artischocken auf Portionsteller setzen und jede mit einem Viertel des Spinats füllen. Darauf je 1 verlorenes Ei geben und mit 1 Scheibe Räucherlachs belegen. Großzügig mit Pfeffer würzen und mit Fleur de Sel bestreuen.

Es gab einmal ein Jahr, da musste ich so viele Artischocken zubereiten, dass ich meinen Namen fast in »Arthischocke« hätte ändern lassen. Verwenden Sie für dieses Gericht junge Artischocken mit violetten Spitzen. Die finden Sie jetzt immer häufiger – die besten gibt es auf dem Wochenmarkt.

Marinierte Artischocken mit Zitrone & Majoran

12 kleine violette Artischocken mit Stielen
abgeriebene Schale und Saft von
1 unbehandelten Zitrone, Scheiben
von ¼ unbehandelten Zitrone
75 ml hochwertiges Olivenöl
1 Stängel Majoran, gehackt
Salz und Pfeffer aus der Mühle

Für 4–6 Personen | Vegetarisch

1 In einem großen Topf reichlich Wasser aufkochen. Die Artischocken hineingeben und mit einem hitzebeständigen Teller oder Topfdeckel belegen, damit sie unter der Wasseroberfläche bleiben. Die Artischocken etwa 12 Minuten garen, dann eine herausnehmen und am Stielansatz mit einem kleinen scharfen Messer hineinstechen. Es sollte kein Widerstand mehr zu spüren sein. Falls doch, die Artischocken noch etwas länger garen.

2 Die fertig gegarten Artischocken abgießen und unter fließendem kaltem Wasser abschrecken. 1 Minute in kaltem Wasser liegen lassen, dann von jedem Blütenkopf die Außenblätter abzupfen, bis das süßliche Fruchtfleisch im Inneren erreicht ist. Anschließend die Artischocken auf ein Schneidebrett legen und die Stiele schälen. Die Blattspitzen um 6 cm kürzen und das Heu aus den Böden mit einem Teelöffel entfernen (bei sehr jungen Exemplaren ist vermutlich kein Heu vorhanden). Die Blütenköpfe halbieren.

3 Die vorbereiteten Artischocken mit den Zitronenscheiben in eine Schüssel geben. Zitronenschale und -saft, Olivenöl und Majoran sowie Salz und Pfeffer hinzufügen. Die Artischocken noch warm servieren.

Hier verbindet das Dressing die Aromen der süßen Artischocken, des bitteren Radicchio und der knusprigen Croûtons. Herrlich!

Artischockensalat mit Feldsalat, Croûtons & Radicchio

12 kleine Artischocken mit Stielen
Eiswürfel
abgelöste Blätter von 1 Radicchio
500 g Feldsalat
4 Scheiben Brot
50 ml Olivenöl
200 ml Haus-Dressing (s. S. 297)
Salz und Pfeffer aus der Mühle

Für 4–6 Personen | Vegetarisch

1 Die Artischocken vorbereiten und garen, wie auf S. 190 in den Schritten 1 und 2 beschrieben. Die halbierten Artischocken in eine Schüssel füllen.

2 Den Backofen auf 190 °C (Ober-/Unterhitze) bzw. 170 °C (Umluft) vorheizen. Eine große Schüssel mit Wasser füllen und einige Eiswürfel hineingeben. Den Radicchio in mundgerechte Stücke schneiden und diese mit dem Feldsalat in das Eiswasser geben.

3 Die Brotscheiben grob in 2–3 cm große Stücke schneiden. Auf einem Backblech verteilen und mit dem Olivenöl beträufeln. Im heißen Ofen 6–8 Minuten rösten, bis sie goldbraun sind, dabei ein-, zweimal wenden, damit sie rundherum bräunen. Abkühlen lassen.

4 Den Salat abtropfen lassen und zu den Artischocken geben. Abgekühlte Croûtons und Dressing hinzufügen und alles vorsichtig mischen. Den Salat mit Salz und Pfeffer abschmecken und servieren.

Diese knusprigen, auf römische Art zubereiteten Artischocken sind eine tolle Vorspeise. Sie bieten Spaß, Genuss und Gesprächsstoff.

Artischocken auf römische Art mit frittierten Lauchstreifen

12 kleine Artischocken
3 l Sonnenblumenöl zum Frittieren
weiße Teile von 3 Stangen Lauch
grobes Meersalz
2 Zitronen, in Spalten geschnitten
Salz und Pfeffer aus der Mühle

Für 2–4 Personen | Vegetarisch

1 Mit einem kleinen scharfen Messer die Stiele so zurückschneiden, dass die Artischocken nur noch etwa 5 cm hoch sind. Die äußeren Blätter etwas lösen, dann jeden Blütenkopf mit den Fingern aufdrücken. Die Artischocken auf den Kopf stellen und nach unten drücken – dabei sollen sie sich öffnen und flacher werden. Innen mit Salz und Pfeffer würzen.

2 Das Öl in einem hohen Topf mit schwerem Boden auf 180 °C erhitzen – ein Brotwürfel bräunt darin in 30 Sekunden. Die Artischocken darin jeweils 3–4 Minuten frittieren, dann mit einem Schaumlöffel herausheben und auf Küchenpapier abtropfen lassen. Fertige Artischocken warm halten, während die restlichen frittiert werden.

3 Inzwischen den Lauch längs halbieren. Unter fließendem kaltem Wasser gründlich waschen, dann gut abtropfen lassen und in sehr dünne Streifen schneiden. Diese mit Küchenpapier trocken tupfen, dann im heißen Öl in 1–2 Minuten goldbraun frittieren.

4 Die Artischocken und den frittierten Lauch mit etwas grobem Meersalz bestreuen und dann heiß mit den Zitronenspalten servieren.

Avocados
Gurken
Paprika
Tomaten
Mais
Auberginen
Zucchini
Kürbis
Pilze

Fruchtgemüse & Pilze

Superfrisch und richtig cremig – dieser Salat ist eine tolle Vorspeise. Und eigentlich ist er mit gebuttertem Knäckebrot sogar ein nettes Mittagessen.

Avocadosalat mit Rucola & Erbsensprossen

3 reife Avocados
2 Bund Rucola
150 g Erbsensprossen
1 Zitrone zum Ausdrücken
2 EL Balsamico-Essig
75 ml Olivenöl
Salz und Pfeffer aus der Mühle

Für 4–6 Personen | Vegetarisch

1   Die Avocados halbieren und die Kerne entfernen. Die Avocadohälften nochmals teilen – nun lässt sich die Schale leicht abziehen. Das Fruchtfleisch in mundgerechte Stücke schneiden.

2   Ein Viertel der Avocadostücke in eine Schüssel füllen. Je 1 Handvoll Rucola und Erbsensprossen dazugeben, etwas Zitronensaft darüber ausdrücken sowie etwas Balsamico-Essig und ein wenig Olivenöl darüberträufeln. Alles behutsam mit den Fingerspitzen mischen und mit den restlichen Zutaten in derselben Reihenfolge ebenso verfahren. Zum Schluss Salz und Pfeffer hinzufügen. Sofort servieren.

Ich mag Halloumi gegrillt am liebsten, aber man kann ihn auch braten. Mir gefällt seine Konsistenz – und dass er so komisch quietscht.

Avocado mit gegrilltem Halloumi & Minze

200 g Halloumi, abgetropft
3 reife Avocados
1 Bund Minze, gehackt
2 EL Balsamico-Essig
75 ml Olivenöl
Salz und Pfeffer aus der Mühle

Für 4–6 Personen | Vegetarisch

1 Den Backofengrill auf höchster Stufe vorheizen. Den Halloumi in 1 cm dicke Scheiben schneiden. Die Scheiben auf einen Grillrost legen und im heißen Ofen etwa 5 Minuten grillen, bis sie oben dunkelbraun sind (je dunkler die Farbe, desto mehr Biss bekommt der Käse beim Abkühlen). Die Käsescheiben wenden und auch die andere Seite etwa 5 Minuten dunkelbraun grillen. Herausnehmen und abkühlen lassen.

2 Die Avocados schälen, entkernen und in mundgerechte Stücke schneiden. Einige davon auf einer Servierplatte anrichten. Die Halloumischeiben in Häppchen zupfen und hinzufügen. Mit etwas Minze, Salz und Pfeffer bestreuen, dann mit Essig und Olivenöl beträufeln. Avocados, Käse und Würzzutaten so weiterschichten, bis alles aufgebraucht ist. Durch das Schichten enthält jeder Bissen alle Aromen.

Ja, man kann aus Avocados Suppe machen, und das funktioniert großartig. Ich serviere sie heiß, aber sie schmeckt auch kalt sehr gut, genauso wie die Gurkensuppe. Schälen Sie die Gurke nicht – die Schale verleiht der zweiten Suppe die schöne kräftig grüne Farbe.

Avocadosuppe mit Crème fraîche

1 große Zwiebel
1 Staudensellerieherz
2 Knoblauchzehen
50 g Butter
60 g Langkornreis
1 l heiße Gemüsebrühe (s. S. 297)
100 g Crème fraîche, mehr zum Servieren
3 reife Avocados
etwas Zitronensaft
Salz und Pfeffer aus der Mühle

Für 4–6 Personen | Vegetarisch

1 Die Zwiebel schälen und würfeln. Den Sellerie in 2 cm große Stücke schneiden. Den Knoblauch schälen und andrücken. Die Butter in einem Topf bei mittlerer Hitze zerlassen. Die Zwiebelwürfel darin unter gelegentlichem Rühren 3 Minuten anschwitzen. Sellerie und Knoblauch hinzufügen und mit Salz und Pfeffer würzen. Alles 15 Minuten garen, bis das Gemüse etwas Farbe angenommen hat, dabei ab und zu umrühren.

2 Den Reis zum Gemüse geben und 5 Minuten mitdünsten. Die heiße Brühe angießen, aufkochen und alles 25 Minuten köcheln lassen. Die Crème fraîche unterrühren und erwärmen, die Suppe aber nicht mehr kochen lassen. Die Avocados schälen, entkernen und in Stücke schneiden.

3 Die Suppe im Mixer portionsweise glatt pürieren, dabei die Avocadostücke untermixen. In einen sauberen Topf füllen und abschmecken. Die Suppe mit etwas Zitronensaft abschmecken und erwärmen. Heiß in Schalen oder tiefe Teller schöpfen und in die Mitte je 1 Klecks Crème fraîche setzen. Sofort servieren.

Gurkensuppe

1 große Zwiebel
8 Stangen Staudensellerie
2 Stangen Lauch
2 Knoblauchzehen
1 große Kartoffel
75 ml Olivenöl
1 l heiße Gemüsebrühe (s. S. 297)
2 Salatgurken
150 g Sahne
1 Zitrone zum Ausdrücken
Salz und Pfeffer aus der Mühle

Für 4–6 Personen | Vegetarisch

1 Die Zwiebel schälen und mit Sellerie und Lauch in 2 cm große Stücke schneiden. Den Knoblauch schälen und andrücken. Die Kartoffel schälen und würfeln. Das Öl in einem Topf bei mittlerer Hitze heiß werden lassen. Die Zwiebel darin unter gelegentlichem Rühren 3 Minuten anschwitzen. Sellerie, Lauch und Knoblauch mit Salz und Pfeffer hinzufügen. Alles 15 Minuten garen, bis das Gemüse etwas Farbe angenommen hat, dabei ab und zu umrühren. Die Kartoffel unter häufigem Rühren 5 Minuten mitbraten. Die heiße Brühe angießen und 20 Minuten köcheln lassen. Inzwischen aus der Mitte einer Gurke sechs dünne Scheiben schneiden und für die Garnitur beiseitelegen. Von den Gurken die Enden abschneiden und die Gurken in 3–4 cm große Stücke schneiden.

2 Die Gurken in den Topf geben. Die Suppe aufkochen und etwa 5 Minuten köcheln lassen. Wenn die Kartoffelstücke weich sind, den Topf vom Herd nehmen und die Sahne unterrühren. Die Suppe portionsweise im Mixer glatt pürieren, dann abschmecken und 1 Spritzer Zitronensaft untermischen (Zitrone unterstreicht das Gurkenaroma). Die Suppe heiß oder kalt, mit Gurkenscheiben garniert, servieren.

Fischsauce scheint hier als Zutat fehl am Platz zu sein, aber gerade ihretwegen ist das Gericht einfach himmlisch. Die Minze sorgt in diesem Salat für Frische, die Chili für Feuer. Möglicherweise haben Sie diese Zutaten noch nie so kombiniert, aber ich bin ziemlich sicher, dass dieser Salat bald ein Standard in Ihrem kulinarischen Repertoire sein wird.

Gurken-Wassermelonen-Salat mit Mango

400 g Salatgurke
400 g Wassermelone
400 g Mango
1 frische rote Chilischote
1 frische grüne Chilischote
3 EL grob gehackte Minze
3 TL Thai-Fischsauce
3 TL Mirin (Reiswein)
75 ml Olivenöl
Minzeblätter zum Garnieren
Salz und Pfeffer aus der Mühle

Für 4–6 Personen

1 Die Gurke schälen und längs halbieren, die Kerne herausschaben. Die Wassermelone schälen, mit der Gurke in mundgerechte Stücke schneiden und in eine große Schüssel geben.

2 Die Mango schälen und das Fruchtfleisch vom Stein schneiden. Die Mango in kleine Stücke schneiden und zu Gurke und Melone geben.

3 Die Chilischoten entkernen und in dünne Ringe schneiden. Erst Minze und Chili, dann Fischsauce und Mirin zum Salat geben. Das Olivenöl darüberträufeln und alles mit etwas Salz und Pfeffer würzen. Den Salat gut mischen, dann in Schalen oder auf Tellern anrichten, mit den Minzeblättern garnieren und servieren.

Dies ist so etwas wie eine Hommage an die 1980er-Jahre, als Gurkenfächer so ziemlich alles verzierten. Mir gefällt der farbliche Kontrast, und wenn Sie erst einmal angefangen haben, die Fächer zu basteln, dann könnte es sein, dass Sie nie wieder damit aufhören …

Gekühlte Paprikasuppe mit Gurkenfächern

1 große Zwiebel
2 kg rote Paprikaschoten
8 Stangen Staudensellerie
1 frische rote Chilischote
2 Knoblauchzehen
30 g Butter
75 ml Olivenöl
60 g Langkornreis
1 l heiße Gemüsebrühe (s. S. 297)
200 ml Milch
1 Zitrone zum Ausdrücken
1 Salatgurke
Salz und Pfeffer aus der Mühle

Für 4–6 Personen | Vegetarisch

1 Die Zwiebel schälen und mit Paprikaschoten und Selleriestangen in 2 cm große Stücke schneiden. Die Chilischote entkernen und fein hacken. Den Knoblauch schälen und andrücken. Die Butter mit dem Olivenöl in einem Topf bei mittlerer Hitze zerlassen. Die Zwiebelwürfel darin unter gelegentlichem Rühren 3 Minuten anschwitzen. Paprika, Sellerie, Chili und Knoblauch mit Salz und Pfeffer hinzufügen und 15 Minuten mitgaren, dabei ab und zu umrühren. Den Reis dazugeben und unter Rühren 5 Minuten mitgaren. Die heiße Brühe angießen und 20 Minuten köcheln lassen. Die Suppe vom Herd nehmen. Die Milch unterrühren und nach Geschmack etwas Zitronensaft in die Suppe geben.

2 Die Suppe portionsweise im Mixer glatt pürieren – oder nach Belieben etwas stückig lassen. In eine Schüssel füllen und abkühlen lassen, dann mindestens 2 Stunden in den Kühlschrank stellen.

3 Für die Gurkenfächer die Gurke von den Enden befreien und in 6 cm breite Stücke schneiden. Jedes Stück längs sechsteln und die Kerne wegschneiden. Besonders schön werden die Fächer, wenn man die Gurkensechstel am oberen Ende noch rund schneidet. Jedes Stück mit der Schale nach oben auf ein Schneidebrett legen und längs dicht an dicht einschneiden, dabei das untere Ende ganz lassen. Die Scheiben mit dem Daumen auffächern. Die gekühlte Suppe auf tiefe Teller oder Schalen verteilen, mit den Gurkenfächern garnieren und servieren.

Ganz ehrlich: Die Aromen dieses Gerichts sind ebenso betörend wie die Farben. Sie können es heiß, bei Raumtemperatur oder gekühlt essen – es ist immer gleich köstlich. Das gilt übrigens auch für die Variante mit Ochsenherztomaten.

Gefüllte Paprika mit Thymian, Knoblauch & Sardellen

6 rote Paprikaschoten
600 g Tomaten in unterschiedlichen Farben
3 Knoblauchzehen
Blätter von 1 Bund Thymian
12 Sardellenfilets
100 ml Olivenöl
½ Handvoll Basilikumblättchen
Salz und Pfeffer aus der Mühle

Für 4–6 Personen

1 Den Backofen auf 180 °C (Ober-/Unterhitze) bzw. 160 °C (Umluft) vorheizen. Die Paprikaschoten halbieren, dabei jeweils durch den Stiel schneiden. Samen und Trennwände entfernen und die Paprikahälften mit den Öffnungen nach oben auf ein Backblech legen.

2 Die Tomaten in mundgerechte Stücke schneiden und in eine Schüssel füllen. Den Knoblauch schälen und hacken. Den Großteil des Thymians sowie Knoblauch, Salz und Pfeffer dazugeben und alles gut mischen. Die Paprikahälften mit der Mischung füllen und jeweils 1 Sardellenfilet darauflegen. Die gefüllten Paprikahälften mit dem Olivenöl beträufeln und im heißen Ofen 25–30 Minuten garen. Herausnehmen, mit dem restlichen Thymian und dem Basilikum bestreuen und servieren.

Gefüllte Ochsenherztomaten

6 große Ochsenherztomaten (oder andere große Tomaten) und 6 rote Paprikaschoten quer halbieren und die Hälften entkernen. Die Paprikaschoten in kleine Stücke schneiden und, wie oben beschrieben, in einer Schüssel mit Thymian, Knoblauch, Salz und Pfeffer mischen. Die Sardellenfilets klein schneiden, unterheben und 6 Tomatenhälften mit der Mischung füllen. Dann die restlichen Hälften daraufsetzen und mit dem Olivenöl beträufeln. Wie oben beschrieben garen und vor dem Servieren mit Thymian und Basilikum bestreuen.

Im Fall einer Paprikaschwemme ist dies eine tolle Methode, das Gemüse zu konservieren. Das Ergebnis ist aber so lecker, dass vermutlich alles aufgegessen ist, bevor man das Glas ins Regal stellen kann.

Marinierte Babypaprika mit Senfsamen & Lorbeer

24 rote, orange und gelbe Babypaprikaschoten
12 Lorbeerblätter
3 EL gelbe Senfsamen
750 ml Olivenöl

Für 1 Glas (500 ml Inhalt) | Vegetarisch

1 Das Einmachglas (mit Gummiring und Bügelverschluss) sterilisieren (s. S. 180, Schritt 3).

2 In einem weiteren großen Topf reichlich Wasser aufkochen. Die Paprikaschoten für 3 Minuten hineingeben, dann abgießen und rasch mit Küchenpapier trocken tupfen. Abwechselnd mit Lorbeer und Senf in das Glas schichten. Mit dem Olivenöl bedecken und das Glas fest verschließen.

3 Die marinierten Babypaprika für 2 Wochen an einen kühlen, dunklen Ort stellen (nicht in den Kühlschrank, sonst wird das Öl trüb) und dann probieren. Ungeöffnet halten sie sich, kühl und dunkel gelagert, bis zu 2 Monate. Das angebrochene Glas im Kühlschrank aufbewahren und den Inhalt innerhalb von 2 Wochen verbrauchen.

Was für eine kreative Art, einen Salat zusammenzustellen! Ein Ei durch ein Sieb zu drücken, scheint vielleicht etwas ungewöhnlich, aber es macht das fertige Gericht so hübsch und rundet das wundervolle Aroma ab. Erzählen Sie Ihren Gästen nicht, wie Sie diesen Salat gemacht haben – vielleicht kommen sie ja selbst darauf.

Paprikasalat mit passiertem Ei & Sardellen

6 große rote Paprikaschoten
6 EL Olivenöl
3 Freilandeier
12 Sardellenfilets
3 EL fein gehackte glatte Petersilie
Salz und Pfeffer aus der Mühle

Für 4–6 Personen

1 Den Backofen auf 220 °C (Ober-/Unterhitze) bzw. 200 °C (Umluft) vorheizen. Die Paprikaschoten mit 2 EL Olivenöl einreiben, dann auf ein Backblech legen und 20–25 Minuten rösten, bis ihre Haut gleichmäßig schwarz ist, dabei ein-, zweimal wenden. Inzwischen die Eier hart kochen.

2 Die Paprikaschoten in eine große Schüssel geben und diese mit Frischhaltefolie bedecken, damit weder Hitze noch Dampf entweichen können. Die Schoten abkühlen lassen. Inzwischen die Eier pellen, halbieren und die Eigelbe aus den Eiweißen lösen.

3 Die Paprikaschoten häuten und vierteln. Stiele, Samen und Trennwände entsorgen. Das Fruchtfleisch flach auf einer Servierplatte ausbreiten und mit den Sardellenfilets belegen.

4 Ein Sieb über die Servierplatte halten und die gekochten Eiweiße so hindurchdrücken, dass sie auf die Paprikaschoten rieseln und fast wie Schnee aussehen. Anschließend die Eigelbe über dem Salat durch das Sieb drücken. Den Salat salzen und pfeffern, mit der Petersilie bestreuen, mit dem restlichen Olivenöl beträufeln und servieren.

Grundtechnik: Tomatensauce

Tomatensauce ist so vielseitig – und so leicht zu kochen –, dass Sie diese Methode hier wieder und wieder anwenden werden. Nicht vergessen: Je länger die Kochzeit, desto süßer die Sauce. Deshalb koche ich sie so lange wie möglich, ohne dass sie im Topf zu trocken wird. Glatter wird die Sacue, wenn Sie die Tomaten erst blanchieren und danach häuten.

Penne all'arrabiata mit Pecorino

650 g Penne
Salz
geriebener Pecorino zum Servieren

Für die Arrabiata-Sauce
100 ml Olivenöl
4 Knoblauchzehen
1 kg weiche reife Tomaten
1 kg Kirschtomaten
1–2 frische rote Chilischoten
1 großes Bund Basilikum
2 TL Chiliflocken
Salz und Pfeffer aus der Mühle

Für 6 Personen | Vegetarisch

1 Für die Arrabiata-Sauce 50 ml Olivenöl in eine hohe Pfanne gießen – der Pfannenboden sollte bedeckt sein – und bei mittlerer Hitze heiß werden lassen. Den Knoblauch schälen und in sehr dünne Scheiben schneiden. Im heißen Öl in 1–2 Minuten goldgelb, aber nicht dunkel werden lassen, dabei vorsichtig rühren.

2 Die großen Tomaten in 4 cm große Stücke schneiden. In die Pfanne geben und unter häufigem Rühren 10 Minuten garen. Inzwischen die Kirschtomaten klein schneiden, die Chilischoten entkernen und sehr fein hacken. Die Kirschtomaten in den Topf geben und unter häufigem Rühren 10 Minuten mitgaren. Inzwischen von der Hälfte der Basilikumstängel die Blätter abzupfen, fein hacken und mit Chilis und Chiliflocken in den Topf geben. Die Tomaten bei starker Hitze zu einer Sauce zerdrücken. Die Sauce aufkochen, dann mit 2 TL Salz sowie mit Pfeffer nach Geschmack würzen und bei sehr schwacher Hitze 30 Minuten köcheln lassen – oder 40 Minuten, wenn ihr Aroma noch süßer und intensiver werden soll. Dabei ab und zu umrühren.

3 Vom restlichen Basilikum 6 Blätter beiseitelegen, die anderen Blätter fein hacken und mit dem übrigen Olivenöl zur Sauce geben. Die Sauce noch 5 Minuten köcheln lassen, dann abschmecken.

4 Während die Sauce zu Ende kocht, die Penne in reichlich sprudelnd kochendem Salzwasser 10–12 Minuten oder nach Packungsangabe bissfest garen. Die Pasta abgießen, dabei 3 EL Kochwasser auffangen. Die Nudeln in einer Schüssel mit dem Kochwasser unter die Hälfte der Sauce mischen. Die restliche Sauce daraufgeben. Das Gericht mit dem Pecorino bestreuen, mit den Basilikumblättern garnieren und servieren.

Klassische Tomatensauce

2 kg weiche reife Tomaten
100 ml Olivenöl
4 Knoblauchzehen, in sehr dünne Scheiben geschnitten
1 TL Chiliflocken
Salz und Pfeffer aus der Mühle

Für 6 Personen | Vegetarisch

1   Die Tomaten für 15 Sekunden in kochendes Wasser geben, dann mit einem Schaumlöffel herausheben und in kaltes Wasser legen. Die Tomaten häuten und klein schneiden.

2   Das Olivenöl in eine hohe Pfanne geben und bei mittlerer Hitze heiß werden lassen. Den Knoblauch darin mit den Chiliflocken unter gelegentlichem Rühren etwas Farbe annehmen lassen. Die Tomaten hinzufügen und bei starker Hitze zu einer Sauce zerdrücken. Aufkochen, dann mit Salz und Pfeffer würzen und bei sehr schwacher Hitze 30 Minuten köcheln lassen, dabei ab und zu umrühren.

Sellerie-Lasagne mit Brokkoli & Parmesan

100 ml Olivenöl
2 kg Knollensellerie, geschält und in dünne Scheiben geschnitten
600 g Lasagneblätter
600 g Brokkoli, in Röschen zerteilt
1 Rezept Arrabiata-Sauce (s. S. 208)
1 Rezept Béchamelsauce (s. S. 297)
150 g geriebener Parmesan
Salz und Pfeffer aus der Mühle

Für 6 Personen | Vegetarisch

1   Den Backofen auf 160 °C (Ober-/Unterhitze) bzw. 140 °C (Umluft) vorheizen. Etwas Olivenöl auf den Boden einer hohen Auflaufform träufeln. Erst eine Lage Sellerie, dann je eine Lage Lasagneblätter, Brokkoli, Arrabiata-Sauce, Béchamelsauce und Parmesan hineinschichten, die Schichten jeweils mit Salz und Pfeffer würzen. Abwechselnd fortsetzen, bis die Zutaten aufgebraucht sind, die letzten drei Lagen sollten Sellerie, Béchamelsauce und zum Schluss Parmesan sein.

2   Das Gericht mit dem restlichen Olivenöl beträufeln und im heißen Ofen 2 Stunden backen. Herausnehmen und sofort servieren. Dazu passt gut ein Blattsalat.

Kürbis-Farfalle mit Tomaten

100 ml Olivenöl
1,25 kg Kürbis, geschält, entkernt und in dünne Scheiben geschnitten
1 Rezept klassische Tomatensauce (siehe links)
4 EL gehacktes Basilikum
1 Rezept Béchamelsauce (s. S. 297)
600 g Farfalle
150 g geriebener Parmesan
2 TL Paprikapulver
Salz und Pfeffer aus der Mühle

Für 6 Personen | Vegetarisch

1   Den Backofen auf 160 °C (Ober-/Unterhitze) bzw. 140 °C (Umluft) vorheizen. Etwas Olivenöl auf den Boden einer hohen Auflaufform träufeln. Zuerst eine Lage Kürbis, dann je eine Lage Tomatensauce, mit Basilikum bestreut, Béchamelsauce, Farfalle und Parmesan hineinschichten. Die Schichten jeweils mit Paprika, Salz und Pfeffer würzen. Abwechselnd fortsetzen, bis die Zutaten aufgebraucht sind. Die letzten drei Schichten sollten Kürbis, Béchamelsauce und zum Schluss Parmesan sein.

2   Das Gericht mit dem restlichen Olivenöl beträufeln und im heißen Ofen 2 Stunden backen. Herausnehmen und sofort servieren.

Blumenkohlauflauf mit Auberginen & Paprika

2 helle Auberginen
150 ml Olivenöl
3 rote Paprikaschoten
600 g Blumenkohl, in Röschen zerteilt
1 Rezept Arrabiata-Sauce (s. S. 208)
1 Rezept Béchamelsauce (s. S. 297)
200 g geriebener Parmesan
Salz und Pfeffer aus der Mühle

Für 6 Personen | Vegetarisch

1   Den Backofen auf 180 °C (Ober-/Unterhitze) bzw. 160 °C (Umluft) vorheizen. Die Auberginen putzen und quer in 3 cm dicke Scheiben schneiden. 75 ml Olivenöl in einer großen Pfanne bei mittlerer bis starker Hitze heiß werden lassen. Die Auberginenscheiben darin portionsweise pro Seite etwa 5 Minuten braten, bis sie goldbraun sind. Aus der Pfanne nehmen, auf Küchenpapier abtropfen lassen und beiseitelegen. Während die Auberginen braten, die Paprikaschoten vierteln und von Stielen, Samen und Trennwänden befreien.

2   Etwas mehr Olivenöl in die Pfanne geben. Die Paprikaviertel darin bei mittlerer Hitze 6 Minuten braten, bis sie weich sind, dabei gelegentlich wenden. Herausnehmen und warm halten.

3   Etwas vom restlichen Olivenöl auf den Boden einer hohen Auflaufform träufeln. Erst eine Lage Blumenkohl, dann je eine Lage Auberginen, Arrabiata-Sauce, Béchamelsauce, Paprika und Parmesan hineinschichten, die Schichten jeweils salzen und pfeffern. So weiterverfahren, bis die Zutaten aufgebraucht sind. Die drei letzten Schichten sollten Blumenkohl, Béchamelsauce und zum Schluss Parmesan sein.

4   Den Auflauf mit dem restlichen Olivenöl beträufeln und im heißen Ofen 1 Stunde backen. Herausnehmen und heiß servieren.

Auberginentürme mit Spinat & Tomaten

3 helle Auberginen
600 g Blattspinat, gewaschen und abgetropft
150 ml Olivenöl
1 Rezept klassische Tomatensauce (siehe links)
200 g Ziegenrolle
150 g Rucola
Saft von 1 Zitrone
Salz und Pfeffer aus der Mühle

Für 6 Personen | Vegetarisch

1   Die Auberginen putzen und quer in 2 cm dicke Scheiben schneiden. In ein Sieb legen und dünn mit Salz bestreuen.

2   Den Spinat für 3–4 Minuten in einen Topf mit kochendem Salzwasser geben. Abgießen, gut abtropfen und auf Raumtemperatur abkühlen lassen, dabei mit etwas Olivenöl beträufeln.

3   Den Backofen auf 180 °C (Ober-/Unterhitze) bzw. 160 °C (Umluft) vorheizen. Etwas Olivenöl in einer großen Pfanne bei mittlerer bis starker Hitze heiß werden lassen. Die Auberginenscheiben darin portionsweise je Seite 5 Minuten braten. Herausnehmen und auf Küchenpapier abtropfen lassen.

4   Eine Auberginenscheibe auf ein Backblech legen und mit etwas Spinat bedecken. Den Spinat mit Tomatensauce bedecken. Darauf eine zweite Auberginenscheibe legen, auch darauf Spinat und Tomatensauce geben. Mit einer Auberginenscheibe bedecken. Etwas Tomatensauce daraufgeben und mit einer Scheibe Ziegenrolle abschließen. Mit den restlichen Zutaten ebenso verfahren, um weitere Türme herzustellen. Etwas Tomatensauce zum Servieren übrig lassen. Die Türme 15 Minuten backen, bis der Käse oben goldbraun und knusprig ist.

5   Zum Servieren den Rucola mit dem restlichen Öl und dem Zitronensaft mischen. Die Türme auf Teller setzen, auf jeden vorsichtig etwas Rucola geben und jeden Turm mit etwas Tomatensauce umranden.

Majoran und Tomaten passen erstaunlich gut zusammen: So gut, dass man meinen könnte, diese Kombination sei noch besser als Tomaten mit Basilikum. Probieren Sie es aus – Sie werden es nicht mehr anders wollen.

Bunter Tomatensalat mit Majoran

1 kg Tomaten in unterschiedlichen Farben
2 Knoblauchzehen
3 EL Majoranblätter
3 EL Kräuteressig
4 EL Olivenöl, mehr für die Croûtons und zum Beträufeln
12 Scheiben Baguette
100 g Parmesan
gelber Majoran zum Garnieren
Salz und Pfeffer aus der Mühle

Für 4–6 Personen | Vegetarisch

1 Die Tomaten in verschieden geformte mundgerechte Stücke schneiden und in eine Schüssel geben. Den Knoblauch schälen, sehr fein hacken und mit Majoranblättern sowie Salz und Pfeffer zu den Tomaten geben. Essig und Olivenöl hinzufügen und alles gründlich mischen. Den Salat vor dem Servieren mindestens 30 Minuten durchziehen lassen, damit sich die Aromen gut entfalten können.

2 Inzwischen das Baguette würfeln und mit etwas Öl in einer Pfanne rösten. Dabei aufpassen, dass die Croûtons nicht verbrennen. Kurz vor dem Servieren unter die Tomaten heben. Den Salat auf Tellern anrichten und darüber mit einem Messer oder einem Sparschäler vom Parmesan dünne Streifen abziehen. Den Salat mit Olivenöl beträufeln und mit gelbem Majoran garnieren. Sofort servieren.

Goldbraun, knusprig, warm und delikat – kann man von gerösteter Ciabatta, beträufelt mit Olivenöl und bestreut mit grobem Meersalz, mehr verlangen? Nun: geröstete Tomaten, Paprikaschoten und Knoblauch, süß nach kurzem Verweilen im Ofen, sommerlich gewürzt mit Basilikum und Majoran, das wär's doch!

Crostini mit Tomaten, Knoblauch & roter Paprika

400 g Tomaten
1 rote Paprikaschote
2 Knoblauchknollen
1 längliche Schalotte
75 ml hochwertiges Olivenöl
2 EL gehacktes Basilikum
1 EL gehackter Majoran
1 Ciabatta
grobes Meersalz zum Bestreuen
Rucola zum Garnieren
Salz und Pfeffer aus der Mühle

Für 6 Stück | Vegetarisch

1 Den Backofen auf 160 °C (Ober-/Unterhitze) bzw. 140 °C (Umluft) vorheizen. Die Tomaten in mundgerechte Stücke schneiden, die Paprika halbieren. Beides auf einem Backblech verteilen. 1 Knoblauchknolle quer halbieren und die Hälften mit den Schnittflächen nach oben auf das Blech setzen. Die Zehen von der zweiten Knolle ablösen und auf dem Blech verteilen. Die Schalotte schälen, fein würfeln, darüberstreuen und alles mit der Hälfte des Olivenöls beträufeln. Die gehackten Kräutern darübergeben, salzen und pfeffern. Etwa 1 Stunde rösten, bis das Gemüse weich und gebräunt ist.

2 Gegen Ende der Garzeit die Ciabatta in 6 Scheiben schneiden und diese auf ein Backblech legen. Mit dem restlichen Olivenöl beträufeln und mit etwas grobem Meersalz bestreuen.

3 Das Blech mit dem Gemüse aus dem Ofen nehmen und abkühlen lassen. Die Backofentemperatur auf 180 °C (Ober-/Unterhitze) bzw. 160 °C (Umluft) erhöhen. Die Ciabattascheiben in den Ofen schieben und unter Sicht bräunen (idealerweise sollten sie oben goldbraun und innen noch etwas weich sein).

4 Die Knoblauchzehen vom Blech nehmen und das Innere auf 2 der Crostini drücken. Die Paprikaschote häuten. Stiele, Samen und Trennwände entsorgen, das Fruchtfleisch in Streifen zupfen. Diese auf 2 weiteren Crostini anrichten. Auf den beiden letzten Brotscheiben die Tomaten verteilen. Alle Crostini mit dem kräuter- und schalottenwürzigen Sud vom Backblech beträufeln und mit dem Rucola garnieren. Lauwarm servieren.

Hier werden Tomaten auf wirklich kreative Art mit Rindfleisch kombiniert. Man kann aber auch Thunfisch nehmen. Das Fleisch wird, eingeschlossen von gehackten Tomaten, langsam gegart (man könnte fast sagen: gedämpft) und bleibt so sehr saftig. Auch am nächsten Tag schmeckt es noch großartig.

Tomatenconfit mit Rindfleisch

750 g Rinderfilet am Stück, von sichtbarem Fett und Sehnen befreit
2 kg Tomaten in unterschiedlichen Farben
3 Knoblauchzehen
3 EL Majoranblätter
100 ml Olivenöl, 2 EL zum Beträufeln
Salz und Pfeffer aus der Mühle

Für 4–6 Personen

1 Den Backofen auf 180 °C (Ober-/Unterhitze) bzw. 160 °C (Umluft) vorheizen. Das Fleisch Raumtemperatur annehmen lassen und mit Salz und Pfeffer würzen. Die Tomaten in mundgerechte Stücke schneiden und in eine Schüssel geben. Den Knoblauch schälen, hacken und mit Majoran und 100 ml Olivenöl sowie Salz und Pfeffer hinzufügen. Alles gut mischen und beiseitestellen.

2 Von der Tomatenmischung 1 große Handvoll als Hügel in ein tiefes Backblech geben. Das Fleisch daraufsetzen – zwischen Fleisch und Blech sollten sich mindestens 4 cm Tomaten befinden. Das Fleisch so mit den restlichen Tomaten bedecken, dass ein kleiner Berg entsteht.

3 Im heißen Ofen 15 Minuten garen, dann herausnehmen und die Tomaten mit der Garflüssigkeit begießen. Etwas Flüssigkeit entfernen, damit das Fleisch nicht geschmort wird. Das Blech wieder in den Ofen schieben und das Ganze weitere 15 Minuten garen. Den Vorgang wiederholen, dann alles nochmals 15 Minuten garen. Nach 45 Minuten ist das Fleisch innen noch rosafarben, wer es durchgegart möchte, kann die Garzeit nach Belieben verlängern. Um den Gargrad zu prüfen, einen Metallspieß in die Mitte des Filets stecken. Bis zehn zählen und den Spieß herausziehen. Mit der Fingerspitze prüfen, wie heiß der Spieß ist. Ist er nicht zu heiß, den Spieß auf die Handfläche legen. Hat er etwa Körpertemperatur, ist das Fleisch innen noch rot. Fühlt er sich ziemlich heiß an, ist es innen rosafarben. Ist der Spieß sehr heiß, ist das Fleisch durchgebraten.

4 Sobald der gewünschte Gargrad erreicht ist, das Blech aus dem Ofen nehmen und das Fleisch noch 10 Minuten ruhen lassen. Die Tomaten mit einem Löffel zur Seite schieben. Das Fleisch in dicke Scheiben schneiden und auf Tellern anrichten. Die Tomaten mit 2 EL Olivenöl beträufeln und zum Fleisch servieren.

Egal, wohin ich gehe, immer werde ich gebeten, diese zarten kleinen Pfannkuchen zu backen. Da dachte ich mir, wenn ich allen das Rezept gebe, kann sie jeder selbst machen. Dass sie so gut ankommen, liegt an der Süße der rohen Maiskörner. Zu den Küchlein passt ein knackiger Salat.

Pfannküchlein mit Mais & Koriandergrün

900 g Maiskörner, von den Kolben geschnitten
4 Freilandeier
300 ml Milch
1 EL zerlassene Butter, mehr zum Servieren
125 g Mehl
½ TL Salz
1 frische rote Chilischote, entkernt und fein gehackt
3 EL gehacktes Koriandergrün
Olivenöl zum Backen

Für 4–6 Personen | Vegetarisch

1   Die Maiskörner in eine große Schüssel füllen. Die Eier trennen. Die Eigelbe in einer kleinen Schüssel verquirlen, dann zum Mais geben. Milch und zerlassene Butter unterrühren, dann Mehl, Salz, Chili und Koriandergrün hinzufügen und alles kräftig verrühren.

2   Die Eiweiße in einer großen, fettfreien Schüssel zu steifem Schnee schlagen. Den Eischnee unter die Maismischung heben.

3   Etwas Olivenöl in einer Pfanne bei mittlerer bis starker Hitze heiß werden lassen. Den Teig esslöffelweise hineingeben und auf jeder Seite etwa 3 Minuten backen, bis die Pfannkuchen schön gebräunt sind. Heiß servieren, dazu Butter in Stückchen reichen und diese auf den Pfannkuchen zerlaufen lassen.

Pfannküchlein mit Erbsen & Minze

Den Teig wie oben beschrieben zubereiten, dabei den Mais durch die gleiche Menge frische Erbsen und das Koriandergrün durch die gleiche Menge Minze ersetzen.

Das Gericht kenne ich aus Amerika, und ich wollte es unbedingt in diesem Buch haben. Hier ist es also, in all seiner überwältigenden Schlichtheit. Für den Extra-Kick könnte man noch 1 Löffelchen gehackte frische Chilischote untermischen.

Cremiger Mais

6 Maiskolben
1 große Zwiebel
100 g Butter
300 g Sahne
Salz und Pfeffer aus der Mühle

Für 4–6 Personen | Vegetarisch

1 Die Maiskolben von Hüllblättern und Fäden befreien, 1 Kolben am Stiel greifen und schräg in eine große hohe Schüssel halten. Die Kerne von oben nach unten vom Kolben schneiden. Mit den restlichen Kolben ebenso verfahren.

2 Die Zwiebel schälen und fein würfeln. Die Butter in einem Topf bei mittlerer Hitze zerlassen. Die Zwiebelwürfel darin unter häufigem Rühren etwa 6 Minuten anschwitzen.

3 Die Maiskörner hinzufügen und 12 Minuten mitdünsten, dabei ab und zu umrühren. Die Sahne dazugeben und aufkochen. Den Topf vom Herd nehmen, den Mais mit Salz und Pfeffer abschmecken und heiß servieren.

Cremiger Mais mit Speck

Für alle, die es etwas deftiger mögen: 200 g in Streifen geschnittenen durchwachsenen Speck bei mittlerer Hitze 3 Minuten braten und abkühlen lassen. Den Mais wie oben beschrieben zubereiten. Das ausgetretene Speckfett abgießen und die Speckstreifen unter die Maismischung rühren. Für noch mehr Aroma 1 geräucherte Knoblauchzehe schälen, fein hacken und vor dem Servieren unterrühren.

Wenn ich Gerichte mit Auberginen zubereite, versuche ich, die dunkelviolette Massenware zu vermeiden. Ich finde, sie hat irgendwie ihren Charakter verloren. Stattdessen greife ich zu den größeren hellen Auberginen, die man z. B. auf Wochenmärkten finden kann. Sollte von der Ratatouille etwas übrig bleiben, stellen Sie die Reste in den Kühlschrank. Am nächsten Tag schmeckt die Ratatouille sogar noch besser, weil die Aromen mehr Zeit hatten, sich miteinander zu verbinden.

Ratatouille mit Basilikum & Olivenöl

500 g helle Auberginen
500 g gelbe Zucchini
500 g rote Paprikaschoten
500 g Tomaten
150 ml hochwertiges Olivenöl
2 Knoblauchzehen
2 EL fein gehacktes Basilikum
Salz und Pfeffer aus der Mühle

Für 4–6 Personen | Vegetarisch

1 Auberginen, Zucchini und Paprika in 1 cm große Stücke schneiden und getrennt in Behälter füllen. Die Tomaten vierteln. Die Hälfte der Tomatenstücke entkernen und die Kerne im Mixer pürieren. Das Püree durch ein Sieb in eine Schüssel streichen und beiseitestellen. Entkernte sowie unentkernte Tomatenviertel in 1 cm große Stücke schneiden.

2 Eine große Pfanne bei mittlerer bis starker Hitze heiß werden lassen und einige Auberginenstücke hineingeben – nicht zu viele, die Stücke sollen gebraten und nicht im eigenen Saft gekocht werden. Etwas Olivenöl hinzufügen und die Stücke in 3–4 Minuten unter gelegentlichem Rühren goldbraun braten. Mit etwas Salz und Pfeffer würzen, dann in ein großes Sieb geben, damit das überschüssige Öl abtropfen kann. Das gesamte Gemüse auf diese Weise braten, fertig gebratene Stücke in das Sieb geben. Wenn alles gebraten und abgetropft ist, Öl und ausgetretenen Saft weggießen.

3 Die Pfanne auswischen und 2 EL Olivenöl hineingeben. Den Knoblauch schälen, fein hacken und im Öl unter häufigem Rühren in etwa 2 Minuten goldgelb braten. Das Basilikum dazugeben und 2 Minuten mitbraten, dann das Tomatenpüree untermischen. Aufkochen und das gebratene Gemüse unterheben. Die Ratatouille 15 Minuten garen, dabei oft, aber immer nur kurz umrühren, damit die Aromen sich gut verbinden können. Das Gericht abschmecken und servieren. Alternativ können Sie ein Einmachglas (s. S. 180, Schritt 3) sterilisieren, mit der Ratatouille füllen und fest verschließen. Sie hält sich, kühl und dunkel aufbewahrt, bis zu 2 Monate.

Wenn Sie kein Wasabi bekommen, können Sie stattdessen Senf verwenden. Und falls Kinder mitessen, lassen Sie das Wasabi einfach ganz weg.

Auberginen-Tempura mit Wasabimayonnaise

3 l Sonnenblumenöl zum Frittieren
1 kg Auberginen
Mehl zum Bestäuben
500 ml Tempurateig (s. S. 297)
50 g Wasabipaste (oder nach Geschmack)
150 g selbst gemachte Mayonnaise (s. S. 297)
grobes Meersalz

Für 4–6 Personen | Vegetarisch

1   Das Sonnenblumenöl in einem hohen Topf mit schwerem Boden auf 180 °C erhitzen – ein Brotwürfel bräunt darin in 30 Sekunden.

2   Die Auberginen quer in 1 cm dicke Scheiben schneiden und mit Mehl bestäuben, damit der Teig besser haftet, dann überschüssiges Mehl abschütteln. Die Scheiben in den Teig tauchen und danach kurz abtropfen lassen. 1 vorbereitete Scheibe vorsichtig in das heiße Öl senken (nicht hineinfallen lassen), 2 weitere Scheiben hinzufügen und 2 Minuten frittieren. Dann wenden und weitere 2 Minuten frittieren. Danach sollten die Scheiben von einer ganz leichten, goldgelben Kruste umhüllt sein. Falls nicht, die Auberginen etwas länger im heißen Öl lassen. Die Stücke mit einem Schaumlöffel herausheben und auf Küchenpapier abtropfen lassen. Warm halten, während die restlichen Auberginenscheiben frittiert werden.

3   Inzwischen die Wasabipaste mit der Mayonnaise verrühren – es kann mehr oder weniger Wasabi sein, je nach Geschmack. Die Auberginenscheiben mit dem grobem Meersalz bestreuen und sofort mit der Wasabimayonnaise servieren.

Wenn man Auberginen ganz langsam gart, werden sie wunderbar cremig und mit den Tomaten darauf einfach unschlagbar. Die Salsa wird umso schärfer, je länger man sie lagert – 48 Stunden ruhen lassen, und sie ist die aufregendste Salsa, die Sie je gegessen haben. Dieses Rezept müssen Sie unbedingt ausprobieren!

Gebratene Auberginen mit Salsa rossa

1 kg helle Auberginen
Salz

Für die Salsa rossa
600 g rote Paprikaschoten
3 frische rote Chilischoten
600 g Tomaten
100 ml Olivenöl
2 Knoblauchzehen
Salz und Pfeffer aus der Mühle

Für 4–6 Personen | Vegetarisch

1 Den Backofen auf 200 °C (Ober-/Unterhitze) bzw. 180 °C (Umluft) vorheizen. Die Auberginen quer in 2 cm dicke Scheiben schneiden, in ein Sieb geben und mit etwas Salz bestreuen.

2 Für die Salsa rossa die Paprikaschoten mit den Chilischoten auf ein Backblech geben und im heißen Ofen 25 Minuten rösten. Herausnehmen, in eine große Schüssel geben und sofort mit Frischhaltefolie bedecken. 20 Minuten abkühlen lassen.

3 Inzwischen die Tomaten häuten, entkernen und zerkleinern. 2 EL Olivenöl in einem Topf erhitzen. Den Knoblauch schälen, in feine Scheiben schneiden und im Öl unter häufigem Rühren 3–4 Minuten braten, dabei etwas Farbe annehmen lassen. Die Tomaten in den Topf geben, kräftig zerdrücken und mit Öl und Knoblauch verrühren. Sparsam salzen und pfeffern, dann bei mittlerer Hitze 25 Minuten garen, dabei ab und zu umrühren.

4 Paprika- und Chilischoten häuten. Stiele, Samen und Trennwände so gut wie möglich entfernen (bei den Chilis steckt die meiste Schärfe in Samen und Trennwänden; lässt man sie drin, wird die Salsa schärfer). Die in der Schüssel angesammelte Flüssigkeit durch ein Sieb in ein Schälchen gießen und beiseitestellen. Das Paprikafruchtfleisch in 1 cm große Stücke schneiden und in eine große Schüssel füllen. Die Chilis in lange, dünne Streifen schneiden und zu den Paprikastücken geben. Die Tomaten abschmecken, dann zu Paprika und Chilis geben. Die Flüssigkeit aus dem Schälchen dazugießen, alles mischen und ein letztes Mal abschmecken. Die Schüssel mit Frischhaltefolie bedecken und bis zum Servieren kalt stellen.

5 Das restliche Olivenöl in einer großen Pfanne bei mittlerer bis starker Hitze heiß werden lassen. Die Auberginenscheiben darin portionsweise pro Seite in 6–8 Minuten braun braten. Mit der Salsa rossa garnieren und warm servieren.

Hier werden die gewürzten Auberginenstücke im Ofen geröstet. Einige werden dabei dunkler als die anderen, aber die Aromen von dunklen und hellen Stücken ergänzen einander hervorragend.

Crostini mit Petersilie & Zitrone

1 kg helle und dunkle Auberginen
150 ml Olivenöl, mehr zum Beträufeln
Saft und Schale von 1 unbehandelten Zitrone
6 Scheiben Sauerteigbrot
3 EL fein gehackte glatte Petersilie
Salz und Pfeffer aus der Mühle

Für 4–6 Personen | Vegetarisch

1 Den Backofen auf 180 °C (Ober-/Unterhitze) bzw. 160 °C (Umluft) vorheizen. Die Auberginen in 2 cm große Stücke schneiden. In ein Sieb geben, dünn mit Salz bestreuen und 5 Minuten beiseitestellen.

2 Das Salz von den Auberginenstücken abspülen. Die Stücke mit Küchenpapier trocken tupfen, dann in eine große Schüssel füllen. 100 ml Olivenöl, Zitronenschale sowie etwas Salz und Pfeffer hinzufügen und alles gut mischen. Die Auberginenstücke auf einem Backblech verteilen und im heißen Ofen 15–20 Minuten rösten. Inzwischen das Brot in große, dünne Stücke schneiden. Diese auf ein Backblech legen und während der letzten Minuten der Garzeit der Auberginen in den Ofen schieben, damit sie knusprig werden.

3 Die Crostini aus dem Ofen nehmen und mit dem restlichen Olivenöl beträufeln. Die Auberginen aus dem Ofen nehmen, den Zitronensaft darübergeben und kurz mit einem Löffel untermischen. Die Crostini auf Tellern anrichten, die gerösteten Auberginenstücke daraufgeben und mit der gehackten Petersilie bestreuen. Das Ganze mit etwas Olivenöl beträufeln und warm servieren.

Salmoriglio ist eine kräftige Kräutersauce, die gut zu gegrilltem Gemüse und Fleisch passt – ganz ähnlich wie Pesto, nur mit Oregano anstatt Basilikum. Man könnte auch andere Kräuter verwenden, aber Oregano ist am besten.

Gegrillte Auberginen mit Oregano-Salmoriglio

1 kg helle Auberginen
Blätter von 1 Bund Oregano
Saft von 1 Zitrone
150 ml Olivenöl
Salz und Pfeffer aus der Mühle

Für 4–6 Personen | Vegetarisch

1 Die Auberginen quer in 2 cm dicke Scheiben schneiden. Diese in ein Sieb geben und dünn mit Salz bestreuen. Beiseitestellen.

2 Den Holzkohlengrill vorheizen (die Kohlen sollten von weißer Asche überzogen sein). Alternativ eine Grillpfanne sehr heiß werden lassen. Die Oreganoblätter in den Mörser geben und mit etwas Salz zerstoßen. Sobald eine dunkelgrüne Paste entstanden ist, den Zitronensaft unterarbeiten, dann das Olivenöl hinzufügen und untermischen.

3 Von den Auberginen das Salz abspülen. Die Scheiben mit Küchenpapier trocken tupfen, dann auf den Grillrost legen und 10 Minuten grillen, dabei einmal verschieben, damit sie gleichmäßig garen. Die Scheiben wenden und weitere 10 Minuten grillen. Alternativ die Scheiben in die Grillpfanne legen und auf beiden Seiten braun braten. Während die Auberginen garen, die Salmoriglio mit einem Löffel darübergeben. Nach 5 Minuten die Auberginenscheiben auf eine Servierplatte heben und warm servieren.

Büfett: Tex-Mex-Grill

Dieses Büfett ist ideal für einen Grillabend im Sommer. Rauch und Hitze tun dem Gemüse gut, und es lässt sich wunderbar würzen. Diese Gerichte zeigen, was man mit texanisch-mexikanischen Aromen alles anstellen kann. Die Bohnenchili-Tacos sind superfrisch: Jede Schicht der Füllung ergänzt die nächste. Limetten-Chili-Guacamole ist super einfach zu machen. Gegrillte Maiskolben schmecken erstaunlich rauchig, und gelbe Zucchini lassen sich, genau wie grüner Spargel, prima grillen. Die Quesadillas machen richtig Spaß – wenn Ihnen danach ist, können Sie mehr Jalapeños dazugeben. Die Süßkartoffelchips sind herrlich zum Teilen. Servieren Sie außerdem Salsa rossa (s. S. 226), Limettenschnitze und Essiggemüse (s. S. 180).

Tex-Mex-Grill

230 / Fruchtgemüse & Pilze

1 Bohnenchili-Tacos

600 g frische Borlotti-Bohnenkerne
2 Knoblauchzehen, fein gewürfelt
1 rote Zwiebel, fein gewürfelt
1 TL Chiliflocken
1 EL Rotweinessig
6 Taco-Shells
2 EL Olivenöl
Guacamole zum Servieren (siehe unten)
1 Rezept Salsa rossa (s. S. 226)
150 g saure Sahne
Salz und Pfeffer aus der Mühle

Für 4–6 Personen | Vegetarisch

1 Die Bohnen mit Knoblauch, Zwiebel, Chiliflocken und Essig in einen Topf geben und etwa 7 cm hoch mit kaltem Wasser bedecken. Aufkochen, dann bei schwacher Hitze 80 Minuten köcheln lassen, bis die Bohnen richtig weich sind.

2 Sobald die Bohnen fertig sind, die Taco-Shells nach Packungsangabe erhitzen. Das Gemüse mit Salz und Pfeffer würzen, dann abgießen, dabei ein Viertel des Kochwassers auffangen. Das Ganze mit einer Gabel sehr grob zerdrücken, dabei Kochwasser und Olivenöl unterarbeiten. Die Bohnenmischung in die warmen Taco-Shells löffeln. Etwas Guacamole dazugeben, etwas Salsa darüberträufeln und auf jede Portion 1 EL saure Sahne setzen.

2 Limetten-Chili-Guacamole

1 Knoblauchzehe, halbiert
Fruchtfleisch von 2 reifen Avocados, in Stücke geschnitten
1 kleine rote Zwiebel, fein gewürfelt
1 Tomate, fein zerkleinert
2 TL gehackte rote Chilischote
Saft von 2 Limetten
3 EL fein gehacktes Koriandergrün
3 EL Olivenöl
Limettenschnitze zum Servieren
Salz und Pfeffer aus der Mühle

Für 4–6 Personen | Vegetarisch

1 Für die Zubereitung der Guacamole eignet sich ein großer Mörser am besten. Alternativ kann man eine große Schüssel und ein Nudelholz verwenden. Den Mörser oder die Schüssel innen mit den Knoblauchhälften ausreiben.

2 Die Avocadostücke im Mörser mit dem Stößel oder in der Schüssel mit dem Nudelholzende zerdrücken. Zwiebel, Tomate, Chilischote, Limettensaft, die Hälfte des Korianders sowie Salz und Pfeffer hinzufügen und das Olivenöl dazuträufeln, dann alles eher verrühren als zerstoßen. Vor dem Servieren das restliche Koriandergrün dazugeben und die Limettenschnitze dazureichen.

3 Gegrillte Maiskolben

6 Maiskolben
200 g Butter, mehr zum Servieren
Salz und Pfeffer aus der Mühle

Für 4–6 Personen | Vegetarisch

1 Den Holzkohlengrill vorbereiten (s. S. 228, Schritt 2). Inzwischen die Maiskolben für 5 Minuten in sprudelnd kochendes Wasser geben.

2 Sobald der Grill schön heiß ist, die Maiskolben auf den Rost legen und 6–8 Minuten grillen, dabei alle 2 Minuten wenden, bis die Hüllblätter richtig schwarz sind – der Rauch zieht von den Blättern in die Kolben und der Dampf gart die Körner.

3 Die Kolben vom Grill nehmen. Die Blätter öffnen und je ein Sechstel der Butter hineingeben. Die Kolben mit Salz und Pfeffer würzen und heiß mit extra Butter servieren.

4 Gelbe Zucchini mit Kräuteressig & Chili

3 große gelbe Zucchini, längs in Scheiben geschnitten
3 EL fein gehackte Minze
1 frische rote Chilischote, fein gehackt
2 EL Kräuteressig
3 EL Olivenöl
grobes Meersalz und Pfeffer aus der Mühle

Für 4–6 Personen | Vegetarisch

1 Die Zucchinischeiben gleichmäßig mit Meersalz bestreuen, mit Pfeffer würzen und 20 Minuten bei Raumtemperatur durchziehen lassen. Inzwischen den Holzkohlengrill gut vorheizen.

2 Die Zucchinischeiben trocken tupfen und erst mit Minze, dann mit Chili bestreuen. Mit Kräuteressig und Olivenöl beträufeln und alles mischen. Die Scheiben auf dem heißen Grill 10 Minuten bräunen, dabei einmal wenden. Warm servieren.

5 Würzige Quesadillas mit grünen Jalapeños

12 weiche Weizentortillas
300 g Frischkäse
500 g geriebener Cheddar
6 eingelegte grüne Jalapeños (oder nach Geschmack), in dünne Ringe geschnitten
Salz

Für 4–6 Personen | Vegetarisch

1 1 Tortilla dünn mit Frischkäse bestreichen, dann gleichmäßig mit etwas Cheddar bestreuen und darauf einige Chiliringe geben – je mehr, desto schärfer wird die Tortilla. Mit Salz würzen und 1 zweite Tortilla darauflegen.

2 Eine Pfanne bei mittlerer bis starker Hitze heiß werden lassen. Die Quesadilla darin in 3–4 Minuten goldbraun braten, dann wenden und in 3–4 Minuten die andere Seite bräunen. Auf ein Schneidebrett gleiten lassen und in sechs Stücke schneiden. Möglichst sofort servieren und dann erst aus den verbliebenen Zutaten die restlichen Quesadillas herstellen und braten.

6 Süßkartoffelchips

2 große Süßkartoffeln, geschrubbt und geputzt
3 l Öl zum Frittieren
grobes Meersalz

Für 4–6 Personen | Vegetarisch

1 Die Süßkartoffeln mit einem scharfen Messer quer in sehr dünne Scheiben schneiden.

2 Das Öl in einem hohen Topf mit schwerem Boden auf 180 °C erhitzen – ein Brotwürfel bräunt darin in 30 Sekunden. Die Süßkartoffelscheiben darin in Portionen von etwa 15 Stück etwa 4 Minuten frittieren, bis sie goldbraun sind. Mit einem Schaumlöffel herausheben und auf Küchenpapier abtropfen lassen. Die fertigen Chips warm halten, solange die restlichen frittiert werden. Die Chips mit dem Meersalz bestreuen und servieren.

7 Gegrillter Spargel

600 g grüner Spargel
1 Limette
3 EL Olivenöl
Meersalz und Pfeffer aus der Mühle

Für 4–6 Personen | Vegetarisch

1 Den Holzkohlengrill vorbereiten (s. S. 228, Schritt 2). Inzwischen den Spargel im unteren Drittel schälen, holzige Enden abschneiden. Den Spargel in reichlich Salzwasser 4 Minuten kochen. Abgießen, abkühlen lassen und quer halbieren.

2 Sobald der Grill schön heiß ist, den Spargel auf den Rost legen und 5 Minuten grillen, dabei ab und zu wenden.

3 Die Limette halbieren, den Saft von 1 Hälfte in eine große Schüssel pressen und das Olivenöl sowie je 1 Prise Salz und Pfeffer unterrühren. Den gegrillten Spargel dazugeben und mit dem Dressing mischen. Die übrige Limettenhälfte in dünne Scheiben schneiden und zum Spargel geben. Nochmals mischen und warm servieren.

In einen Risotto passt so ziemlich jede Zutat dieser Welt. Hier ein paar saisonale Beispiele.

Zucchini-Risotto

600 g Zucchini, fein zerkleinert
2 EL fein gehackte Petersilie
300 g gegarte Frühkartoffeln, gepellt
Salz und Pfeffer aus der Mühle

Für die Risotto-Basis
1,5 l Gemüsebrühe (s. S. 297)
125 g Butter
4 EL Olivenöl
1 Zwiebel, fein gewürfelt
1 Stange Staudensellerie, fein zerkleinert
600 g Arborio-Reis
200 ml halbtrockener Weißwein
100 g geriebener Parmesan

Für 4–6 Personen | Vegetarisch

1 Für die Risotto-Basis die Brühe in einem Topf erhitzen. Die Hälfte der Butter mit dem Olivenöl in einem Topf mit schwerem Boden zerlassen. Die Zwiebelwürfel darin mit dem Sellerie unter häufigem Rühren etwa 6 Minuten glasig anschwitzen. Den Reis hinzufügen und unter Rühren etwa 8 Minuten mitdünsten. Den Wein angießen und verkochen lassen, dabei kräftig rühren. 1 Schöpfkelle Brühe dazugeben und rühren, bis der Reis die Flüssigkeit aufgenommen hat. Dann erst 1 weitere Kelle Brühe hinzufügen. Auf diese Weise immer wieder Brühe dazugeben, bis sie nach etwa 15 Minuten aufgebraucht ist.

2 Die Zucchini hinzufügen und unter häufigem Rühren 5 Minuten mitgaren, bis der Reis bissfest ist (sollen sie weicher werden, die Garzeit um 3 Minuten verlängern). Die restliche Butter, die Petersilie und die Hälfte des Parmesans untermischen. Den Risotto mit den Kartoffeln belegen, mit dem restlichen Parmesan bestreuen und servieren.

Spargel-Risotto

600 g grüner Spargel
1 Rezept Risotto-Basis (siehe oben)
250 ml Prosecco
3 EL feine Schnittlauchröllchen

Für 4–6 Personen | Vegetarisch

1 Die Spargelstangen in 4 cm lange Stücke schneiden, die delikaten Spitzen etwa 5 cm lang lassen, die holzigen Enden entfernen. Wie beim Zucchini-Risotto gemäß den Schritten 1 und 2 vorgehen, statt des Weißweins den Prosecco angießen. Anstelle von Zucchini den Spargel und statt der Petersilie den Schnittlauch untermischen. Zum Schluss mit dem restlichen Parmesan bestreuen.

Risotto mit Borlotti-Bohnen & Radicchio

500 g frische Borlotti-Bohnenkerne
2 Tomaten
6 Basilikumblätter
1 Knoblauchzehe, geschält
50 ml Rotweinessig, mehr zum Abschmecken
50 ml Olivenöl
1 Rezept Risotto-Basis (siehe oben)
½ Radicchio, in dünne Streifen geschnitten
alter Balsamico-Essig zum Beträufeln
Salz und Pfeffer aus der Mühle

Für 4–6 Personen | Vegetarisch

1 Die Bohnenkerne mit Tomaten, Basilikum, Knoblauch und Essig in einen Topf geben und mit kaltem Wasser bedecken. Das Olivenöl dazugießen. Alles aufkochen und bei schwacher Hitze etwa 1 Stunde köcheln lassen, bis die Bohnen weich sind. Falls nötig, noch etwas heißes Wasser dazugießen. Basilikum und Tomatenhäute entfernen. 1 EL Bohnen mit den Tomaten, dem Knoblauch und der Garflüssigkeit im Mixer glatt pürieren. Das Püree zu den Bohnen in den Topf geben und mit Salz, Pfeffer und nach Belieben etwas mehr Essig abschmecken.

2 Die Risotto-Basis wie oben in Schritt 1 beschrieben vorbereiten. Die Bohnen zum Risotto geben und alles unter häufigem Rühren weitere 5 Minuten garen, bis der Reis bissfest ist (sollen sie weicher werden, die Garzeit um 3 Minuten verlängern). Den Radicchio untermischen. Die Butter und die Hälfte des Parmesans unterrühren. Den Risotto abschmecken, mit etwas Balsamico-Essig beträufeln, mit dem restlichen Parmesan bestreuen und servieren.

Ravioli werden in Italien viel gegessen, und es macht Spaß, sie selbst zu machen. Ich habe die Teigtaschen schon mit Hunderten von unterschiedlichen Füllungen versehen, von Kartoffelpüree mit weißem Trüffel bis hin zu frischem Mozzarella. Einer meiner Favoriten aber ist Butternusskürbis – deshalb hier das Rezept …

Kürbis-Ravioli mit brauner Butter

600 g Butternusskürbis
4 EL Olivenöl
300 g Ricotta
150 g geriebener Parmesan
3 EL fein gehacktes Basilikum
fein geriebene Muskatnuss
1 Rezept Pastateig (s. S. 296)
Mehl zum Arbeiten
100 g Butter
1 Handvoll glatte Petersilienblätter
Salz und Pfeffer aus der Mühle

Für 4–6 Personen | Vegetarisch

1   Den Backofen auf 180 °C (Ober-/Unterhitze) bzw. 160 °C (Umluft) vorheizen. Den Kürbis schälen und von den Kernen befreien. Das Fruchtfleisch in 6 cm große Stücke schneiden. Die Stücke auf einem Backblech verteilen, mit 2 EL Olivenöl beträufeln, salzen und pfeffern. Im heißen Ofen 30 Minuten rösten, dann herausnehmen und abkühlen lassen. Anschließend mit dem Ricotta, der Hälfte des Parmesans, dem Basilikum sowie etwas Muskatnuss, Salz und Pfeffer und dem restlichen Olivenöl in eine Schüssel geben. Alles mischen und bei Raumtemperatur beiseitestellen.

2   Den Pastateig auf einer leicht bemehlten Arbeitsfläche zu einem langen Rechteck ausrollen, das so dünn ist, dass die Hand dadurch sichtbar ist (man kann auch eine Nudelmaschine verwenden). Die untere Hälfte der Teigbahn mit einem feuchten sauberen Geschirrtuch bedecken, damit sie nicht austrocknet.

3   Die Füllung teelöffelweise in einer Reihe mit 5 cm Abstand zueinander auf die obere Hälfte des Teigs geben. Ränder und Zwischenräume sehr dünn mit Wasser bestreichen. Die untere Teighälfte über die belegte klappen und die Zwischenräumen festdrücken, eingeschlossene Luftblasen dabei hinausdrücken. Mit einem Raviolirad oder einem scharfen Messer die Ravioli in beliebigen Formen ausschneiden. Wichtig ist, dass die Ränder jeweils fest verbunden sind.

4   Die Ravioli in zwei Portionen in reichlich sprudelnd kochendem Salzwasser je etwa 3 Minuten garen, bis sie an die Wasseroberfläche steigen. Die Butter in einem Topf zerlassen und weiter erhitzen, bis sie leicht zu bräunen beginnt. Die Petersilie untermischen und den Topf vom Herd nehmen. Die Ravioli mit einem Schaumlöffel aus dem Wasser heben und auf Teller verteilen. Mit der braunen Butter beträufeln, mit dem restlichen Parmesan bestreuen und sofort servieren.

Diese Suppe tut richtig gut – Ingwer und Muskatnuss wärmen Sie bis in die Zehenspitzen. Ich garniere die Suppe immer gerne mit einer Kapuzinerkresseblüte und einer mitgegarten Ingwerscheibe, weil sie sich farblich so schön einfügen.

Kürbissuppe mit Muskat & Ingwer

1 große Zwiebel
1 Staudensellerieherz
1 kg Butternusskürbis
3 Knoblauchzehen
50 g frische Ingwerwurzel
75 ml Olivenöl
1 TL Chiliflocken
60 g Langkornreis
200 ml halbtrockener Weißwein
1,5 l Gemüsebrühe (s. S. 297)
frisch geriebene Muskatnuss
1 Zitrone zum Ausdrücken
gelbe Kapuzinerkresseblüten zum Garnieren (nach Belieben)
Salz und Pfeffer aus der Mühle

Für 4–6 Personen | Vegetarisch

1 Die Zwiebel schälen und mit dem Sellerie in 2 cm große Stücke schneiden. Den Kürbis schälen, von den Kernen befreien und das Fruchtfleisch ebenfalls 2 cm groß würfeln. Knoblauch und Ingwer schälen und sehr fein hacken.

2 Das Olivenöl in einem großen Topf bei mittlerer Hitze heiß werden lassen, Zwiebel und Sellerie darin unter gelegentlichem Rühren 5 Minuten anschwitzen. Kürbis, Knoblauch und Ingwer, Salz, Pfeffer und Chiliflocken hinzufügen. Alles 15 Minuten garen, dabei ab und zu umrühren. Das Gemüse sollte möglichst nicht am Topfboden ansetzen. Den Reis dazugeben und unter Rühren 5 Minuten mitdünsten.

3 Den Wein angießen und eventuell vorhandenen Bratsatz vom Topfboden losschaben. Den Wein einkochen lassen, dann erst die Brühe in den Topf gießen. Aufkochen und bei schwacher Hitze offen etwa 20 Minuten köcheln lassen, bis der Reis weich ist. Etwas Muskatnuss dazugeben, 1 Spritzer Zitronensaft dazugeben und abschmecken. Die Suppe auf Schalen oder tiefe Teller verteilen und nach Belieben mit Kapuzinerkresseblüten garnieren.

In England gibt es häufig pikante Nierchen auf Toast, ich mag aber lieber pikante Pilze. Auch sie schmecken prima, und Ihre vegetarischen Freunde können mitessen.

Pikante Pilze auf Toast

50 ml Olivenöl
1 kg Champignons
3 EL Weinbrand
3 EL körniger Senf
1 TL Paprikapulver
200 g Sahne
Saft von 1 Zitrone
6 Scheiben Toastbrot
2 EL fein gehackte glatte Petersilie
Salz und Pfeffer aus der Mühle

Für 3–6 Personen | Vegetarisch

1 Das Öl in einer Pfanne bei starker Hitze heiß werden lassen. Die Pilze darin 3 Minuten braten. Den Weinbrand dazugießen (vorsichtig, er könnte sich entzünden, die Flammen erlöschen aber schnell wieder) und verdampfen lassen. Senf, Paprikapulver, Sahne und Zitronensaft untermischen. Das Gericht abschmecken und den Herd ausschalten.

2 Das Brot toasten und die Scheiben auf Teller legen. Den Großteil der Petersilie zu den Pilzen geben und untermischen. Die pikanten Pilze auf die Toastscheiben verteilen, mit der restlichen Petersilie bestreuen und heiß servieren.

Wenn man sich die Zeit nimmt, die Pilze von Hand statt mit einer Maschine zu zerkleinern, wird dieses köstliche Gericht noch feiner. Verwenden Sie so viele Wildpilze wie möglich, um die Aromen des Herbstes einzufangen.

Duxelles mit Pfifferlingen in Filoteig

200 g sehr kleine Pfifferlinge
6 große Portobello-Pilze
2 große Schalotten
2 Knoblauchzehen
100 g Butter
2 EL feine Schnittlauchröllchen
250 ml warme Gemüsebrühe (s. S. 297)
1 Zitrone zum Ausdrücken
12 Filoteigblätter
4 TL Crème fraîche
Salz und Pfeffer aus der Mühle

Für 4 Personen | Vegetarisch

1 Die Pfifferlinge, falls nötig, einmal längs auseinanderzupfen (die Pilze sollten nicht größer als ein kleiner Finger sein). Die Portobello-Pilze von den Stielen befreien und quer in 1 cm breite Streifen scheiden, dann längs in feine Stifte schneiden. Die Stifte in sehr kleine Würfel schneiden.

2 Schalotten und Knoblauch schälen und fein würfeln bzw. hacken. Die Hälfte der Butter in einer großen Pfanne bei mittlerer Hitze zerlassen. Sobald sie schäumt, Schalotten und Knoblauch hineingeben und unter Rühren 2 Minuten braten. Die Pilze hinzufügen und bei mittlerer bis starker Hitze anschwitzen, bis sie Flüssigkeit abgeben und diese verdampft ist. Die Hälfte der Schnittlauchröllchen dazugeben und 1 Minute rühren, dann die Brühe angießen. Einkochen lassen, bis nur noch ein dünner Film auf den Pilzen übrig ist. Die Pilze mit Salz und Pfeffer würzen und etwas Zitronensaft dazupressen.

3 Den Backofen auf 180 °C (Ober-/Unterhitze) bzw. 160 °C (Umluft) vorheizen. Die restliche Butter in einem kleinen Topf zerlassen und warm halten. Das erste Filoteigblatt auf die Arbeitsfläche legen und sehr dünn mit zerlassener Butter bestreichen. Ein zweites Blatt darauflegen und ebenfalls sehr dünn mit Butter bestreichen, dann das Ganze mit einem dritten Blatt wiederholen. Einen Metallring (13 cm Ø) auf ein Backblech setzen und mit dem Teigstapel auskleiden – so entsteht ein »Körbchen«, in das später die Duxelles gefüllt wird. Auf dieselbe Weise drei weitere Körbchen vorbereiten.

4 Die Teigkörbchen im heißen Ofen etwa 8 Minuten backen, bis sie zart gebräunt sind. Herausnehmen, mit der Pilzmischung füllen und nochmals 4–6 Minuten im Ofen backen, bis alles heiß ist. Vor dem Servieren mit dem restlichen Schnittlauch bestreuen und in die Mitte jedes Körbchens 1 TL Crème fraîche setzen. Heiß servieren (sie schmecken aber auch abgekühlt).

Dieses Gericht besticht durch die saftige Füllung und das intensive Thymianaroma. Es sieht ein bisschen aus wie Hamburger und könnte eine gute Alternative darstellen – wenn es vegetarisch werden soll, können Sie den Speck weglassen. Servieren Sie die Pilze mit knackigem Blattsalat.

Gefüllte Portobello-Pilze

12 Portobello-Pilze oder sehr große Wiesenchampignons
300 g Pfifferlinge
2 große Schalotten
2 Knoblauchzehen
8 Scheiben durchwachsener Speck
50 g Butter
1 Bund Thymian
2 EL gehackte Petersilie
1 Zitrone zum Ausdrücken
50 ml bestes Olivenöl
Salz und Pfeffer aus der Mühle

Für 4 Personen

1 Die Portobello-Pilze häuten, die Stiele entfernen, stutzen und fein hacken. Aus 4 Pilzhüten die dunklen Lamellen mit einem Löffel herausschaben und entsorgen. Die ausgeschabten Hüte sowie 4 weitere Pilzhüte bis zum Füllen beiseitelegen. Die restlichen Hüte hacken und mit den Pilzstielen mischen. Große Pfifferlinge längs halbieren, die kleinen ganz lassen. Die Pfifferlinge zu den gehackten Pilzen geben.

2 Den Backofen auf 180 °C (Ober-/Unterhitze) bzw. 160 °C (Umluft) vorheizen. Schalotten und Knoblauch schälen, fein würfeln bzw. hacken, den Speck in 1 cm große Stifte schneiden. Die Butter in einer großen Pfanne bei mittlerer Hitze zerlassen. Sobald sie zu schäumen beginnt, Schalotten und Knoblauch hineingeben. Den Speck dazugeben und unter häufigem Rühren 5 Minuten braten. Die Pilzmischung hinzufügen und 6 Minuten mitbraten. Die Blätter von der Hälfte der Thymianzweige abzupfen und mit Salz und Pfeffer in die Pfanne geben. Die Petersilie untermischen und etwas Zitronensaft dazupressen. Die Pfanne vom Herd nehmen.

3 Die ausgeschabten Pilzhüte mit den Öffnungen nach oben auf ein Backblech setzen. Mit der Pilzmischung füllen und die restlichen ganzen Pilze als Deckel daraufsetzen. Die Deckel mit Holzspießen fixieren. Die gefüllten Pilze mit dem Olivenöl beträufeln, mit den restlichen Thymianzweigen bestreuen und mit Salz und Pfeffer würzen. Im heißen Ofen 20 Minuten garen, dann herausnehmen und servieren.

Der Salat ist unglaublich köstlich und die Aromen ergänzen einander ganz harmonisch. Wenn Sie jemals frische Steinpilze in die Finger bekommen, dann müssen Sie dieses Rezept unbedingt ausprobieren.

Salat mit rohen Steinpilzen, Parmesan & Petersilie

800 g Steinpilze
200 g Parmesan
1 Handvoll glatte Petersilienblätter
75 ml hochwertiges Olivenöl
etwas Zitronensaft
grobes Meersalz

Für 4–6 Personen | Vegetarisch

1 Die Pilze in 1 cm dicke Scheiben schneiden und diese auf Tellern anrichten.

2 Den Parmesan in feine Späne hobeln und die Pilze damit bestreuen. Die Petersilienblätter in sehr feine Streifen schneiden. Die Pilze damit bestreuen und anschließend mit dem Olivenöl beträufeln. Etwas Zitronensaft darübergeben (nicht zuviel, denn er überdeckt schnell die anderen Aromen). Die Portionen mit grobem Meersalz bestreuen und rasch servieren.

Eine Nudelmaschine kann wirklich nützlich sein, aber während meiner Lehrzeit in Italien rümpften die wahren Meister angesichts der Maschinen die Nasen. Sie verwendeten Teigrollen und Nudelbretter aus Holz und behaupteten, sie würden das Metall in der Pasta schmecken, wenn sie mit einer Maschine ausgerollt worden sei. Und wissen Sie was? Mit einem Nudelholz ausgerollte Pasta fühlt sich tatsächlich irgendwie weicher an.

Handgemachte Tagliatelle mit Steinpilzen & Pfifferlingen

2 große Schalotten
2 Knoblauchzehen
75 g Butter
800 g Steinpilze
400 g Pfifferlinge
150 ml halbtrockener Weißwein
200 ml Gemüsebrühe (s. S. 297)
100 g Sahne
1 Rezept Pastateig (s. S. 296)
Mehl zum Arbeiten
3 EL gehackte glatte Petersilie
geriebener Parmesan zum Servieren
Salz und Pfeffer aus der Mühle

Für 4–6 Personen | Vegetarisch

1 Schalotten und Knoblauch schälen und fein würfeln bzw. hacken. Die Butter in einer großen Pfanne bei mittlerer Hitze zerlassen. Die Schalottenwürfel darin mit dem Knoblauch unter häufigem Rühren etwa 6 Minuten anschwitzen. Die Steinpilze in Scheiben schneiden, große Pfifferlinge halbieren, die kleinen ganz lassen. Die Pilze in die Pfanne geben und braten, bis sie Flüssigkeit abgegeben haben und diese verdampft ist.

2 Den Wein unterrühren und dabei den Bratsatz vom Pfannenboden losschaben. Verkochen lassen, dann die Brühe angießen und auf die Hälfte einkochen lassen. Die Pilze mit Salz und Pfeffer würzen und die Sahne untermischen. Bei sehr schwacher Hitze auf dem Herd warm halten, solange die Tagliatelle hergestellt und gegart werden.

3 Vom Pastateig 200 g abwiegen, den Rest in Frischhaltefolie wickeln. Auf eine leicht bemehlte Arbeitsfläche geben und zu einem Rechteck ausrollen, das so dünn ist, dass die Hand dadurch sichtbar ist. Die Teigbahn mit einem Messer oder einem Raviolirad in etwa 3 cm breite Streifen schneiden. Mit dem restlichen Pastateig ebenso verfahren.

4 Die Tagliatelle in reichlich sprudelnd kochendem Salzwasser etwa 2 Minuten garen, bis sie an die Wasseroberfläche steigen. Während die Pasta kocht, die Petersilie unter die warme Pilzsauce rühren. Die Pasta abgießen und vorsichtig unter die Sauce heben – nicht rühren, dabei könnten die zarten Nudeln zerreißen. Die Tagliatelle auf Teller heben und mit dem Parmesan bestreuen. Sofort servieren.

Polenta zu machen, dauert eine Ewigkeit – na ja, zumindest 50 Minuten. Und wenn man sie dann noch grillen will, muss man sie abkühlen lassen, damit sie schnittfest wird. Grillen ist eine gute Möglichkeit, Polentareste vom Vortag zu verbrauchen. Deshalb mache ich immer gleich etwas mehr Polenta. Wenn Sie dieses Rezpet frisch und nicht mit Resten zubereiten, können Sie die Polenta schon morgens kochen und dann abends grillen.

Rahmpfifferlinge mit gegrillter Polenta

400 g Polenta
2 große Schalotten
2 Knoblauchzehen
50 g Butter
1 kg Pfifferlinge
250 ml Gemüsebrühe (s. S. 297)
250 g Sahne
3 EL gehackte glatte Petersilie
Petersilie zum Garnieren
Salz und Pfeffer aus der Mühle

Für 4–6 Personen | Vegetarisch

1 In einem großen Topf 800 ml Wasser aufkochen und 1 Prise Salz hineingeben. Die Polenta ins sprudelnd kochende Wasser rieseln lassen, dabei ständig mit einem Schneebesen rühren (sobald die Polenta dicker wird, zum Rühren einen Kochlöffel verwenden). Die Polenta bei schwacher Hitze unter gelegentlichem Rühren etwa 40–50 Minuten quellen lassen, bis sie sich vom Topfrand löst, wenn der Kochlöffel durchgezogen wird.

2 Die Polenta auf einen großen Teller geben und auskühlen lassen, idealerweise für mindestens 1 Stunde in den Kühlschrank stellen, damit sie vollständig durchkühlen und fest werden kann.

3 Schalotten und Knoblauch schälen und fein würfeln bzw. hacken. Die Butter in einer Pfanne bei mittlerer Hitze zerlassen. Die Schalotten darin mit dem Knoblauch unter häufigem Rühren etwa 6 Minuten anschwitzen. Die Pilze dazugeben und braten, bis sie Flüssigkeit abgegeben haben und diese verdampft ist. Unter Rühren die Brühe angießen, dabei den Bratsatz vom Pfannenboden losschaben. Auf die Hälfte einkochen lassen. Die Pilze mit Salz und Pfeffer würzen, dann die Sahne und die Hälfte der gehackten Petersilie untermischen. Bei sehr schwacher Hitze auf dem Herd warm halten.

4 Den Backofengrill auf höchster Stufe vorheizen. Die Polenta in unterschiedlich geformte Scheiben schneiden (das sorgt für ein wenig Abwechslung auf dem Teller). Die Polentascheiben auf den Grillrost legen und grillen, bis sie dunkelbraun sind. Auf Teller geben, die warme Pilzsauce darauf verteilen und mit der restlichen gehackten Petersilie bestreuen. Mit der Petersilie garnieren und sofort servieren.

Im Herbst gibt es so viele Pilze, dass man sie unmöglich alle essen kann. In Öl eingelegt sind sie jedoch jederzeit griffbereit. Dieses Rezept eignet sich für die meisten Wildpilze. Mit Dicken Bohnen, die es im Frühsommer reichlich gibt, kann man ebenso verfahren. So sehr ich auch versuche, diese Konserven im Vorrat zu behalten – sie sind immer schnell verbraucht.

Pfifferlinge in Öl

500 g Pfifferlinge
2 große Schalotten
1 Knoblauchzehe
300 ml Olivenöl
2 TL Thymianblättchen
3 EL halbtrockener Weißwein
150 ml Gemüsebrühe (s. S. 297)
Salz und Pfeffer aus der Mühle

Für 1 Glas (500 ml Inhalt) | Vegetarisch

1 Die Pilze grob zerkleinern, Schalotten und Knoblauch schälen und fein würfeln bzw. hacken. 2 EL Öl in einer Pfanne bei mittlerer Hitze heiß werden lassen. Die Schalotten darin mit dem Knoblauch unter häufigem Rühren etwa 6 Minuten anschwitzen. Die Pilze hinzufügen und bei starker Hitze braten, bis sie Flüssigkeit abgegeben haben und diese verdampft ist. Den Thymian untermischen.

2 Den Wein unterrühren und dabei den Bratsatz vom Pfannenboden losschaben. Die Brühe angießen und verkochen lassen, bis nur ein dünner Film übrig ist. Die Pilze salzen, pfeffern und auskühlen lassen.

3 Das Einmachglas (mit Gummiring und Bügelverschluss) sterilisieren (s. S. 180, Schritt 3). Die Pilzmischung mit einem Löffel hineinfüllen. Das restliche Öl dazugießen (alles sollte davon bedeckt sein). Das Glas fest verschließen und kühl und dunkel lagern, jedoch nicht im Kühlschrank, sonst wird das Öl trüb. Ungeöffnet halten sich die Pilze 2 Monate. Das Glas nach dem Anbrechen im Kühlschrank aufbewahren und den Inhalt innerhalb von 2 Wochen verbrauchen.

Dicke Bohnen mit Schalotten in Öl

500 g Dicke-Bohnen-Kerne
300 ml Olivenöl
1 TL Fenchelsamen
2 Schalotten
1 Zitrone zum Ausdrücken
Salz und Pfeffer aus der Mühle

Für 1 Glas (500 ml Inhalt) | Vegetarisch

1 Die Bohnenkerne für 4 Minuten in sprudelnd kochendes Salzwasser geben. In ein Sieb gießen und abtropfen lassen, dann in kaltem Wasser abschrecken und erneut abtropfen lassen. Die Kerne aus den Hüllen drücken und bei Raumtemperatur beiseitestellen.

2 In einem Topf 50 ml Olivenöl bei mittlerer Hitze heiß werden lassen. Die Fenchelsamen darin braten, bis sie springen. Die Schalotten schälen, fein würfeln, hinzufügen und unter häufigem Rühren etwa 5 Minuten anschwitzen. Die Bohnenkerne dazugeben und mit etwas Zitronensaft beträufeln. Alles gut mischen, mit Salz und Pfeffer abschmecken, dann auskühlen lassen.

3 Weiterverfahren, wie oben in Schritt 3 beschrieben.

Linsen
Augenbohnen
Kichererbsen
weiße Bohnen
Dicke Bohnen
Borlotti-Bohnen
Erbsen
Zuckerschoten
grüne Bohnen
Wachsbohnen
Okras

Linsen, Bohnen & Schoten

Ein wunderbar cremiger Salat. Ich liebe Ziegenkäse, und wenn man ihn mit getrockneten Tomaten kombiniert, entwickeln sich eine Menge verrückter Aromen. Die Romanasalatherzen strukturieren den Salat. Packen Sie diesen Salat einmal bei einem Picknick aus – die anderen werden Sie beneiden!

Puy-Linsen-Salat mit Ziegenkäse & getrockneten Tomaten

400 g Puy-Linsen
6 Romanasalatherzen
100 g in Öl eingelegte getrocknete Tomaten, abgetropft
200 g Ziegenrolle
4 EL Haus-Dressing (s. S. 297)
4 EL Olivenöl
Salz und Pfeffer aus der Mühle

Für 4–6 Personen | Vegetarisch

1 Die Linsen unter fließendem kaltem Wasser abspülen. In einen Topf geben und etwa 5 cm hoch mit Wasser bedecken. Aufkochen und bei schwacher Hitze 25–30 Minuten köcheln lassen, bis die Linsen bissfest sind. Die Linsen abgießen und beiseitestellen.

2 Die Salate in Streifen schneiden und diese in eine Schüssel füllen. Die getrockneten Tomaten in dünne Stifte zerteilen und ebenfalls in die Schüssel geben. Den Ziegenkäse dazubröckeln und die Linsen hinzufügen. Das Dressing darüberträufeln und alles behutsam mit den Fingerspitzen mischen. Den Salat mit Salz und Pfeffer abschmecken und auf Tellern anrichten. Mit dem Olivenöl beträufeln und servieren.

Diese Tarte stand jahrelang in Spanien auf meinen Speisekarten, immer mit Bio-Gemüse und jeden Tag frisch zubereitet. Die Leute konnten gar nicht genug davon bekommen. Sie hat schon eine lange Geschichte, und das Rezept gebe ich gern an Sie weiter.

Linsen-Tarte mit Süßkartoffeln & Crème fraîche

300 g Puy-Linsen
2 EL Dijonsenf
Butter zum Einfetten
Mehl zum Arbeiten
500 g Mürbeteig (s. S. 296)
300 g Mangold
1 große rote Zwiebel
2 Knoblauchzehen
75 ml Olivenöl
300 g Süßkartoffeln
Hülsenfrüchte zum Blindbacken
6 EL Crème fraîche
3 EL fein gehackte glatte Petersilie
100 g frische Weißbrotbrösel
Salz und Pfeffer aus der Mühle

Für 4–6 Personen | Vegetarisch

1 Die Linsen in Wasser weich garen, abgießen, abtropfen lassen und mit Salz, Pfeffer und Senf würzen. Beiseitestellen.

2 Einen Tortenring (8 cm hoch, 26 cm Ø) mit Butter einfetten und mit Mehl ausstreuen, dann auf ein mit Backpapier ausgelegtes Backblech setzen. Den Teig auf einer dünn bemehlten Arbeitsfläche ausrollen und den Ring damit auskleiden. 30 Minuten kühl stellen.

3 Den Backofen auf 180 °C (Ober-/Unterhitze) bzw. 160 °C (Umluft) vorheizen. Inzwischen den Mangold in 5 cm große Stücke schneiden und 5 Minuten in sprudelnd kochendes Salzwasser geben. Abgießen und beiseitestellen. Zwiebel und Knoblauch schälen und fein würfeln. Die Hälfte des Olivenöls in einer Pfanne bei mittlerer Hitze heiß werden lassen. Die Zwiebelwürfel darin mit dem Knoblauch unter häufigem Rühren etwa 5 Minuten anschwitzen. Den Mangold hinzufügen. Salzen und pfeffern, dann bei schwacher Hitze 10 Minuten dünsten, dabei ab und zu umrühren. Inzwischen die Süßkartoffeln schälen, in 2 cm große Würfel schneiden und in sprudelnd kochendem Salzwasser 25 Minuten bissfest garen. Abgießen und beiseitestellen.

4 Den gekühlten Mürbeteig mit Backpapier bedecken und dieses mit getrockneten Hülsenfrüchten beschweren. 15 Minuten backen, dann Papier und Hülsenfrüchte entfernen und den Teigboden abkühlen lassen. Mangold, Linsen und Süßkartoffeln mit 2 EL Crème fraîche mischen. Abschmecken und die Hälfte der Petersilie untermischen. Die Mischung auf den Teigboden geben. Die Tarte mit den Weißbrotbröseln und der restlichen Petersilie bestreuen, mit dem übrigen Olivenöl beträufeln und im heißen Ofen 15–20 Minuten backen, bis sie gebräunt und durcherhitzt ist. Herausnehmen, in Stücke schneiden und mit der restlichen Crème fraîche servieren.

Als ich dieses Gericht zum ersten Mal gekocht hatte, holte ich mir die Reste am nächsten Tag aus dem Kühlschrank und aß sie zu Mittag. Wow! Es schmeckte fantastisch, sogar kalt. Die Chilis wecken die Geschmacksknospen wirklich auf.

Augenbohnen mit Eisbein & Chilis

1 Eisbein, über Nacht in kaltem Wasser eingeweicht, abgetropft
2 kleine Zwiebeln
2 Knoblauchzehen
400 g getrocknete Augenbohnenkerne, über Nacht in kaltem Wasser eingeweicht
4 Lorbeerblätter
3 EL Dijonsenf
2 Bund junge Möhren
6 in Essig eingelegte kleine rote Chilischoten
Salz und Pfeffer aus der Mühle

Für 4–6 Personen

1 Das Eisbein in einen großen Topf legen und 10 cm hoch mit Wasser bedecken. Das Wasser aufkochen, dann abgießen. Die Zwiebeln und den Knoblauch schälen und fein würfeln. Mit Bohnen, Lorbeer und Senf zum Fleisch geben. Alles mit kaltem Wasser bedecken. Aufkochen, dann 1¾ Stunde bei schwacher Hitze köcheln lassen, dabei gelegentlich abschäumen.

2 Die Möhren schrubben und vom Grün befreien, die Chilischoten in breite Ringe schneiden. Möhren und Chilis zum Fleisch geben. Alles weitere 15 Minuten garen, dann mit Salz und Pfeffer würzen. Das Eisbein ist fertig, wenn man das Fleisch mit einem Löffel vom Knochen lösen kann. Die Garflüssigkeit bis auf einen kleinen Teil weggießen (darin kann man später gut Reste aufbewahren). Das Fleisch in Scheiben schneiden und mit den Bohnen und dem Gemüse servieren. Das Gericht schmeckt auch kalt sehr gut.

Solche Gerichte koche ich zu Hause jeden Tag. Die Zutaten ergänzen einander hervorragend und sind voller Nährstoffe, und das Ganze ist eine komplette Mahlzeit.

Geschmorte Kichererbsen mit Mangold, Fenchel & Tomaten

400 g getrocknete Kichererbsen, über Nacht in kaltem Wasser eingeweicht, abgetropft
400 g rotstieliger Mangold
2 Fenchelknollen
75 ml Olivenöl
2 Knoblauchzehen
2 TL Fenchelsamen
1 TL Chiliflocken
2 rote Zwiebeln
2 Tomaten
2 EL Kräuteressig
Salz und Pfeffer aus der Mühle

Für 4–6 Personen | Vegetarisch

1 Die Kichererbsen in einen großen Topf geben und großzügig mit kaltem Wasser bedecken. Aufkochen und abschäumen, dann bei schwacher Hitze 1 Stunde garen, bis sie weich sind, aber noch etwas Biss haben. Abgießen und beiseitestellen.

2 Inzwischen den Mangold in 2 cm große Stücke schneiden und für 5 Minuten in sprudelnd kochendes Salzwasser geben. Abgießen und beiseitestellen. Die Fenchelknollen von den äußeren festen Schichten befreien, achteln und für 5 Minuten in einen zweiten Topf mit kochendem Salzwasser geben. Ebenfalls abgießen und beiseitestellen.

3 Das Olivenöl in einem Topf bei mittlerer Hitze heiß werden lassen. Den Knoblauch schälen und in dünne Scheiben schneiden, mit Fenchelsamen und Chiliflocken unter gelegentlichem Rühren braten, bis der Knoblauch goldbraun wird. Die Zwiebeln schälen und fein würfeln, hinzufügen und 5 Minuten anschwitzen, dabei ab und zu umrühren. Die Tomaten grob zerkleinern, mit den Kichererbsen dazugeben und 5 Minuten mitgaren. Dann Mangold, Fenchel und Essig unterrühren. Das Gericht mit Salz und Pfeffer abschmecken und servieren.

Wenn man Zwiebeln grillt, bis sie schwarz werden, ergibt das ein tolles Aroma, und sie werden etwas knusprig, was an die türkische Küche erinnert. Das geräucherte Paprikapulver bringt auch die Geschmacksknospen in Fahrt.

Kichererbsentopf mit gegrillten Zwiebeln & geräuchertem Paprikapulver

400 g getrocknete Kichererbsen, über Nacht in kaltem Wasser eingeweicht, abgetropft
2 EL Olivenöl, mehr zum Beträufeln
2 Knoblauchzehen
3 Lorbeerblätter
1 TL Chiliflocken
4 EL fein gewürfelte Zwiebel
2 große Gemüsezwiebeln
2 EL Weißweinessig
geräuchertes Paprikapulver zum Bestreuen
Salz und Pfeffer aus der Mühle

Für 4–6 Personen | Vegetarisch

1 Die Kichererbsen in einen großen Topf geben und großzügig mit kaltem Wasser bedecken. Aufkochen und abschäumen, dann bei schwacher Hitze 1 Stunde garen, bis sie weich sind, aber noch etwas Biss haben. Abgießen und beiseitestellen.

2 Inzwischen das Olivenöl in einem großen Topf bei mittlerer Hitze heiß werden lassen. Den Knoblauch schälen, in dünne Scheiben schneiden und mit den Lorbeerblättern unter gelegentlichem Rühren etwa 2 Minuten braten, bis er goldbraun wird. Die Zwiebelwürfel hinzufügen und 5 Minuten anschwitzen, dabei ab und zu umrühren. Die Kichererbsen dazugeben und 5 Minuten mitgaren, dann mit Salz, Pfeffer und den Chiliflocken würzen.

3 Den Backofengrill auf mittlerer Stufe vorheizen. Die Gemüsezwiebeln schälen und jeweils längs in 8 Spalten schneiden. Diese mit den Rundungen nach unten auf ein Backblech legen. Mit dem Essig und etwas Olivenöl beträufeln, dann für etwa 6 Minuten unter den Grill schieben, bis die Spitzen dunkelbraun, sogar etwas verbrannt sind.

4 Die Zwiebeln mitsamt dem ausgetretenen Saft auf einer Servierplatte anrichten. Die Kichererbsen mit einem Löffel dazwischen verteilen. Das Gericht mit etwas geräuchertem Paprikapulver bestreuen und sofort servieren.

Büfett: Curry

Vor Kurzem hatte ich das beste kulinarische Erlebnis meines Lebens. Ein älterer Koch aus Bengalen kochte eine Woche lang mit mir – cremige Dals, scharfe Currys und schlichte Kartoffelgerichte. Das brachte mich auf eine Menge neue Ideen, was man mit Gemüse alles anfangen kann. Im Bohnen-Mango-Curry sorgen Kurkuma und Ingwer für das gewisse Etwas. Schwarzwurzeln im Curry mögen Sie überraschen, Sie sollten das Gericht aber probieren, es ist unglaublich! Jams & Kokos vertragen sich hier großartig, Sag Aloo ist sowieso das beste Gericht, und das Linsen-Dal mit Zimt & Indischem Lorbeerblatt unvergleichlich. Chapatis mit grünen Bohnen & Möhren sind köstlich und einfach zu machen. Reichen Sie dazu Mangochutney, Joghurt, gekochten Reis und Chapatis pur.

Curry

1 Bohnen-Mango-Curry

50 g Butter
50 ml Olivenöl
½ TL Kreuzkümmelsamen
1 große Zwiebel, gewürfelt
1 kleine Knoblauchzehe, fein gehackt
je 1 TL gemahlene Kurkuma, Garam Masala und geriebene frische Ingwerwurzel
½ TL Chiliflocken
2 Tomaten, grob zerkleinert
250 g gegarte weiße Bohnenkerne
1 Mango, geschält, entsteint und in 2–3 cm große Stücke geschnitten
Salz und Pfeffer aus der Mühle

Für 4–6 Personen | Vegetarisch

1 Die Butter mit dem Olivenöl in einem Topf zerlassen. Den Kreuzkümmel hineingeben. Die Butter bei mittlerer bis starker Hitze aufschäumen. Zwiebelwürfel und Knoblauch darin in 5 Minuten etwas Farbe annehmen lassen.

2 Kurkuma, Garam Masala, Ingwer und Chiliflocken hinzufügen und 4 Minuten mitbraten, dabei häufig umrühren. Die Tomaten unter gelegentlichem Rühren 5 Minuten mitgaren. Bohnen und Mango sowie Salz und Pfeffer untermischen. Falls das Curry zu trocken ist, etwas Wasser dazugeben. Das Gericht erhitzen und heiß servieren.

2 Schwarzwurzelcurry mit Koriander

50 g Butter
2 EL Öl
1 scharfe, frische grüne Chilischote, entkernt und fein gehackt
2 cm frische Ingwerwurzel, fein gehackt
1 TL Kreuzkümmelsamen
½ TL schwarze Senfsamen
6 große Schwarzwurzeln, geschält und in 7 x 2 cm große Stücke geschnitten
2 große Tomaten, grob zerkleinert
2 TL gemahlener Koriander
½ TL gemahlene Kurkuma
½ TL Garam Masala
1 TL Zucker
3 EL gehacktes Koriandergrün
½ TL Salz
2–3 TL Zitronensaft

Für 4–6 Personen | Vegetarisch

1 In einem Topf die Butter mit dem Öl bei mittlerer bis starker Hitze zerlassen. Chili, Ingwer, Kreuzkümmel und Senf darin braten, bis die Samen springen, dabei häufig umrühren. Die Schwarzwurzeln dazugeben und 5 Minuten garen.

2 Die Tomaten mit Koriander, Kurkuma, Garam Masala, Zucker und der Hälfte des Koriandergrüns hinzufügen. Alles bei mittlerer Hitze unter gelegentlichem Rühren 20 Minuten garen, bis die Schwarzwurzeln weich sind. Den restlichen Koriander untermischen, mit Salz und Zitronensaft abschmecken und heiß servieren.

3 Jams-Kokos-Curry

50 ml Öl
1 TL Kreuzkümmelsamen
1 große Zwiebel, fein gewürfelt
1 Knoblauchzehe, fein gehackt
1 frische rote Chilischote, fein gehackt
2 Jamswurzeln, in 2 cm große Stücke geschnitten
400 ml heiße Gemüsebrühe (s. S. 297)
200 ml Kokosmilch
2–3 TL Limettensaft
3 EL gehacktes Koriandergrün
Salz und Pfeffer aus der Mühle

Für 4–6 Personen | Vegetarisch

1 Das Öl in einem Topf bei mittlerer bis starker Hitze heiß werden lassen. Den Kreuzkümmel darin unter häufigem Rühren braten, bis die Samen springen. Die Zwiebelwürfel mit dem Knoblauch dazugeben und anschwitzen, dabei häufig umrühren, dann Chili und Jams unter gelegentlichem Rühren 5 Minuten mitgaren.

2 Die heiße Brühe angießen und in etwa 20 Minuten auf ein Drittel einkochen lassen, dabei häufig rühren. Die Kokosmilch hinzufügen und das Curry einmal aufkochen. Mit Salz und Pfeffer abschmecken, Limettensaft und Koriandergrün unterrühren. Noch 2 Minuten köcheln lassen, dann servieren.

4 Sag Aloo

100 g Butter
50 ml Olivenöl
½ TL Kreuzkümmelsamen
1 große Zwiebel, gewürfelt
1 Knoblauchzehe, fein gehackt
1 TL gemahlene Kurkuma
1 TL Garam Masala
1 TL geriebene frische Ingwerwurzel
400 g Blattspinat, grob gehackt
12 kleine mehligkochende Kartoffeln, geschrubbt und im Ganzen gegart
Salz und Pfeffer aus der Mühle

Für 4–6 Personen | Vegetarisch

1 Die Butter mit dem Olivenöl in einem Topf zerlassen. Die Kreuzkümmelsamen darin bei mittlerer bis starker Hitze braten, bis die Butter aufschäumt. Die Zwiebelwürfel mit dem Knoblauch hinzufügen und unter gelegentlichem Rühren in 5 Minuten etwas Farbe annehmen lassen.

2 Kurkuma, Garam Masala und Ingwer dazugeben. Unter häufigem Rühren 4 Minuten dünsten, dann den Spinat hinzufügen und in etwa 5 Minuten zusammenfallen lassen, dabei gelegentlich rühren. Die Kartoffeln untermischen. Das Curry mit Salz und Pfeffer abschmecken und, falls nötig, mit etwas Wasser verdünnen. Erhitzen und heiß servieren.

5 Linsen-Dal mit Zimt & Indischem Lorbeerblatt

600 g rote Linsen
4 Indische Lorbeerblätter
1 Zimtstange
1 TL Kreuzkümmelsamen
1 TL Chiliflocken
3 EL Öl
8 Knoblauchzehen, in dünne Scheiben geschnitten
Salz und Pfeffer aus der Mühle

Für 4–6 Personen | Vegetarisch

1 Die Linsen in einem Sieb mehrmals mit kaltem Wasser abspülen, bis das ablaufende Wasser klar ist. In einen Topf geben und 7 cm hoch mit kaltem Wasser bedecken. Lorbeer, Zimt, Kreuzkümmel und Chili dazugeben und aufkochen.

2 Das Öl in einer Pfanne bei mittlerer Hitze heiß werden lassen. Den Knoblauch darin unter gelegentlichem Rühren 4–5 Minuten braten, bis er rundherum hell goldbraun ist, dann zu den Linsen geben. Das Gericht bei schwacher Hitze 25 Minuten köcheln lassen, bis die Linsen weich sind und die Flüssigkeit aufgenommen haben (es sollte eine breiige Konsistenz entstehen). Mit Salz und Pfeffer abschmecken und heiß servieren.

6 Chapatis mit grünen Bohnen & Möhren

300 g grüne Bohnen
300 g Möhren, in Stifte geschnitten
50 g Butter
3 EL Olivenöl
1 kleine Zwiebel, fein gewürfelt
1 Knoblauchzehe, fein gehackt
2 TL Currypulver
2 Tomaten, zerkleinert
2 TL Zitronensaft
6 Chapatis

Für 4–6 Personen | Vegetarisch

1 Bohnen und Möhrenstifte mit kaltem Wasser in einen Topf geben. Aufkochen und 4 Minuten kochen lassen, bis das Gemüse bissfest ist. Abgießen und beiseitestellen. Den Backofen auf 180 °C (Ober-/Unterhitze) bzw. 160 °C (Umluft) vorheizen.

2 In einem Topf die Butter mit dem Olivenöl zerlassen. Die Zwiebelwürfel darin mit dem Knoblauch 5–7 Minuten anschwitzen. Curry hinzufügen und weitere 5 Minuten garen. Tomaten und Zitronensaft hinzugeben. Alles 10 Minuten köcheln lassen, dann Möhren und Bohnen unterrühren. Die Chapatis auf eine saubere Arbeitsfläche legen und die Bohnenmischung mit einem Löffel mittig daraufgeben. Aufrollen und auf ein Backblech legen. Im Ofen 3 Minuten erwärmen, dann servieren.

Meine Kinder füllen voller Begeisterung Pitabrote mit allem Möglichen. Die hier ist wohl von allen diesen Füllungen die beste. Wenn Kinder mitessen, sollten Sie die Chilis aber weglassen.

Pitabrote mit Falafel & Gurkensalsa

250 g gegarte Kichererbsen
1 große Zwiebel, fein gewürfelt
2 Knoblauchzehen, fein gehackt
3 EL fein gehackte glatte Petersilie
1 TL gemahlener Koriander
1 TL Tahin (Sesampaste)
1 TL gemahlener Kreuzkümmel
2 EL Kichererbsenmehl (ersatzweise Weizenmehl)
Olivenöl zum Frittieren
6 Pitabrote
Salz und Pfeffer aus der Mühle

Für die Gurkensalsa
200 g Salatgurke
200 g Tomaten
1 frische rote Chilischote
2 EL gehackte Minze
2 EL gehacktes Koriandergrün
Saft von ½ Zitrone
50 ml Olivenöl
Salz und Pfeffer aus der Mühle

Für 6 Personen | Vegetarisch

1   Für die Gurkensalsa Gurke und Tomaten fein würfeln und in eine Schüssel füllen. Die Chilischote entkernen und hacken. Mit Minze, Koriandergrün, Zitronensaft, Olivenöl, Salz und Pfeffer zu Gurke und Tomate geben. Gut mischen, dann beiseitestellen.

2   Die Kichererbsen mit allen weiteren Zutaten bis auf Olivenöl und Brot im Mixer zu einer dicken Masse verarbeiten.

3   Von der Masse 1 EL zwischen den Handflächen zu einer Kugel rollen und diese etwas flach drücken. Mit der restlichen Masse ebenso verfahren – es sollen 12 Falafeln entstehen.

4   In einem hohen Topf mit schwerem Boden Olivenöl 7,5 cm hoch einfüllen und auf 180 °C erhitzen – ein Brotwürfel bräunt darin in 30 Sekunden. Die Falafeln in zwei bis drei Portionen darin je etwa 3–5 Minuten frittieren, bis sie goldbraun sind, dann mit einem Schaumlöffel herausheben und auf Küchenpapier abtropfen lassen. Fertige Falafeln warm halten, solange die restlichen frittiert werden.

5   Die Pitabrote im Toaster erwärmen – sie dürfen nicht zu knusprig werden. Quer halbieren und in jede Öffnung 1 Falafel stecken. Die pikante Salsa dazugeben und sofort servieren.

Gutes Kochen basiert meist auf klassischen Kombinationen – in diesem Fall Estragon, Senf und Essig. Ich habe nur noch Bohnen und Linsen hinzugefügt.

Weiße-Bohnen-Salat mit Estragon & Senf

500 g getrocknete Weiße-Bohnen-Kerne, über Nacht in kaltem Wasser eingeweicht
200 g Puy-Linsen
2 Schalotten, fein gehackt
2 EL fein gehackter Estragon
2 EL Dijonsenf
75 ml Olivenöl
2 EL Weißweinessig
Salz und Pfeffer aus der Mühle

Für 4–6 Personen | Vegetarisch

1 Die Bohnen abgießen, in einen großen Topf füllen und großzügig mit kaltem Wasser bedecken. Aufkochen und 10 Minuten sprudelnd kochen lassen, dabei abschäumen. Anschließend bei schwacher Hitze 45 Minuten köcheln lassen, bis die Bohnen weich sind.

2 Die Bohnen in ein großes Sieb gießen und abtropfen lassen, dann in eine Schüssel geben. Solange die Bohnen noch warm sind, die weiteren Zutaten hinzufügen und alles mischen. Den Salat mit Salz und Pfeffer abschmecken und warm servieren.

Diese beiden Gerichte passen hervorragend zu einem kühlen Bier und machen sich auch gut als Tapas oder Snacks. Auf einer Party können Sie sie Seite an Seite mit Erdnüssen und Chips servieren. Oder Sie packen sie einfach ein und nehmen sie mit auf einen Ausflug.

Scharfe Knusperbohnen

500 g frische Weiße-Bohnen-Kerne
3 l Sonnenblumenöl
4 EL rosenscharfes Paprikapulver
1 EL Puderzucker
1 EL feines Salz

Für 4–6 Personen | Vegetarisch

1 Die Bohnenkerne für 2 Minuten in sprudelnd kochendes Wasser geben, dann abgießen und in kaltem Wasser abschrecken. Das Sonnenblumenöl in einem hohen Topf mit schwerem Boden auf 180 °C erhitzen – ein Brotwürfel bräunt darin in 30 Sekunden. Inzwischen die Bohnenkerne häuten und in ihre Hälften zerteilen.

2 Die Bohnen portionsweise jeweils etwa 4 Minuten frittieren, bis sie goldbraun und knusprig sind. Jede Portion mit einem Schaumlöffel aus dem Öl heben und auf Küchenpapier abtropfen lassen.

3 Das Paprikapulver mit Puderzucker und Salz mischen und die Bohnen vor dem Servieren mit dieser Mischung bestreuen.

Dicke Bohnen & Polentachips

1 Rezept gegarte Polenta (s. S. 250, Schritte 1 und 2)
3 l Sonnenblumenöl
400 g frische Dicke-Bohnen-Kerne
4 EL rosenscharfes Paprikapulver
1 EL Puderzucker
1 EL feines Salz

Für 4–6 Personen | Vegetarisch

1 Die Polenta in etwa gleich große, aber unterschiedlich geformte Stücke schneiden. Das Öl erhitzen, die Bohnenkerne häuten und zerteilen, wie oben in Schritt 1 beschrieben.

2 Die Bohnen frittieren und abtropfen lassen, wie oben in Schritt 2 beschrieben. Die Polentastücke auf dieselbe Weise frittieren und abtropfen lassen.

3 Das Paprikapulver mit Puderzucker und Salz mischen. Bohnen und Polentachips noch heiß damit bestreuen und sofort servieren.

Als Rose Gray mir dieses Gericht im *River Café* in London zum ersten Mal zeigte, konnte ich kaum glauben, wie einfach es war und dass es tatsächlich auf einer Speisekarte gelandet ist. Wenn ich jetzt, Jahre später, eine junge Dicke Bohne sehe, juckt es mich in den Fingern, dieses Rezept hier nachzukochen.

Zerstampfte Dicke Bohnen mit Pecorino

1 Knoblauchzehe
2 TL grobes Meersalz
10 Minzeblätter
500 g sehr junge Dicke-Bohnen-Kerne
100 ml hochwertiges Olivenöl, mehr zum Beträufeln
150 g geriebener Pecorino
1 TL Zitronensaft
6 Scheiben Toastbrot

Für 4–6 Personen | Vegetarisch

1 Den Knoblauch schälen und mit 1 TL grobem Meersalz in einen großen Mörser geben und zu einer Paste zerdrücken. Die Minzeblätter hinzufügen und unter die Paste arbeiten. 1 Handvoll Bohnenkerne dazugeben und zerstampfen, dann 1 weitere Handvoll hinzufügen und wieder zerdrücken. Mit den restlichen Bohnenkernen ebenso verfahren, bis eine leicht stückige Paste entstanden ist.

2 Erst das Olivenöl, dann den Pecorino, das übrige Meersalz und den Zitronensaft hinzufügen und gut untermischen. Die Paste in eine Schüssel geben.

3 Die Brotscheiben toasten und diagonal halbieren. Zu den zerstampften Dicken Bohnen servieren und dazu das Olivenöl zum Beträufeln reichen.

Dosenbohnen auf Toast – das ist wohl mein liebstes Trostessen. Ich bin damit groß geworden und habe es immer gemocht. Dieses Rezept gefällt mir, weil es eine Erwachsenenversion dieses schlichten Gerichts ist.

Gebackene Borlotti-Bohnen auf Toast

1 Knoblauchzehe
500 g Borlotti-Bohnen-Kerne
2 Tomaten, grob zerkleinert
6 Salbeiblätter
50 ml Weißweinessig, mehr, falls nötig, und für den Rucola
50 ml Olivenöl, mehr für den Rucola
4 Scheiben Toastbrot
1 Bund Rucola
Butter zum Bestreichen
Salz und Pfeffer aus der Mühle

Für 4 Personen | Vegetarisch

1 Den Knoblauch schälen. Die Bohnenkerne mit Tomaten, Salbei, Knoblauch und Essig in einen großen Topf geben und mit kaltem Wasser bedecken. Das Olivenöl hinzufügen. Alles aufkochen, dann bei schwacher Hitze 1 Stunde köcheln lassen, bis die Bohnen völlig gar sind. Falls nötig, noch etwas heißes Wasser dazugießen.

2 Salbeiblätter und Tomatenschalen entfernen. 3 EL Bohnen mit Tomaten, Knoblauch und Garflüssigkeit im Mixer glatt pürieren. Das Püree zu den Bohnen in den Topf geben. Das Gericht mit Salz, Pfeffer und, nach Belieben, etwas Essig abschmecken.

3 Die Brotscheiben toasten. Inzwischen den Rucola mit etwas Olivenöl und Essig mit den Händen vorsichtig mischen, die Blätter dabei leicht zerdrücken. Die Toastscheiben mit Butter bestreichen und auf Teller legen. Die Bohnen mit einem Löffel darauf verteilen und das Ganze mit dem Rucola garnieren.

Dies ist eine Annäherung an einen meiner Lieblingssnacks aus Japan: Edamame oder Sojabohnen. Ich habe einfach nur junge Gartenerbsen anstelle der frischen jungen Sojabohnen genommen, und das klappt wirklich. Sie sollten Fleur de Sel verwenden, diese leicht feuchten, mineralstoffreichen französischen Salzflocken. Sie haften besonders gut an den Schoten.

Gedämpfte Erbsenschoten mit Salz & Olivenöl

3 EL grobes Meersalz oder Fleur de Sel
1 kg junge Erbsenschoten
Olivenöl zum Beträufeln

Für 4 Personen | Vegetarisch

1 In einem Topf reichlich Wasser zum Kochen bringen und 1 EL von dem Salz hineingeben. Die Erbsenschoten für 3 Minuten in das sprudelnd kochende Wasser geben.

2 In ein großes Sieb gießen und abtropfen lassen, dann wieder in den Topf geben. Mit dem Olivenöl beträufeln und durch Rühren damit überziehen. Sofort mit dem restlichen Salz bestreuen und servieren.

Gegrillte Dicke Bohnen

Den Holzkohlengrill gut vorheizen oder eine Grillpfanne erhitzen. Sobald der Grill heiß ist, 1 kg Dicke-Bohnen-Schoten auf den Rost legen. Grillen, bis die Schoten schwarz werden, und einmal wenden, damit die Kerne perfekt gegart werden. Die Schoten vom Grill nehmen, die Bohnenkerne enthülsen und die Kerne mit Olivenöl und etwas Zitronensaft mischen.

Dies hier finden meine Kinder sehr gut. Wenn Sie die Sache für Erwachsene etwas aufmotzen möchten, geben Sie einen Spritzer Worcestersauce, Tabasco und ein wenig zerdrückten Knoblauch an die Erbsenmischung.

Erbsen in Käsesauce auf Toast

50 g Butter, mehr für die Brotscheiben
50 g Mehl
500 ml warme Milch, mehr, falls nötig
frisch geriebene Muskatnuss
250 g geriebener Cheddar
50 g geriebener Parmesan
500 g frische oder TK-Erbsen
4 Scheiben Toastbrot
Salz und Pfeffer aus der Mühle

Für 4 Personen | Vegetarisch

1 Die Butter in einem Topf aufschäumen lassen. Bei schwacher Hitze das Mehl einrühren und unter Rühren 4–5 Minuten anschwitzen, ohne dass es bräunt. Langsam die Milch mit einem Schneebesen unter die Mehlschwitze schlagen, dann die Sauce bei stärkerer Hitze aufkochen und köcheln lassen, bis sie angedickt ist, dabei kräftig weiterschlagen. Die Sauce mit etwas Salz, Pfeffer und Muskat abschmecken, dann erst den Cheddar und zuletzt den Parmesan unterrühren. Die Sauce warm halten.

2 Die Erbsen 5 Minuten in sprudelnd kochendem Salzwasser garen. Abgießen, zur Käsesauce geben und untermischen. Die Brotscheiben toasten, mit Butter bestreichen und auf Teller legen. Falls die Käsesauce so dickflüssig ist, dass man sie nicht mehr gut gießen kann, die Sauce mit etwas Milch verdünnen. Die Toastscheiben mit der Erbsen-Käse-Sauce übergießen und servieren.

Servieren Sie die Lutscher im Sommer als Snack am Nachmittag. Sie können ihnen jede beliebige Form geben. Man kann die Mischung sogar in einen Eiswürfelbehälter füllen und in jedes Fach einen Eisstiel stecken.

Eislutscher mit Erbsen & Minze

500 g frisch gepalte junge Erbsen
50 g Butter
2 Schalotten
1 EL Zucker
150 g Crème double
2 EL fein gehackte Minze
Salz und Pfeffer aus der Mühle

Für 6 große oder 12 kleine Lutscher | Vegetarisch

1 Die Erbsen für 3 Minuten in sprudelnd kochendes Salzwasser geben, dann in ein Sieb gießen und abtropfen lassen.

2 Die Butter in einem Topf zerlassen. Die Schalotten fein würfeln und darin unter häufigem Rühren 4 Minuten anschwitzen. Die Erbsen unterrühren und das Ganze mit Zucker, Salz und Pfeffer würzen. Die Crème double dazugeben und kurz aufkochen, dann vom Herd nehmen und die Minze unter die Erbsenmischung rühren.

3 Das Ganze einige Minuten abkühlen lassen, dann im Mixer pürieren (es dürfen Erbsenstückchen sichtbar bleiben). Die Mischung in Eislutscher-Förmchen füllen und einfrieren, bis sie fest ist.

Im Sommer wirkt dieses Gericht bei mir Wunder. Im Garten zu sitzen und an einer kühlenden Suppe zu nippen, bringt die Sinne sofort wieder in Schwung. Ein Fläschchen Weißwein dazu kommt auch immer gut an.

Kalte Erbsensuppe mit Zitronenthymian

1 große Zwiebel
2 kleine Kartoffeln
50 g Butter
200 ml halbtrockener Weißwein
500 g frische oder TK-Erbsen
1 l heiße Gemüsebrühe (s. S. 297)
250 g Sahne
2 EL Zitronenthymianblättchen
Salz und Pfeffer aus der Mühle

Für 4–6 Personen | Vegetarisch

1 Die Zwiebel und die Kartoffeln schälen und klein würfeln. Die Butter in einem Topf bei mittlerer Hitze zerlassen. Die Zwiebelwürfel unter häufigem Rühren 5 Minuten anschwitzen. Die Kartoffeln dazugeben und 7 Minuten mitdünsten, dabei ab und zu umrühren.

2 Den Wein in den Topf gießen und verkochen lassen. Die Erbsen hinzufügen und unterrühren. Die heiße Brühe dazugeben und zum Köcheln bringen. Alles 8 Minuten leicht kochen lassen, bis die Kartoffeln weich sind. Einige Minuten abkühlen lassen, dann portionsweise im Mixer glatt pürieren, dabei die Sahne, die Hälfte des Zitronenthymians sowie etwas Salz und Pfeffer unterarbeiten

3 Die Suppe in eine Schüssel füllen und auskühlen lassen, dann die Schüssel mit Frischhaltefolie bedecken und für mindestens 2 Stunden in den Kühlschrank stellen. Die Suppe mit den restlichen Thymianblättchen garnieren und kalt servieren.

Gelegentlich bieten die einfachsten Gerichte die größte Überraschung. Hier sind zwei solcher Gerichte. Die Erbsen mit den Chiliflocken zu kochen, ist ein netter Trick, der sich auch auf andere Gerichte anwenden lässt. Ich mag es, dass Zuckerschoten so knackig sind – sie kitzeln wirklich den Gaumen und können vielseitig zubereitet werden. Am besten schmecken sie aber einfach, frisch und knackig.

Gebutterte Erbsen mit Blattsalat & Chili

500 g frische oder TK-Erbsen
1 Prise Chiliflocken
4 Romanasalatherzen
1 EL gehackte Minze
25 g Butter
2 EL Olivenöl
Salz und Pfeffer aus der Mühle

Für 4–6 Personen | Vegetarisch

1 Die Erbsen mit den Chiliflocken für 3–4 Minuten in sprudelnd kochendes Salzwasser geben, dann in ein Sieb gießen und abtropfen lassen. Inzwischen die Salatherzen sehr fein hacken und mit der Minze in eine Schüssel füllen.

2 Die Erbsen noch heiß zu Salat und Minze geben. Butter und Olivenöl hinzufügen und die Butter zerlaufen lassen. Salz und Pfeffer dazugeben, dann alles mischen und das Gericht sofort servieren.

Zuckerschoten & chinesisches Fünf-Gewürze-Pulver

500 g Zuckerschoten
25 g Butter
2 EL Sesamöl
2 TL chinesisches Fünf-Gewürze-Pulver
Saft von 1 Zitrone
Salz und Pfeffer aus der Mühle

Für 4–6 Personen | Vegetarisch

1 Die Zuckerschoten für 2 Minuten in sprudelnd kochendes Salzwasser geben, dann in ein Sieb gießen und abtropfen lassen.

2 In einem weiteren Topf die Butter mit dem Sesamöl zerlassen. Das Fünf-Gewürze-Pulver darin bei mittlerer Hitze 3–4 Minuten anschwitzen, bis die Butter nicht mehr schäumt. Zuckerschoten und Zitronensaft hinzufügen und untermischen. Das Gericht mit Salz und Pfeffer abschmecken und heiß servieren.

Dieses Gericht bietet einige nette Kontraste, beispielsweise die Knackigkeit der Zuckerschoten gegen die weiche Konsistenz des Lammfleischs. Der Couscous nimmt die Flüssigkeiten auf und der Kreuzkümmel bringt die Geschmacksknospen auf Touren.

Zuckerschoten & Couscous mit Lamm-Tajine

600 g Couscous
500 g Zuckerschoten
Salz

Für den Tajine
1 kg mageres Lammfleisch (z. B. aus der Keule)
2 EL Olivenöl
1 Zwiebel
1 Möhre
4 Knoblauchzehen
2 große Tomaten
Saft von 1 Zitrone
350 ml Gemüsebrühe (s. S. 297)
200 ml halbtrockener Weißwein
2 EL Tomatenmark
1 kleines Bund glatte Petersilie, fein gehackt
1 TL zerstoßene geröstete Kreuzkümmelsamen
1 Zimtstange
1 kleine Prise Safranfäden
Salz und Pfeffer aus der Mühle

Für 4–6 Personen

1 Für den Tajine das Lammfleisch in 2 cm große Würfel schneiden. Das Olivenöl in einem großen Topf bei mittlerer Hitze heiß werden lassen. Das Fleisch darin unter häufigem Rühren rundherum anbraten. Zwiebel, Möhre und Knoblauch schälen, Zwiebel und Knoblauch fein würfeln, die Möhre grob zerkleinern. Alles zusammen in den Topf geben und etwa 8 Minuten mitgaren, dabei ab und zu umrühren.

2 Die Tomaten häuten und grob zerkleinern. Mit dem Zitronensaft in den Topf geben, alles zum Köcheln bringen und 18–22 Minuten köcheln lassen, bis die Tomaten zu zerfallen beginnen. Gelegentlich umrühren. Brühe, Wein und Tomatenmark unterrühren, dann Petersilie, Kreuzkümmel, Zimt und Safran sowie Salz und Pfeffer hinzufügen. Alles aufkochen, dann bei schwacher Hitze unter häufigem Rühren offen etwa 1 Stunde köcheln lassen, bis das Fleisch weich und die Sauce eingedickt ist.

3 Inzwischen den Couscous in eine Schüssel füllen. In einem Topf 500 ml Wasser aufkochen. Den Couscous damit übergießen. Die Schüssel mit einem Deckel verschließen, damit weder Hitze noch Dampf entweichen können. Während der Couscous quillt, die Zuckerschoten grob hacken und in reichlich sprudelnd kochendem Salzwasser 3 Minuten garen, dann in ein Sieb gießen und abtropfen lassen. Den Deckel von der Schüssel mit dem Couscous nehmen. Den Couscous mit einer Gabel auflockern, dann die Zuckerschoten unterrühren. Die Zimtstange aus dem Lamm-Tajine entfernen und das Gericht mit dem Couscous servieren.

Dieses Gericht ist eine kleine Verneigung vor der chinesischen Küche. Sojasauce, Honig und Erdnüsse passen gut zusammen, Sie können aber auch Cashews verwenden.

Warmer Zuckerschotensalat mit Honig & Erdnüssen

500 g Zuckerschoten
25 g Butter
2 EL Olivenöl
2 TL Honig
150 g blanchierte rohe Erdnusskerne
3 TL Sojasauce
Saft von 1 Zitrone
Salz und Pfeffer aus der Mühle

Für 4–6 Personen | Vegetarisch

1 Die Zuckerschoten für 2 Minuten in einen Topf mit sprudelnd kochendem Salzwasser geben, dann in ein Sieb gießen und abtropfen lassen.

2 In einem weiteren Topf die Butter mit dem Olivenöl bei mittlerer Hitze zerlassen. Den Honig dazugeben und die Mischung 3–4 Minuten rühren, bis sie zu schäumen beginnt. Erdnüsse, Sojasauce und Zitronensaft hinzufügen und 1 Minute rühren, dann die Zuckerschoten untermischen. Das Gericht mit Salz und Pfeffer abschmecken und heiß servieren.

Wenn man Zutaten in einem Bambuskorb dämpft, erhalten sie einen ganz eigenen Geschmack. Ich finde, ein Dämpfkorb aus Bambus darf in keinem Haushalt fehlen. Je mehr Etagen er hat, desto besser.

Gedämpfte gebutterte grüne Bohnen mit Zitrone

500 g grüne Bohnen
1 unbehandelte Zitrone
50 g Butter
Salz

Für 4–6 Personen | Vegetarisch

1 Die Bohnen, falls nötig, entfädeln. Die Bohnen in mundgerechte Stücke schneiden und diese in Dämpfkörbe aus Bambus geben.

2 In einem Topf Wasser erhitzen und den Saft von ½ Zitrone hineinpressen. Die Dämpfkörbe übereinander in den Topf stellen. Die Bohnen 5–6 Minuten dämpfen, bis sie den richtigen Biss haben. Inzwischen die zweite Zitronenhälfte in Scheiben schneiden.

3 Den Deckel vom Topf nehmen, die Bohnen mit Salz würzen und in jeden Korb ein Stückchen Butter und einige Zitronenscheiben geben. Den Deckel wieder auflegen. Den Topf zum Tisch bringen und die Bohnen heiß servieren.

Lauch & Frühlingszwiebeln

Dafür 4 junge Lauchstangen und 1 Bund Frühlingszwiebeln in feine Ringe schneiden. Dämpfen und servieren, wie oben beschrieben.

Ich gebe gerne einen Löffel selbst gemachtes Pesto in die Mitte meiner Suppenschale. Bevor ich das Pesto unterrühre, koste ich die Suppe. Dann beginne ich ein bisschen zu rühren und probiere die Suppe noch einmal, bevor ich alles richtig verrühe. Wachsbohnen mag ich wegen ihrer goldenen Färbung, Sie können für die Suppe aber auch grüne Bohnen nehmen. Das Pesto können Sie nach Belieben auch durch meine klassische Tomatensauce (s. S. 211) ersetzen.

Französische Gemüsesuppe mit Bohnen & Pesto

1 Zwiebel
2 Knoblauchzehen
4 Stangen Staudensellerie
75 ml Olivenöl
200 g Möhren
150 g Kartoffeln
150 g kleine Rübchen
100 ml halbtrockener Weißwein
1,5 l heiße Gemüsebrühe (s. S. 297)
100 g Fusilli
500 g Wachsbohnen
100 g frische Erbsen
6 TL Basilikumpesto (s. S. 297)
Salz und Pfeffer aus der Mühle

Für 6 Personen | Vegetarisch

1 Die Zwiebel und den Knoblauch schälen. Zwiebel und Sellerie in 1 cm große Würfel schneiden, Knoblauch fein hacken. Die Hälfte des Olivenöls in einem Topf bei mittlerer Temperatur heiß werden lassen. Zwiebel und Sellerie darin unter gelegentlichem Rühren 5 Minuten anschwitzen. Den Knoblauch hinzufügen und 3 Minuten mitgaren, dabei häufig rühren.

2 Möhren, Kartoffeln und Rübchen schälen und in 1 cm große Stücke schneiden. Mit 1 Prise Salz in den Topf geben und bei mittlerer bis starker Hitze unter häufigem Rühren 5 Minuten garen. Den Wein angießen und in etwa 5 Minuten verkochen lassen, dann die Brühe unterrühren. Die Suppe aufkochen und mit Salz und Pfeffer abschmecken, dann bei schwacher Hitze 10 Minuten köcheln lassen. Inzwischen die Fusilli in 1 cm lange Stücke brechen.

3 Die Fusillistücke in die Suppe geben und darin 10 Minuten garen. Inzwischen die Bohnen in 1 cm breite Stücke schneiden, dann mit den Erbsen in den Topf geben und 4 Minuten mitgaren.

4 Die Suppe in Schalen oder tiefe Teller schöpfen, je 1 TL Pesto mittig hineinsetzen und mit dem restlichen Olivenöl beträufeln.

Das Gericht zuzubereiten und zu kochen macht Spaß, und Ihre Gäste werden beeindruckt sein – nicht nur, weil es toll aussieht, sondern auch, weil es fantastisch schmeckt.

Gebratene Bohnenbündel mit Sesam

Eiswürfel
500 g feine grüne Bohnen
18 Scheiben Pancetta oder anderer durchwachsener Speck
ca. 3 EL Olivenöl
3 TL Sesamsamen
Salz und Pfeffer aus der Mühle

Für 3–6 Personen

1 Eine Schüssel mit sehr kaltem Wasser füllen und ein paar Eiswürfel hineingeben. Die Bohnen für 2 Minuten in einen großen Topf mit sprudelnd kochendem Salzwasser geben, dann abgießen und in das Eiswasser geben, damit die grüne Farbe erhalten bleibt.

2 Die abgekühlten Bohnen auf einem Tablett ausbreiten und mit Küchenpapier trocken tupfen. Die Speckscheiben mit 5 cm Abstand zueinander auf ein großes Schneidebrett legen. Höchstens 15 Bohnen in der Hand zu einem Bündel formen, mittig auf die erste Scheibe legen und einwickeln. Mit den übrigen Bohnen und der restlichen Pancetta ebenso verfahren.

3 Eine große Pfanne bei mittlerer bis starker Hitze heiß werden lassen. Die Bohnenbündel darin portionsweise braten, bis aus dem Speck Fett austritt. Sollte die Pancetta eher mager sein und nur wenig Fett abgeben, 1–2 TL Olivenöl in die Pfanne träufeln. Die Bündel braten, bis der Speck goldbraun ist, dabei einmal vorsichtig wenden. Mit dem Sesam bestreuen, mit dem restlichen Olivenöl beträufeln, mit Salz und Pfeffer würzen und heiß servieren.

Im Frühsommer, wenn die Bohnen jung und zart sind, genügt es, sie nur zu blanchieren und dann mit einer Senf-Vinaigrette und Schalottenwürfeln anzumachen. Das schmeckt fantastisch! Hier habe ich für Extra-Crunch noch geröstete Mandelblättchen untergehoben.

Grüne Bohnen mit gerösteten Mandeln

600 g junge zarte grüne Bohnen
3 große längliche Schalotten
300 g gehobelte Mandeln
75 ml Haus-Dressing (s. S. 297)
Salz und Pfeffer aus der Mühle

Für 6 Personen | Vegetarisch

1 Die Bohnen gründlich in kaltem Wasser waschen. Anschließend 3 Minuten in reichlich sprudelnd kochendem Salzwasser bissfest garen. In ein Sieb gießen, abtropfen und abkühlen lassen.

2 Inzwischen die Schalotten schälen, fein würfeln und die Würfel in eine Schüssel füllen. Eine Pfanne bei mittlerer bis starker Temperatur heiß werden lassen. Die gehobelten Mandeln darin goldbraun rösten, die Pfanne dabei häufig schwenken. Die Mandeln auf einen Teller gleiten und abkühlen lassen, dann zu den Schalottenwürfeln geben.

3 Das Dressing und die abgekühlten Bohnen in die Schüssel geben. Alles gut mischen, mit Salz und Pfeffer abschmecken und servieren.

Das kräftige Grün der Okraschoten und das Violett der Auberginen kontrastieren wunderbar miteinander. Die zarte Konsistenz des Gemüses wird durch knusprigen Sesam noch betont. Ein wahres Fest für die Sinne.

Okrasalat mit Sesam, Honig & Auberginen

600 g Okraschoten
1 kg Auberginen
100 ml Olivenöl
100 ml flüssiger Honig
50 g Sesamsamen
Salz und Pfeffer aus der Mühle

Für 6 Personen | Vegetarisch

1   Die Okraschoten waschen und die Spitzen abschneiden. Die Schoten in 3 cm lange Stücke schneiden und diese für 5 Minuten in kochendes Salzwasser geben. In ein Sieb gießen, kalt abschrecken und bei Raumtemperatur beiseitestellen.

2   Die Auberginen in 3 cm große Stücke schneiden. Das Olivenöl in einer Pfanne erhitzen und die Auberginenstücke darin braten. Dann in ein großes Sieb geben und das Öl abtropfen lassen. Das Gemüse in eine große Schüssel füllen. Okras, Honig und Sesam sowie Salz und Pfeffer hinzufügen und alles gut mischen. Den Salat auf Raumtemperatur abkühlen lassen und servieren.

Grundrezepte

Mürbeteig

500 g Mehl
10 g Salz
200 g kalte Butter in Stückchen
1 Freilandei, verquirlt
2 EL Eiswasser

Ergibt etwa 700 g | Vegetarisch

1 Das Mehl mit dem Salz in eine große Schüssel geben. Die Butterstückchen hinzufügen und alles mit den Fingerspitzen zu Streuseln verreiben. Ei und Eiswasser mit einer Gabel unterrühren, dann die Mischung mit den Händen kurz zu einem Teig verkneten.

2 Den Teig wieder in die Schüssel geben, mit Frischhaltefolie bedecken und vor der Verwendung 2 Stunden kalt stellen.

Käseteig

200 g Mehl
100 g kalte Butter in Stückchen
200 g geriebener Cheddar
4–5 EL Eiswasser

Ergibt etwa 500 g | Vegetarisch

1 Das Mehl in eine große Schüssel füllen. Die Butter hinzufügen und alles mit den Fingerspitzen zu Streuseln verreiben. Cheddar und Eiswasser mit einer Gabel unterrühren, dann die Mischung mit den Händen kurz zu einem Teig verkneten.

2 Den Teig wieder in die Schüssel geben, mit Frischhaltefolie bedecken und vor der Verwendung 2 Stunden kalt stellen.

Pizzateig

350 g Weizenmehl (Type 550), mehr zum Arbeiten
1 TL grobes Meersalz, zwischen den Fingerspitzen zerbröselt
1 TL Zucker
1 TL Trockenhefe
200 ml warmes Wasser

Für 4 Pizzaböden (je 25 cm Ø) | Vegetarisch

1 Das Mehl 30 Minuten vor der Verwendung an einen warmen Platz, z. B. bei sehr schwacher Hitze in den Backofen, stellen.

2 Das Mehl in eine große Schüssel sieben. Salz, Zucker und Hefe unterrühren. In die Mitte eine Mulde drücken. Das warme Wasser hineingießen. Erst mit zwei Fingern, dann mit einer Hand, später mit beiden Händen das Mehl untermischen, bis eine Teigkugel entstanden ist. Falls nötig, etwas mehr Wasser dazugeben – wenn Sie mit dem Handrücken fest auf den Teig drücken, darf er nicht daran kleben bleiben.

3 Den Teig auf eine dünn bemehlte Arbeitsfläche geben und 4 Minuten kneten, bis er elastisch ist. Dafür mit einer Handfläche in die Mitte des Teigs drücken, dann den Teig nach vorn ziehen und um 90° drehen. Sollte der Teig kleben, mehr Mehl auf die Arbeitsfläche geben.

4 Den Teig wieder in die Schüssel geben, mit einem sauberen Geschirrtuch bedecken und an einem warmen Ort 1½ Stunden gehen lassen, bis er sein Volumen verdoppelt hat. Falls nicht, die Gehzeit um 30 Minuten verlängern.

5 Den Teig aus der Schüssel stürzen und die Luft herauskneten. Weitere 2–3 Minuten kneten, dann nach Rezept verwenden.

Pastateig

500 g Pastamehl (Type 00), mehr zum Arbeiten
5 Eigelb von Freilandeiern
2 Freilandeier
2 EL Olivenöl

Ergibt etwa 600 g | Vegetarisch

1 Das Mehl auf eine trockene Arbeitsfläche geben und in die Mitte eine Mulde drücken. Eigelbe, Eier und Olivenöl hineingeben. Mit den Händen nach und nach die Eier unter das Mehl mischen, bis ein Teig entstanden ist.

2 Den Teig auf eine dünn bemehlte Arbeitsfläche geben und 15 Minuten kneten, bis er sich seidig anfühlt. Den Teig in Frischhaltefolie wickeln und für mindestens 1½ Stunden in den Kühlschrank legen.

Hühnerbrühe

1 großes Suppenhuhn
2 Zwiebeln, grob zerkleinert
2 große Möhren, grob zerkleinert
2 Stangen Staudensellerie, grob zerkleinert
1 Stange Lauch, grob zerkleinert
1 Knoblauchknolle, geviertelt
2 Lorbeerblätter
2 Thymianzweige
1 EL weiße Pfefferkörner
1 kleine getrocknete Chilischote
2 Prisen Salz

Ergibt etwa 2 l

1 Alle Zutaten in einen großen Topf geben. Mit Wasser bedecken und aufkochen. Abschäumen, dann weitere 2 l kaltes Wasser dazugießen. Aufkochen und 2 Stunden köcheln lassen.

2 Die Brühe durch ein Sieb gießen und je nach Rezept verwenden. Wird sie nicht gleich gebraucht, abkühlen lassen, dann zudecken und bis zu 2 Tage im Kühlschrank aufbewahren oder bis zu 3 Monate einfrieren.

Gemüsebrühe

2 Gemüsezwiebeln, grob zerkleinert
2 Möhren, grob zerkleinert
2 Stangen Lauch, grob zerkleinert
1 Knoblauchknolle, geviertelt
1 Staudensellerieherz
3 Thymianzweige
3 Lorbeerblätter
1 Handvoll Petersilienstängel
1 EL weiße Pfefferkörner
1 TL Fenchelsamen

Ergibt etwa 3 l | Vegetarisch

1 Alle Zutaten mit 3 l Wasser in einen Topf geben. Aufkochen und abschäumen, dann 20 Minuten köcheln lassen.

2 Die Brühe durch ein Sieb gießen und je nach Rezept verwenden. Zum Aufbewahren abkühlen lassen, zudecken und bis zu 2 Tage im Kühlschrank lagern oder bis zu 3 Monate einfrieren.

Béchamelsauce

500 ml Milch
1 Lorbeerblatt
frisch geriebene Muskatnuss
50 g Butter
50 g Mehl

Ergibt etwa 500 ml | Vegetarisch

1 Die Milch mit Lorbeerblatt und reichlich Muskat in einen Topf geben und erhitzen, aber nicht kochen lassen.

2 Die Butter in einem Topf bei mittlerer Hitze zerlassen. Das Mehl einrühren und weiterrühren, bis die Mischung brodelt und etwas schäumt.

3 Die Milch schöpfkellenweise hinzufügen (den Lorbeer vorher entfernen), dabei mit einem Schneebesen rühren, damit sich keine Klümpchen bilden.

4 Wenn die Milch aufgebraucht ist, die Sauce bei schwacher Hitze 5 Minuten köcheln lassen, damit der rohe Mehlgeschmack verschwindet. Die Sauce nach Rezept verwenden.

Tempurateig

600 g Mehl, mehr zum Arbeiten
400 ml kaltes Mineralwasser mit Kohlensäure
200 ml Olivenöl

Ergibt etwa 1 l | Vegetarisch

1 Das Mehl in eine große Schüssel füllen und in die Mitte eine Mulde drücken. Mineralwasser und Olivenöl hineingeben und nach und nach mit einem Schneebesen das Mehl untermischen, bis ein glatter Teig entstanden ist. Wenn möglich, vor der Verwendung 1 Stunde ruhen lassen.

Haus-Dressing

100 g Dijonsenf
200 ml Weißweinessig
2 TL Salz
1 TL frisch gemahlener Pfeffer
300 ml Olivenöl

Ergibt etwa 600 ml | Vegetarisch

1 Den Senf in einer Schüssel mit Essig, Salz und Pfeffer verquirlen. Mit dem Schneebesen weiterschlagen, dabei das Öl in dünnem Strahl dazugießen. Die Mischung emulgiert und wird cremig, bleibt aber gießfähig.

2 Wenn das Öl aufgebraucht ist, das Dressing abschmecken und je nach Rezept verwenden. Zum Aufbewahren kann das Dressing zugedeckt bis zu 2 Wochen im Kühlschrank gelagert werden.

Basilikumpesto

500 g Basilikumblätter, möglichst gut abgetrocknet
100 g Pinienkerne
150 g Parmesan, gerieben
1 kleine Knoblauchzehe, halbiert
200 ml Olivenöl
Salz

Ergibt etwa 350 ml | Vegetarisch

1 Alle Zutaten in den Mixer geben und sehr glatt pürieren. Den Motor aber nicht zu lange laufen lassen, sonst wird das Basilikum heiß und grau. Das Pesto je nach Rezept verwenden. Wird es nicht gleich gebraucht, kann es zugedeckt bis zu 2 Wochen im Kühlschrank aufbewahrt werden.

Mayonnaise

3 Eigelb von Freilandeiern
1 EL Dijonsenf
2 EL Weißweinessig
1 TL Zucker
2 TL Salz
1 Prise frisch gemahlener Pfeffer
500 ml Öl
2 EL Zitronensaft

Ergibt etwa 600 g | Vegetarisch

1 Die Eigelbe in einer Schüssel mit Senf, Essig, Zucker, Salz und Pfeffer mit einem Schneebesen verquirlen. Ein zusammengefaltetes feuchtes Geschirrtuch unter die Schüssel legen, damit sie nicht verrutscht. Mit einer Hand das Öl in die Schüssel träufeln, mit der anderen weiterschlagen. Sie können auch jemanden um Hilfe bitten.

2 Sobald drei Viertel des Öls untergeschlagen sind, den Zitronensaft hinzufügen und dann das restliche Öl. Die Mayonnaise abschmecken und nach Bedarf verwenden oder zugedeckt bis zu 1 Woche im Kühlschrank aufbewahren.

Scharfe Mayonnaise

2 Eigelb von Freilandeiern
2 EL Weißweinessig
1 große frische rote Chilischote, entkernt und zu einer Paste zerkleinert
1 EL Dijonsenf
250 ml Olivenöl
Salz und Pfeffer aus der Mühle

Ergibt etwa 350 g | Vegetarisch

1 Die Eigelbe in einer großen Metallschüssel mit einem Schneebesen mit Essig, Chili und Senf verquirlen. Ein zusammengefaltetes feuchtes Geschirrtuch unter die Schüssel legen, damit sie nicht verrutscht. Das Öl nach und nach unter die Eigelbmischung schlagen wie links beschrieben und mit Salz und Pfeffer würzen.

Schalottendressing mit Kräuteressig

1 EL Dijonsenf
1 TL Zucker
50 ml Kräuteressig
200 ml Olivenöl
2 längliche Schalotten, fein gewürfelt
2 EL in Essig eingelegte Kapern, fein gehackt
1 EL fein gehackter Estragon
Salz und Pfeffer aus der Mühle

Ergibt etwa 250 ml | Vegetarisch

1 Den Senf in einer Schüssel mit einem Schneebesen mit Zucker und Essig verquirlen.

2 Die Hälfte des Öls darunterschlagen, die zerkleinerten Zutaten hinzufügen und das restliche Öl unterarbeiten. Das Dressing mit Salz und Pfeffer abschmecken und nach Bedarf verwenden. Wird es nicht sofort gebraucht, hält es sich zugedeckt im Kühlschrank bis zu 2 Wochen.

Salbeibutter

50 g Butter
12 Salbeiblätter

Ergibt etwa 50 g | Vegetarisch

1 Die Butter in einem kleinen Topf bei mittlerer Hitze zerlassen, bis sie schäumt. Die Salbeiblätter darin etwa 4 Minuten braten, bis sie etwas knusprig sind. Sofort servieren. Köstlich auf geröstetem Kürbis oder Kartoffelpüree.

Apfelkonfitüre

1,5 kg Kochäpfel (z. B. Boskop)
1 kg Zucker
Saft und abgeriebene Schale von 2 unbehandelten Zitronen

Für 4 Gläser (je 500 ml Inhalt) | Vegetarisch

1 Die Äpfel schälen und von schadhaften Stellen befreien. Entkernen und in sehr dünne Scheiben schneiden. Die Scheiben in ein sauberes großes Einmachglas geben. Das Glas auf einem Metalluntersetzer in einen Topf stellen und diesen mit so viel kochend heißem Wasser füllen, dass der Wasserspiegel auf Höhe der Äpfel abschließt. Die Äpfel 35–45 Minuten garen, bis sie ziemlich weich sind.

2 Das Glas mit Topfhandschuhen aus dem Wasser geben und die Äpfel in einen Topf umfüllen. Zucker, Zitronensaft und -schale untermischen. Zum Köcheln bringen und bei schwacher bis mittlerer Hitze sanft kochen lassen, falls nötig, abschäumen.

3 Inzwischen eine Untertasse zum Kühlen in den Kühlschrank stellen und 4 Marmeladengläser sterilisieren (s. S. 180, Schritt 3).

4 Für die Gelierprobe etwas Konfitüre auf die kalte Untertasse geben. Kurz kalt stellen, dann mit dem Finger anstupsen. Kräuselt sich die Oberfläche, ist die Konfitüre fertig. Falls nicht, die Masse weitere 5 Minuten köcheln lassen. Die Konfitüre in die warmen sterilisierten Gläser füllen und abkühlen lassen. Die Gläser fest verschließen. An einem kühlen, dunklen Ort hält sich die Konfitüre bis zu 3, im Kühlschrank bis zu 6 Monate. Angebrochene Gläser im Kühlschrank aufbewahren und den Inhalt innerhalb von 2 Wochen verbrauchen.

Sauce Soubise

50 g Butter
4 Zwiebeln, fein gewürfelt
150 ml Béchamelsauce (s. S. 297)
1 EL Zucker
50 g Sahne
Salz und Pfeffer aus der Mühle

Ergibt etwa 250 ml | Vegetarisch

1 Die Butter in einem Topf mit schwerem Boden bei sehr schwacher Hitze zerlassen. Die Zwiebelwürfel darin etwa 20 Minuten anschwitzen, bis sie schön süß geworden sind.

2 Béchamelsauce und Zucker mit Salz und Pfeffer hinzufügen. Das Ganze bei sehr schwacher Hitze 30 Minuten köcheln lassen. Etwas abkühlen lassen, dann im Mixer sehr glatt pürieren, dabei die Sahne unterarbeiten. Die Sauce in einen Topf geben und erwärmen. Heiß zu Ofenkartoffeln oder gerösteten Zwiebeln servieren.

Gremolata

6 EL fein gehackte glatte Petersilie
1 Knoblauchzehe, fein gehackt
abgeriebene Schale von 2 unbehandelten Zitronen
3 in Salz eingelegte Sardellenfilets, 30 Minuten gewässert

Ergibt etwa 50 ml

1 Die Petersilie mit Knoblauch und Zitronenschale in eine kleine Schüssel füllen.

2 Die Sardellen abtropfen lassen und so fein wie möglich zerkleinern. In die Schüssel geben und alles mit einem Löffel verrühren. Sofort servieren, z. B. zu Ofenkartofffeln oder gerösteten Zwiebeln.

Knoblauch-Kräuter-Brot

250 g weiche Butter
6 Knoblauchzehen, fein gehackt
1 Schalotte, fein gewürfelt
Saft und abgeriebene Schale von 1 unbehandelten Zitrone
1 EL fein gehackte glatte Petersilie
1 EL fein gehackter Kerbel
1 EL feine Schnittlauchröllchen
1 Baguette
Salz und Pfeffer aus der Mühle

Für 1 Laib | Vegetarisch

1 Den Backofen auf 180 °C (Ober-/Unterhitze) bzw. 160 °C (Umluft) vorheizen. Die Butter mit Knoblauch, Schalotte, Zitronenschale und -saft, Kräutern, Salz und Pfeffer in eine Schüssel geben und alles mithilfe eines stabilen Teigschabers mischen.

2 Das Baguette im Abstand von je 3 cm einschneiden und die Knoblauch-Kräuter-Butter in die Schlitze streichen. Das Baguette in Alufolie wickeln und im Ofen 8 Minuten backen, dann aus dem Ofen nehmen, auspacken und sofort servieren.

Register

A

Äpfel
  Apfelkonfitüre 298
  Selleriesalat mit Walnüssen, Blauschimmelkäse & Apfel 121
Artischocken
  Artischocken auf römische Art mit frittierten-Lauchstreifen 193
  Artischocken mit Spinat, verlorenem Ei & Räucherlachs 188
  Artischocken mit Zitronenbutter 184
  Artischockensalat mit Feldsalat, Croûtons & Radicchio 192
  In Wein geschmorte Artischocken mit Kräuterfüllung 186
  Kartoffel-Artischocken-Gratin mit Thymian & Olivenöl 160
  Marinierte Artischocken mit Zitrone & Majoran 190
  Saisonzeiten 8
Auberginen
  Auberginen-Tempura mit Wasabimayonnaise 224
  Auberginentürme mit Spinat & Tomaten 211
  Blumenkohlauflauf mit Auberginen & Paprika 211
  Crostini mit Petersilie & Zitrone 227
  Gebratene Auberginen mit Salsa rossa 226
  Gegrillte Auberginen mit Oregano-Salmoriglio 228
  Gemischtes Ofengemüse 69
  Okrasalat mit Sesam, Honig & Auberginen 294
  Ratatouille mit Basilikum & Olivenöl 222
  Saisonzeiten 8
Augenbohnen
  Augenbohnen mit Eisbein & Chilis 260
Avocado
  Avocado mit gegrilltem Halloumi & Minze 197
  Avocadosalat mit Rucola & Erbsensprossen 196
  Avocadosuppe mit Crème fraîche 198
  Limetten-Chili-Guacamole 231
  Saisonzeiten 8

B

Bärlauchzwiebeln
  Sauer eingelegte Bärlauchzwiebeln 183
Béchamelsauce 297
Beurre rouge
  Warme Rote Bete mit Räucheraal & Beurre rouge 16
Blattsalate
  Saisonzeiten 8
Blattspinat *siehe Spinat*
Blumenkohl
  Blumenkohlauflauf mit Auberginen & Paprika 211
  Blumenkohl-Brokkoli-Auflauf mit Käse 176
  Blumenkohlchutney auf Piccalilli-Art 183
  Saisonzeiten 8
Bohnen
  Augenbohnen mit Eisbein & Chilis 260
  Blumenkohlchutney auf Piccalilli-Art 183
  Bohnenchili-Tacos 231
  Bohnen-Mango-Curry 267
  Borlotti-Bohnen mit Riesengarnelen & grünen Chilis 101
  Butterkartoffeln mit Dicken Bohnen & Erbsen 125
  Chapatis mit grünen Bohnen & Möhren 267
  Dicke Bohnen mit Schalotten in Öl 252
  Dicke Bohnen & Polenta-Chips 272
  Französische Gemüsesuppe mit Bohnen & Pesto 290
  Gebackene Borlotti-Bohnen auf Toast 276
  Gebratene Bohnenbündel mit Sesam 292
  Gedämpfte gebutterte grüne Bohnen mit Zitrone 289
  Gegrillte Dicke Bohnen 278
  Grüne Bohnen mit gerösteten Mandeln 293
  Möhren, Dicke Bohnen & Erbsen »in umido« 26
  Nizza-Salat mit Frühkartoffeln 49
  Radieschensalat mit Granatapfel & Cannellini-Bohnen 70
  Risotto mit Borlotti-Bohnen & Radicchio 234
  Russischer Salat 40
  Scharfe Knusperbohnen 272
  Spargelsalat mit Erbsen, Dicken Bohnen & Minze 132
  Wachsbohnen »in umido« mit Tomaten & Basilikum 26
  Weiße-Bohnen-Salat mit Estragon & Senf 271
  Zerstampfte Dicke Bohnen mit Pecorino 274
Brennnesseln
  Gnocchi mit Brennnesseln 52
  Saisonzeiten 8
Brokkoli
  Blumenkohl-Brokkoli-Auflauf mit Käse 176
  Brokkolisalat mit gerösteten Mandeln & Haselnussöl 178
  Pfannengerührter Brokkoli mit Sprossen 179
  Saisonzeiten 8
  Sellerie-Lasagne mit Brokkoli & Parmesan 211
Brunnenkresse
  Rote-Bete-Salat mit Brunnenkresse & Meerrettich 14
  Saisonzeiten 8
  Scharfe Rucolasuppe mit Brunnenkresseöl 154
  Zehnblattsalat 143
Büffet
  Curry 266
  Klassiker 124
  Mittelmeerküche 100
  Tex-Mex-Grill 230

C

Champignons *siehe auch Portobello-Pilze*
  Pikante Pilze auf Toast 240
  Saisonzeiten 8
Chicorée
  Chicorée-Garnelencocktail-Schiffchen 168
  Chicorée-Schwarzwurzelcocktail-Schiffchen 168
  Gerösteter Chicorée mit Pancetta & Gewürztraminer 166
  Rahmchicorée mit Lauch & Sellerie 167
  Saisonzeiten 8
Chilischoten
  Saisonzeiten 8
Couscous
  Couscous-Salat mit Eisbergsalat, Tomaten & Minze 144
  Zuckerschoten & Couscous mit Lamm-Tajine 286
Curry 266

D

Dicke Bohnen
  Butterkartoffeln mit Dicken Bohnen & Erbsen 125
  Dicke Bohnen mit Schalotten in Öl 252

Dicke Bohnen & Polenta-Chips 272
Gegrillte Dicke Bohnen 278
Möhren, Dicke Bohnen & Erbsen »in umido« 26
Saisonzeiten 8
Spargelsalat mit Erbsen, Dicken Bohnen & Minze 132
Zerstampfte Dicke Bohnen mit Pecorino 274

E
Eichblattsalat
  Sellerietürme mit Frühlingssalat 78
  Zehnblattsalat 143
Eier
  Artischocken mit Spinat, verlorenem Ei & Räucherlachs 188
  Insalata mista 96
  Nizza-Salat mit Frühkartoffeln 49
  Paprikasalat mit passiertem Ei & Sardellen 206
  Rucola-Erbsen-Tortilla 42
  Russischer Salat 40
  Sauerampfer-Frittata mit Mozzarella & Parmesan 156
  Spargelsalat mit Ei & Speck 132
  Spargeltortilla 101
  Tortilla mit Pimientos de Padrón 42
Eisbein
  Augenbohnen mit Eisbein & Chilis 260
Eisbergsalat
  Couscous-Salat mit Eisbergsalat, Tomaten & Minze 144
Endivie
  Elf- oder Zwölfblattsalat 143
Erbsen
  Butterkartoffeln mit Dicken Bohnen & Erbsen 125
  Eislutscher mit Erbsen & Minze 280
  Erbsen in Käsesauce auf Toast 279
  Französische Gemüsesuppe mit Bohnen & Pesto 290
  Gebutterte Erbsen mit Blattsalat & Chili 284
  Gedämpfte Erbsenschoten mit Salz & Olivenöl 278
  Kalte Erbsensuppe mit Zitronenthymian 282
  Möhren, Dicke Bohnen & Erbsen »in umido« 26
  Rucola-Erbsen-Tortilla 42
  Russischer Salat 40
  Saisonzeiten 8
  Spargelsalat mit Erbsen, Dicken Bohnen & Minze 132
Erbsensprossen
  Avocadosalat mit Rucola & Erbsensprossen 196
Essiggemüse 180

F
Feldsalat
  Artischockensalat mit Feldsalat, Croûtons & Radicchio 192
Fenchel
  Fenchel-Lachs-Ceviche 112
  Fenchelsalat mit Orangen, Trauben & Sonnenblumenkernen 116
  Fenchel-Sardinen-Ceviche 101
  Fenchel & Kartoffeln aus dem Ofen 114
  Gedünstete, glasierte Rübchen, Möhren & Fenchel 79
  Gemischtes Ofengemüse 69
  Geschmorte Kichererbsen mit Mangold, Fenchel & Tomaten 262

Geschmorter Fenchel mit Fenchelsamen 109
Lauch, Kürbis & Fenchel 79
Panierte Fenchelscheiben mit Limetten-Chili-Dressing 110
Rote-Bete-Salat mit Kürbis- & Sonnenblumenkernen 17
Saisonzeiten 8
Friséesalat
  Sellerietürme mit Frühlingssalat 78
  Warmer Schwarzwurzelsalat mit Räuchermakrele 82
  Zehnblattsalat 143
Frittata
  Sauerampfer-Frittata mit Mozzarella & Parmesan 156
Frühlingszwiebeln
  Kartoffel-Lauch-Gratin mit Frühlingszwiebeln 163
  Lauch & Frühlingszwiebeln gedämpft 289
  Möhren, Dicke Bohnen & Erbsen »in umido« 26
  Saisonzeiten 8
  Sellerietürme mit Frühlingssalat 78
  Weißkohlsalat mit Rosinen & Cranberrys 172

G
Garnelen
  Chicorée-Garnelencocktail-Schiffchen 168
  Garnelen im Kartoffelmantel 44
Gelbe Bete
  Gelbe-Bete-Gratin 163
  Skandinavischer Bete-Salat mit saurem Hering & Kartoffeln 18
Gemüsebrühe 297
Gnocchi
  Gnocchi mit Basilikumpesto 52
  Gnocchi mit Brennnesseln 52
Granatapfel
  Radieschensalat mit Granatapfel & Cannellini-Bohnen 70
Gremolata 298
Grundrezepte 296
Grundtechnik
  Essiggemüse 180
  Gratin 160
  Püree 34
  Röstgemüse 66
  Tomatensauce 208
Grüne Bohnen
  Blumenkohlchutney auf Piccalilli-Art 183
  Chapatis mit grünen Bohnen & Möhren 267
  Gebratene Bohnenbündel mit Sesam 292
  Gedämpfte gebutterte grüne Bohnen mit Zitrone 289
  Grüne Bohnen mit gerösteten Mandeln 293
  Saisonzeiten 8
  Wachsbohnen »in umido« mit Tomaten & Basilikum 26
Grünkohl
  Geschmorter Grünkohl mit Knoblauch & Sojasauce 170
  Roter Grünkohl mit Sahne, Pfeffer & Zitrone 170
  Saisonzeiten 8
Guacamole
  Limetten-Chili-Guacamole 231
Gurke
  Blumenkohlchutney auf Piccalilli-Art 183
  Gitter aus Lachs & Schwarzwurzeln mit Gurken-Beurre-blanc 125
  Gurkensuppe 198

Gurken-Wassermelonen-Salat mit Mango 200
Kartoffel-Gurken-Salat 54
Pitabrote mit Falafel & Gurkensalsa 270
Saisonzeiten 8
Saure junge Gurken 183

H
Hähnchenbrustfilet
  Chicken Caesar Salad 140
  Russischer Salat 40
Hähnchenkeulen
  Pochierte Sellerieherzen mit Hähnchenkeulen & Meerrettich-Crème-fraîche 120
Halloumi
  Avocado mit gegrilltem Halloumi & Minze 197
Haus-Dressing 297
Hering
  Skandinavischer Bete-Salat mit saurem Hering & Kartoffeln 18
Hühnerbrühe 296
Hühnersuppe mit pochierten Schalotten & Klößchen 90

I
Ingwer
  Kürbissuppe mit Muskat & Ingwer 238
  Möhren-Ingwer-Suppe 20

J
Jalapeños
  Würzige Quesadillas mit grünen Jalapeños 231
Jamswurzeln
  Buttriges Jams-Fufu mit Kochbananen-Ragout 64
  Jams-Kokos-Curry 267
  Saisonzeiten 8

K
Karamellisierte Schalotten mit Butter & Palmzucker 91
Karotten *siehe* Möhren
Kartoffeln
  Butterkartoffeln mit Dicken Bohnen & Erbsen 125
  Fenchel & Kartoffeln aus dem Ofen 114
  Französische Gemüsesuppe mit Bohnen & Pesto 290
  Garnelen im Kartoffelmantel 44
  Gnocchi mit Basilikumpesto 52
  Gnocchi mit Brennnesseln 52
  Gratin dauphinoise 163
  Gratin mit Radicchio Trevisano & Speck 163
  Kartoffel-Artischocken-Gratin mit Thymian & Olivenöl 160
  Kartoffel-Galettes mit Salbei 38
  Kartoffel-Gurken-Salat 54
  Kartoffel-Lauch-Gratin mit Frühlingszwiebeln 163
  Kartoffel-Morchel-Suppe 33
  Kartoffelpüree 34
  Kartoffelpüree & Rüben 37
  Kartoffel-Sellerie-Püree 37
  Klare Brühe mit Wurzelgemüse, frischem Ingwer & Sojasauce 74
  Kohlrabiauflauf mit Wurzelgemüse 118
  Nizza-Salat mit Frühkartoffeln 49
  Ofenkartoffeln mit Tomaten, Basilikum & Crème fraîche 48
  Püree mit Kerbel, Dill & Petersilie 37

Rote Zwiebeln & Kartoffeln aus dem Ofen 114
Rucola-Erbsen-Tortilla 42
Russischer Salat 40
Safran-Schalotten-Püree 37
Sag Aloo 267
Saisonzeiten 8
Scharfe Rucolasuppe mit Brunnenkresseöl 154
Schmelzkartoffeln mit Safran 46
Skandinavischer Bete-Salat mit saurem Hering & Kartoffeln 18
Steckrübeneintopf mit Petersilie, Weißwein & Lammnacken 72
Teuflisch gute Kartoffeln mit frischen Chilis & Kapern 50
Tortilla mit Pimientos de Padrón 42
Zucchini-Risotto 234

Käseteig 296

Kaviar
Gekühlte Salatsuppe mit Champagner & Kaviar 125

Kichererbsen
Geschmorte Kichererbsen mit Mangold, Fenchel & Tomaten 262
Kichererbsentopf mit gegrillten Zwiebeln & geräuchertem Paprikapulver 264
Pitabrote mit Falafel & Gurkensalsa 270

Klassiker 124

Knoblauch
Auf Salz gebackene Gemüsezwiebeln & Knoblauchknollen 93
Crostini mit Tomaten, Knoblauch & roter Paprika 214
Gefüllte Paprika mit Thymian, Knoblauch & Sardellen 204
Geschmorter Grünkohl mit Knoblauch & Sojasauce 170
Knoblauch-Kräuter-Brot 298
Penne mit Knoblauch, Rosmarin & Mascarpone 88
Rahmspinat mit Knoblauch & Schalotten 146
Weiße Knoblauchsuppe mit Mandeln 86

Knollensellerie
Gemischtes Ofengemüse 69
Gerösteter Sellerie mit Selleriesalz & knusprigem Speck 69
Kohlrabiauflauf mit Wurzelgemüse 118
Rüben-Sellerie-Gratin 163
Saisonzeiten 8
Sellerie-Lasagne mit Brokkoli & Parmesan 211
Sellerieremoulade 76
Sellerietürme mit Frühlingssalat 78

Kochbananen
Buttriger Jams-Fufu mit Kochbananen-Ragout 64

Kohlrabi
Bunter Kohlrabisalat 117
Kohlrabiauflauf mit Wurzelgemüse 118

Kürbis
Gerösteter Butternusskürbis mit Chili & saurer Sahne 69
Kohlrabiauflauf mit Wurzelgemüse 118
Kürbis-Farfalle mit Tomaten 211
Kürbisgratin 163
Kürbis-Ravioli mit brauner Butter 236
Kürbissuppe mit Muskat & Ingwer 238
Saisonzeiten 8

Kürbiskerne
Rote-Bete-Salat mit Kürbis- & Sonnenblumenkernen 17

L
Lachs
Fenchel-Lachs-Ceviche 112
Gitter aus Lachs & Schwarzwurzeln mit Gurken-Beurre-blanc 125

Lamm
Steckrübeneintopf mit Petersilie, Weißwein & Lammnacken 72
Zuckerschoten & Couscous mit Lamm-Tajine 286

Lasagne
Sellerie-Lasagne mit Brokkoli & Parmesan 211

Lauch
Artischocken auf römische Art mit frittierten Lauchstreifen 193
Auf Salz gebackener Lauch 93
Buttriger Lauch mit Thymian & Weißwein 108
Gurkensuppe 198
Kartoffel-Lauch-Gratin mit Frühlingszwiebeln 163
Lauch, Kürbis & Fenchel 79
Lauch-Tarte mit getrüffeltem Ziegenkäse 104
Lauchtoast mit Käse & Worcestersauce 106
Lauch & Frühlingszwiebeln gedämpft 289
Rahmchicorée mit Lauch & Sellerie 167
Saisonzeiten 8
Wintersalat 96

Linsen
Linsen-Dal mit Zimt & Indischem Lorbeerblatt 267
Linsen-Tarte mit Süßkartoffeln & Crème fraîche 258
Puy-Linsen-Salat mit Ziegenkäse & getrockneten Tomaten 256

Löwenzahn
Elf- oder Zwölfblattsalat 143

M
Mais
Cremiger Mais 220
Gegrillte Maiskolben 231
Pfannküchlein mit Mais & Koriandergrün 218
Saisonzeiten 8

Makrelenfilet
Warmer Schwarzwurzelsalat mit Räuchermakrele 82

Mango
Bohnen-Mango-Curry 267
Gurken-Wassermelonen-Salat mit Mango 200

Mangold
Geschmorte Kichererbsen mit Mangold, Fenchel & Tomaten 262
Linsen-Tarte mit Süßkartoffeln & Crème fraîche 258
Saisonzeiten 8

Marshmallows
Geröstete Süßkartoffeln mit Marshmallows & Ahornsirup 62

Mayonnaise 297
Mayonnaise, scharfe 297

Meerrettich
Gelbe-Bete-Gratin 163
Möhren-Meerrettich-Eintopf mit Ochsenschwanz & Rotwein 24
Pochierte Sellerieherzen mit Hähnchenkeulen & Meerrettich-Crème-fraîche 120
Rote-Bete-Salat mit Brunnenkresse & Meerrettich 14
Sellerieremoulade 76

Mittelmeerküche 100

Möhren
Augenbohnen mit Eisbein & Chilis 260
Baby-Möhren mit Butter & Sojasauce 22
Bunter Kohlrabisalat 117
Französische Gemüsesuppe mit Bohnen & Pesto 290
Gedünstete, glasierte Rübchen, Möhren & Fenchel 79
Geröstete Möhren mit Kümmel & Chilisahne 66
Honig-Senf-Möhren 32
Klare Brühe mit Wurzelgemüse, frischem Ingwer & Sojasauce 74
Kohlrabiauflauf mit Wurzelgemüse 118
Möhren à la Vichy 23
Möhren, Dicke Bohnen & Erbsen »in umido« 26
Möhren-Ingwer-Suppe 20
Möhren-Meerrettich-Eintopf mit Ochsenschwanz & Rotwein 24
Möhrensalat mit Rosinen, Pistazien & Minze 28
Rote-Bete-Salat mit Kürbis- & Sonnenblumenkernen 17
Russischer Salat 40
Saisonzeiten 8

Morcheln
Kartoffel-Morchel-Suppe 33
Saisonzeiten 8

Mungbohnensprossen
Pfannengerührter Brokkoli mit Sprossen 179

Mürbeteig 296

O
Ochsenschwanz
Möhren-Meerrettich-Eintopf mit Ochsenschwanz & Rotwein 24

Ofengemüse 69

Okraschoten
Okrasalat mit Sesam, Honig & Auberginen 294
Saisonzeiten 8

Oliven
Nizza-Salat mit Frühkartoffeln 49
Russischer Salat 40

Orangen
Fenchelsalat mit Orangen, Trauben & Sonnenblumenkernen 116

P
Pancetta *siehe* Speck

Paprika
Blumenkohlauflauf mit Auberginen & Paprika 211
Crostini mit Tomaten, Knoblauch & roter Paprika 214
Gebratene Auberginen mit Salsa rossa 226
Gefüllte Ochsenherztomaten 204
Gefüllte Paprika mit Thymian, Knoblauch & Sardellen 204
Gekühlte Paprikasuppe mit Gurkenfächern 202
Marinierte Babypaprika mit Senfsamen & Lorbeer 205
Nizza-Salat mit Frühkartoffeln 49
Paprikasalat mit passiertem Ei & Sardellen 206
Ratatouille mit Basilikum & Olivenöl 222
Saisonzeiten 8
Tortilla mit Pimientos de Padrón 42

Pastateig 296

Pastinaken
Geröstete Pastinaken & Rübchen mit Schweinekoteletts 69

Klare Brühe mit Wurzelgemüse, frischem Ingwer & Sojasauce 74
Pastinaken mit Honig & Senf 32
Pastinaken-Shiitake-Salat 30
Pastinaken-Zitronen-Suppe 29
Saisonzeiten 8
Perlzwiebeln
    Blumenkohlchutney auf Piccalilli-Art 183
Pesto 297
    Basilikumpesto 297
    Gnocchi mit Basilikumpesto 52
    Pizza mit Rucola, Ziegenkäse & Basilikumpesto 98
    Spaghetti & Pesto mit Tomaten 101
Pfannkuchen
    Süßkartoffelpfannkuchen mit Chili & Limette 56
Pfifferlinge
    Duxelles mit Pfifferlingen in Filoteig 242
    Gefüllte Portobello-Pilze 244
    Handgemachte Tagliatelle mit Steinpilzen & Pfifferlingen 248
    Pastinaken-Shiitake-Salat 30
    Pfifferlinge in Öl 252
    Rahmpfifferlinge mit gegrillter Polenta 250
    Rotolo mit Spinat, Pilzen & Salbeibutter 152
Pizza
    Pizzateig 296
    Pizza mit Rucola, Ziegenkäse & Basilikumpesto 98
    Pizza mit Zwiebeln & Sardellen 98
Polenta
    Dicke Bohnen & Polenta-Chips 272
    Rahmpfifferlinge mit gegrillter Polenta 250
Portobello-Pilze
    Duxelles mit Pfifferlingen in Filoteig 242
    Gefüllte Portobello-Pilze 244
Puy-Linsen *siehe* Linsen

Q
Queller
    Queller mit Spinat & Blattsalat 136
    Queller & Spätzle mit Chili & Rotbarbe 134
    Saisonzeiten 8
Quinoa
    Süßkartoffelsalat mit Quinoa, Orange & Petersilie 55

R
Radicchio
    Artischockensalat mit Feldsalat, Croûtons & Radicchio 192
    Elf- oder Zwölfblattsalat 143
    Gegrillter Radicchio 164
    Gratin von Radicchio Trevisano & Speck 163
    Radicchio- & Chilistreifen mit Rindercarpaccio 125
    Risotto mit Borlotti-Bohnen & Radicchio 234
    Saisonzeiten 8
Radieschen
    Radieschensalat mit Granatapfel & Cannellini-Bohnen 70
    Saisonzeiten 8
    Saure Radieschen 183
    Sellerietürme mit Frühlingssalat 78
    Warmer Schwarzwurzelsalat mit Räuchermakrele 82
Räucheraal
    Warme Rote Bete mit Räucheraal & Beurre rouge 16

Räucherlachs
    Artischocken mit Spinat, verlorenem Ei & Räucherlachs 188
Ravioli
    Kürbis-Ravioli mit brauner Butter 236
Reisnudeln
    Süßkartoffelsuppe mit Reisnudeln, Sesamöl & Tofu 58
Remoulade
    Sellerieremoulade 76
    Steckrübenremoulade 76
Riesengarnelen
    Borlotti-Bohnen mit Riesengarnelen & grünen Chilis 101
Rinderfilet
    Radicchio- & Chilistreifen mit Rindercarpaccio 125
    Tomatenconfit mit Rindfleisch 216
Risotto
    Risotto mit Borlotti-Bohnen & Radicchio 234
    Spargel-Risotto 234
    Zucchini-Risotto 234
Romanasalat
    Chicken Caesar Salad 140
    Gebutterte Erbsen mit Blattsalat & Chili 284
    Gekühlte Salatsuppe mit Champagner & Kaviar 125
    Puy-Linsen-Salat mit Ziegenkäse & getrockneten Tomaten 256
    Queller mit Spinat & Blattsalat 136
    Russischer Salat 40
    Zehnblattsalat 143
Romanesco
    Blumenkohl-Brokkoli-Auflauf mit Käse 176
Rosenkohl
    Saisonzeiten 8
Rotbarben
    Queller & Spätzle mit Chili & Rotbarbe 134
Rote Bete
    Gourmet-Rote-Bete 183
    Rote-Bete-Salat mit Brunnenkresse & Meerrettich 14
    Rote-Bete-Salat mit Kürbis- & Sonnenblumenkernen 17
    Rote-Bete-Suppe mit Kreuzkümmel & Koriander 12
    Saisonzeiten 8
    Warme Rote Bete mit Räucheraal & Beurre rouge 16
Rotkohl
    Geschmorter Rotkohl mit Birnen & braunem Zucker 175
Rüben *siehe auch* Steckrüben
    Französische Gemüsesuppe mit Bohnen & Pesto 290
    Gedünstete, glasierte Rübchen, Möhren & Fenchel 79
    Gefüllte Rübchen mit Schnittlauch, Ingwer & Schweinefleisch 80
    Geröstete Pastinaken & Rübchen mit Schweinekoteletts 69
    Kartoffelpüree & Rüben 37
    Klare Brühe mit Wurzelgemüse, frischem Ingwer & Sojasauce 74
    Rübchen mit Tofufüllung 80
    Rüben-Sellerie-Gratin 163

    Steckrübeneintopf mit Petersilie, Weißwein & Lammnacken 72
Rucola
    Auberginentürme mit Spinat & Tomaten 211
    Avocadosalat mit Rucola & Erbsensprossen 196
    Gebackene Borlotti-Bohnen auf Toast 276
    Pizza mit Rucola, Ziegenkäse & Basilikumpesto 98
    Radieschensalat mit Granatapfel & Cannellini-Bohnen 70
    Rucola-Erbsen-Tortilla 42
    Saisonzeiten 8
    Scharfe Rucolasuppe mit Brunnenkresseöl 154
    Zehnblattsalat 143

S
Salbeibutter 297
Sardellen
    Bagna cauda mit geeistem Sellerie 101
    Gefüllte Ochsenherztomaten 204
    Gefüllte Paprika mit Thymian, Knoblauch & Sardellen 204
    Nizza-Salat mit Frühkartoffeln 49
    Paprikasalat mit passiertem Ei & Sardellen 206
Sardinen
    Fenchel-Sardinen-Ceviche 101
Sauce Soubise 298
Sauerampfer
    Saisonzeiten 8
    Sauerampfer-Frittata mit Mozzarella & Parmesan 156
    Sauerampfersuppe mit Eigelb 158
Schalotten
    Hühnersuppe mit pochierten Schalotten & Klößchen 90
    Karamellisierte Schalotten mit Butter & Palmzucker 91
    Saisonzeiten 8
    Schalottendressing mit Kräuteressig 297
Schwarzwurzeln
    Chicorée-Schwarzwurzelcocktail-Schiffchen 168
    Fritti misti 60
    Gitter aus Lachs & Schwarzwurzeln mit Gurken-Beurre-blanc 125
    Saisonzeiten 8
    Schwarzwurzelcurry mit Koriander 267
    Warmer Schwarzwurzelsalat mit Räuchermakrele 82
Schweinefilet
    Gefüllte Rübchen mit Schnittlauch, Ingwer & Schweinefleisch 80
Schweinekoteletts
    Geröstete Pastinaken & Rübchen mit Schweinekoteletts 69
Sellerie *siehe* Knollensellerie, Staudensellerie
Shiitakepilze
    Pastinaken-Shiitake-Salat 30
Sonnenblumenkerne
    Rote-Bete-Salat mit Kürbis- & Sonnenblumenkernen 17
Spargel
    Insalata mista 96
    Saisonzeiten 8
    Spargel-Risotto 234
    Spargelsalat mit Ei & Speck 132
    Spargelsalat mit Erbsen, Dicken Bohnen & Minze 132
    Spargelsuppe 130
    Spargeltortilla 101

Spargel & Zuckerschoten vom Blech 128
Spargel vom Blech mit Kirschtomaten & Basilikum 128

Speck
  Gebratene Bohnenbündel mit Sesam 292
  Gerösteter Chicorée mit Pancetta & Gewürztraminer 166
  Geschmorter Blattsalat mit Speck & Lorbeersalz 142
  Gratin von Radicchio Trevisano & Speck 163
  Spargelsalat mit Ei & Speck 132

Spinat
  Artischocken mit Spinat, verlorenem Ei & Räucherlachs 188
  Auberginentürme mit Spinat & Tomaten 211
  Blanchierter Spinat mit Olivenöl & Zitronen 146
  Queller mit Spinat & Blattsalat 136
  Rahmspinat mit Knoblauch & Schalotten 146
  Rotolo mit Spinat, Pilzen & Salbeibutter 152
  Sag Aloo 267
  Saisonzeiten 8
  Scharfe Rucolasuppe mit Brunnenkresseöl 154
  Spinatsuppe mit Muskat 154
  Spinat-Ziegenkäse-Quiche mit getrockneten Tomaten 148
  Tempura von Spinatstielen & Tofu mit Dipsauce 150

Stangensellerie *siehe Staudensellerie*

Staudensellerie
  Avocadosuppe mit Crème fraîche 198
  Bagna cauda mit geeistem Sellerie 101
  Französische Gemüsesuppe mit Bohnen & Pesto 290
  Fritti misti 60
  Gekühlte Paprikasuppe mit Gurkenfächern 202
  Geschmorter Blattsalat mit Speck & Lorbeersalz 142
  Gurkensuppe 198
  Klare Brühe mit Wurzelgemüse, frischem Ingwer & Sojasauce 74
  Kürbissuppe mit Muskat & Ingwer 238
  Möhren, Dicke Bohnen & Erbsen »in umido« 26
  Möhren-Ingwer-Suppe 20
  Pastinaken-Zitronen-Suppe 29
  Pochierte Sellerieherzen mit Hähnchenkeulen & Meerrettich-Crème-fraîche 120
  Rahmchicorée mit Lauch & Sellerie 167
  Rote-Bete-Suppe mit Kreuzkümmel & Koriander 12
  Saisonzeiten 8
  Sauerampfer-Frittata mit Mozzarella & Parmesan 156
  Sauerampfersuppe mit Eigelb 158
  Selleriecremesuppe mit Räucherkäse 122
  ␣Selleriesalat mit Walnüssen, Blauschimmelkäse & Apfel 121
  Spargelsuppe 130

Steckrüben
  Buttriges Steckrübenpüree 37
  Kartoffelpüree & Rüben 37
  Klare Brühe mit Wurzelgemüse, frischem Ingwer & Sojasauce 74
  Saisonzeiten 8
  Steckrübeneintopf mit Petersilie, Weißwein & Lammnacken 72
  Steckrübenremoulade 76

Steinpilze
  Handgemachte Tagliatelle mit Steinpilzen & Pfifferlingen 248
  Rotolo mit Spinat, Pilzen & Salbeibutter 152
  Salat mit rohen Steinpilzen, Parmesan & Petersilie 246

Süßkartoffeln
  Fritti misti 60
  Geröstete Süßkartoffeln mit Marshmallows & Ahornsirup 62
  Linsen-Tarte mit Süßkartoffeln & Crème fraîche 258
  Saisonzeiten 8
  Süßkartoffelchips 231
  Süßkartoffelpfannkuchen mit Chili & Limette 56
  Süßkartoffelsalat mit Quinoa, Orange & Petersilie 55
  Süßkartoffelsuppe mit Reisnudeln, Sesamöl & Tofu 58

T

Tacos
  Bohnenchili-Tacos 231

Tempura
  Auberginen-Tempura mit Wasabimayonnaise 224
  Tempurateig 297
  Tempura von Spinatstielen & Tofu mit Dipsauce 150

Tex-Mex-Grill 230

Thunfisch
  Insalata mista 96
  Nizza-Salat mit Frühkartoffeln 49

Tofu
  Rübchen mit Tofufüllung 80
  Süßkartoffelsuppe mit Reisnudeln, Sesamöl & Tofu 58
  Tempura von Spinatstielen & Tofu mit Dipsauce 150

Tomaten
  Auberginentürme mit Spinat & Tomaten 211
  Blumenkohlauflauf mit Auberginen & Paprika 211
  Bunter Tomatensalat mit Majoran 212
  Couscous-Salat mit Eisbergsalat, Tomaten & Minze 144
  Crostini mit Tomaten, Knoblauch & roter Paprika 214
  Gebackene Borlotti-Bohnen auf Toast 276
  Gefüllte Ochsenherztomaten 204
  Gefüllte Paprika mit Thymian, Knoblauch & Sardellen 204
  Klassische Tomatensauce 211
  Kürbis-Farfalle mit Tomaten 211
  Möhren-Meerrettich-Eintopf mit Ochsenschwanz & Rotwein 24
  Nizza-Salat mit Frühkartoffeln 49
  Ofenkartoffeln mit Tomaten, Basilikum & Crème fraîche 48
  Penne all'arrabiata mit Pecorino 208
  Pitabrote mit Falafel & Gurkensalsa 270
  Ratatouille mit Basilikum & Olivenöl 222
  Risotto mit Borlotti-Bohnen & Radicchio 234
  Saisonzeiten 8
  Sellerie-Lasagne mit Brokkoli & Parmesan 211
  Spaghetti & Pesto mit Tomaten 101
  Spargel vom Blech mit Kirschtomaten & Basilikum 128
  Tomatenconfit mit Rindfleisch 216
  Tomatensauce, Grundkurs 208

Wachsbohnen »in umido« mit Tomaten & Basilikum 26

Tomaten, getrocknete
  Puy-Linsen-Salat mit Ziegenkäse & getrockneten Tomaten 256
  Spinat-Ziegenkäse-Quiche mit getrockneten Tomaten 148

Topinambur
  Gemischtes Ofengemüse 69
  Gerösteter Topinambur mit Sonnenblumenkernen 69
  Saisonzeiten 8
  Sauer eingelegter Topinambur 183

Tortilla
  Rucola-Erbsen-Tortilla 42
  Spargeltortilla 101
  Tortilla mit Pimientos de Padrón 42
  Würzige Quesadillas mit grünen Jalapeños 231

Trauben
  Fenchelsalat mit Orangen, Trauben & Sonnenblumenkernen 116

W

Wassermelone
  Gurken-Wassermelonen-Salat mit Mango 200

Weiße Bohnen
  Scharfe Knusperbohnen 272
  Weiße-Bohnen-Salat mit Estragon & Senf 271

Weißkohl
  Bunter Kohlrabisalat 117
  Saisonzeiten 8
  Saurer Kohl mit Kümmel & Senf 180
  Weißkohlsalat mit Rosinen & Cranberrys 172

Wirsing
  Gepfefferter Wirsing mit Kümmel & Zitrone 173
  Geschmorter Wirsing mit Äpfeln, Apfelwein & Zimt 174

Z

Ziegenkäse
  Lauch-Tarte mit getrüffeltem Ziegenkäse 104
  Pizza mit Rucola, Ziegenkäse & Basilikumpesto 98

Zucchini
  Blumenkohlchutney auf Piccalilli-Art 183
  Gelbe Zucchini mit Kräuteressig & Chili 231
  Geröstete Zucchini mit Kürbiskernen 69
  Ratatouille mit Basilikum & Olivenöl 222
  Saisonzeiten 8
  Zucchini-Risotto 234
  Zucchinisalat 101

Zucchiniblüten
  Fritti misti 60

Zuckerschoten
  Saisonzeiten 8
  Spargel & Zuckerschoten vom Blech 128
  Warmer Zuckerschotensalat mit Honig & Erdnüssen 288
  Zuckerschoten & chinesisches Fünf-Gewürze-Pulver 284
  Zuckerschoten & Couscous mit Lamm-Tajine 286

Zwiebeln
  Auf Salz gebackene Gemüsezwiebeln & Knoblauchknollen 93
  Französische Zwiebelsuppe mit Käse-Crostini 94
  Kichererbsentopf mit gegrillten Zwiebeln & geräuchertem Paprikapulver 264
  Pizza mit Zwiebeln & Sardellen 98
  Rote Zwiebeln & Kartoffeln aus dem Ofen 114
  Saisonzeiten 8

Über den Autor

Arthur Potts Dawsons Leidenschaft gilt guter Küche und gutem Essen. Es liegt ihm am Herzen, aus frischen, regionalen und saisonalen Produkten das Beste herauszuholen. Ausgebildet wurde er von den Brüdern Roux, Rowley Leigh und Pierre Koffmann. Danach war er Küchenchef bei Ruth Rogers & Rose Gray im *River Café*, für die Soho House Group im *Cecconi's*, bei Jamie Oliver im *Fifteen* und bei Hugh Fearnley-Whittingstall im *River Cottage HQ*. Er gründete in London für den Shoreditch Trust die Bio-Restaurants *Acorn House* und *Waterhouse*, mit Jo Wood schuf er die *Mrs Paisley's Lashings* Pop-ups. Arthur war auf BBC in »Market Kitchen«, auf C4 in »Food Fight« und in der C4-Produktion »The People's Supermarket« zu sehen. Arthur lebt mit seiner Familie in London und Somerset und plant sein nächstes Restaurant.

Danksagung

Arthur Potts Dawson möchte sich bedanken bei …

meiner Familie: Paloma Blanca, Aron Maze und Tuula Cherry dafür, dass ich so viel Zeit ohne sie verbracht habe und sie mich trotzdem lieb haben. Meiner Mutter: Sie hat mich ausgetragen. Vater Chris für seine Unterstützung. Meinem Dad für seine Hilfe. Meinen Brüdern Julian, Demitri, Jon und Robert für Unterstützung und Liebe – es lebe die Brüderlichkeit. Ein Hoch auf Isaac, Ty, Neo, Thelonious, India, Brandon, Mali und Naja, ihr seid die Zukunft unserer Familie. Gill, Alexander, Albert & Eugenie. Mary, Alan, John & David. Sally, Louise, Rosie, Alice, Joshua, Jo, Anna, Nicola. Mick & L'Wren für die Inspirationen. Jade für ihren Stil. Hi, Assisi & Amber. Elizabeth, James & Anoushka, Georgia & Josh und Gabriel. John & Lori Hillman für die Beratung, Francesca, John junior, Laura, Carmen, Alex, Kike, Mercedes und Cherokee. Meinem Sifu Steven Gerrard, stets eine Inspiration, wenn es um Leistung geht; großes Lob für den Dragon-Hall-Auftritt. Helen Richard, die dafür sorgt, dass ich nicht abhebe. Kimberly Godbolt für ihr breites Lächeln. Der Crew von »The Cornishman«, die von Newlyn Harbour aus segelt; seid alle beschützt. Kate Wickes Bull, weil sie eine Revolution angezettelt hat. Dem Team vom »People's Supermarket«, glaubt weiter an die Sache. Jo Wood, du bist in meinem Herzen. Jamie, Jesse, Leah, Jack & Maggie, Tyrone und der *Mrs-Paisley's-Truppe*, Amy, Emily und Jake. Hört einmal bei *All the Queens Ravens* und *Indigo Blue* rein. Ich danke dem Octopus-Publishing-Team, Steph, Jo, Jonathan & David – ihr seid die Größten.